JN265603

新千年紀のパラダイム

アドミニストレーション

［上巻］

熊本県立大学総合管理学部
創立10周年記念論文集

九州大学出版会

巻頭のことば

　熊本県立大学総合管理学部は，アドミニストレーション学の研究・教育を標榜するわが国唯一の学部として1994年(平成6年)4月に開設された。4年後に大学院アドミニストレーション研究科修士課程が，さらにその2年後には同博士後期課程が設置されて(修士課程は博士前期課程に改め)今日にいたっている。2004年(平成16年)3月までの総合管理学部卒業生は1,920名に達し，大学院博士前期課程修了者(修士学位授与者)は69名，同博士後期課程修了者(博士学位授与者)は5名となっている。

　国際化・高齢化・情報化が急速に進展する昨今，ますます多様化・複雑化する社会の諸課題を解決するためには，広い視野を持ち，総合的かつ創造的に判断する能力と高度のスキルが求められている。このような時代の要請に応えるために設置された総合管理学部の教育研究対象は，欧米ではフランスのファヨール(Henri Fayol)，ドイツのウェーバー(Max Weber)，アメリカのサイモン(Herbert A. Simon)，ドラッカー(Peter F. Drucker)，イギリスのアーウィック(Lyndall F. Urwick)等すでに多くの研究があり，また欧米の多くの大学で取り上げられている「アドミニストレーション」である。われわれ総合管理学部は，これを「パブリック・アドミニストレーション(公共行政)」と「プライベート・アドミニストレーション」(「ビジネス・アドミニストレーション(企業経営)」と「ノン・ビジネス(あるいはノン・プロフィット)・アドミニストレーション」からなる)を包括・統合したものと特徴付け，その理論的深化とわが国への普及=情報発信を行いつつ，効率性や経済性を追求する経営マインドと公共精神やリーガルマインドを併せ持つバランスのとれた人材養成を目指している。

　このような視点から総合管理学部は，総合性を重視して，以下の「7つの総合」を理念として掲げている。すなわち，第1に「行政と経営の総合」，第2に「政策と実行の総合」，第3に「理論と実践の総合」，第4に「理論と技術・情報

科学の総合」，第5に「哲学と実学の総合」，第6に「地域性と国際性の総合」，そして第7に「学術的総合」である。

　パブリック・アドミニストレーション（公共行政）においては経営マインド（効率性・経済性）を強調し，ビジネス・アドミニストレーション（企業経営）においては公共性（社会的責任）を重視して，本来の社会管理機能として本質的に等質である「行政」と「経営」をシチズンシップ（市民精神）の理念によって統合的に把握すること，これが「行政と経営の総合」である。また，公私共通のアドミニストレーション過程は，集団の協働による社会的課題の発見・解決・フィードバックの一貫かつ循環した流れであり，そこにおいては，管理を媒介に政策の形成・決定とその実行とが統合されているが，この連続的過程を全体的・有機的に捉えること，これが「政策と実行の総合」の意味内容である。実学的要素の強いアドミニストレーションの研究・教育に実務との不断の交流は不可欠である，これが「理論と実践の総合」である。そのため総合管理学部では，行政と経営の各分野で高度の経験・実績を有する実務家を教授陣に招聘し，あるいは現役公務員・企業職員への研修機会を提供するなどして，学問・理論と実務・実践との交流＝生産的連結を積極的に図っている。

　一方，理論の開発は技術進歩と相関的であり相互依存的であって，特に情報処理・情報管理（Information Science）の技法は現代およびポスト現代のアドミニストレーションに不可欠である。これが「理論と技術・情報科学の総合」である。したがって総合管理学部では情報処理・情報管理能力の育成をとくに重視している。また，アドミニストレーションが悪しき意味での管理に堕することのないよう，教育・研究上での「哲学」的根本思想と実学的現実志向の調和・総合を図ることに特段の注意を払う必要がある。これが「哲学と実学の総合」である。グローバリゼーションが進展する一方で，社会的諸課題の解決のために地方自治体や地域が果たす役割が大きくなっている現在，正しい国際感覚を持ちつつ地域の発展に貢献すること，地域の実情をふまえつつ国際舞台で活躍できる能力を持つことが求められている。これが「地域性と国際性の総合」である。この点は，熊本県立大学の理念――「総合性への志向」「地域性の重視」「国際性の推進」の総合管理学部への適用でもある。最後に，行政学，経営学はもちろん，これまでアドミニストレーションに部分的にかかわってきた法律学，

政治学，経済学，社会学などの成果を総合・融合すること，これが「学術的総合」である。

　これらの理念・研究教育目標のもとで総合管理学部は，創設以来10年間，様々な活動を行ってきた。学部開設直後に2年計画で実施した市町村合併に向けた調査研究は，その一例である。市町村合併に関する熊本県内各市町村の意見を集約し，来るべき地方分権の時代に備えて自治の受け皿としての地方自治体を強化し，合併に向けてのカンフル剤の役割を担うことが，この研究の目的であった。県内全市町村にヒアリング調査を行い，首長から合併に関する要望等を聞き，県庁が果たすべき役割に関する提言を盛り込んだこの研究成果は『市町村の自主的合併に関する調査研究報告書』(1996年3月)にまとめられ，合併を希望する市町村同士の「縁組み」を行う環境整備づくりに貢献した。また，1997年から3年間にわたって開催された熊本県・熊本市・熊本市国際交流事業団共催の「アジアネットワークフォーラム」では，その企画立案から実施までの全期間にわたって総合管理学部の教員が中心的役割を果たした。タイ・マレーシア・フィリピン・ベトナムから招聘した人々と熊本県内各階層の人々との間でもたれた国際会議と交流は，その後「アジアパートナーシップ」事業に引き継がれ，県市民やNGOとアジアの人々との相互交流・相互協力プログラムへと発展した。(その他詳細は下巻末の「総合管理学部10年の歩み」を参照されたい。)

　この10年間，総合管理学部はその有する人的・知的資源を最大限活用して少なからぬ貢献を果たしてきたと自負しているが，決してそれに満足しているわけではない。特に総合管理学部がその研究教育対象としているアドミニストレーションは，わが国では未だ広く深く認知されているとは言い難いということも自覚している。ここに「新千年紀のパラダイム」として総合管理学部の教育研究成果を世に問うのも，現代とポスト現代においてまさに「21世紀の命運を扼する死活の社会機能＝アドミニストレーション」に対する理解を深め，広めることを念願しているからに他ならない。大方のご批判を仰ぎたい。

2004年4月

熊本県立大学総合管理学部長　中宮光隆

目　次

巻頭のことば i

第1編　アドミニストレーション総論

総合管理の基礎概念 .... 手島　孝　3
　　―行政国家からガバナンスまで―

古典的政治哲学の可能性 .... 三島　淑臣　29

デモクラシーと効率性 .... 荒木　昭次郎　49
　　―協働型自治行政を通して考える―

ヴェーバー「官僚制論」の現代的意義 .... 米沢　和彦　73

アドミニストレーション論の系譜 .... 渡邊　榮文　91
　　―L. F. アーウィック―

ヴェーバーにおける学問・政治・倫理 .... 永尾　孝雄　109
　　―『職業としての学問』とその周辺―

コミュニティの「自治と組織」の再構築 .... 今川　晃　125
　　―ローカル・ガバナンスへの実践的アプローチ―

企業統治と商法改正 .... 丹生谷　龍　141

総合管理論 Comprehensive Administration /
　Management の抬頭について .... 今野　登　163
　　―組織理論的基礎づけを中心にして―

ドイツ経営学，アメリカ経営学
　および「日本的経営論」...................................... 松本　譲　185

現代社会政策とアドミニストレーション .... 久間 清俊 209

シスモンディとリカードウの一接点 .... 中宮 光隆 227

Common Pool Resources, Preference for
　Environment and Ecotourism .... Takanori IDA 243

パラダイム転換構造の位相幾何学的方法による
　形式化の試み .... 津曲　隆 265

[下巻目次]

第2編 アドミニストレーション各論

八郎潟干拓農政の総合管理学的考察 .... 片岡　勒
　　―過剰作付け行政訴訟の再検討―

90年代のアメリカ合衆国における人種と選挙 .... 松岡　泰
　　―南部における黒人多数派選挙区の創設と政党再編成―

コミュニティ・ビジネスと法 .... 赤松　秀岳

ドイツ連邦議会における会派結成要件について .... 苗村　辰弥

首都機能移転の行政学 .... 原田　久
　　―分都体制のアドミニストレーション―

大都市税制と課税自主権 .... 小泉　和重

アドミニストレーションの視点から見た病院経営の問題点 .... 秋山　喜文

個人セクターへの「期待」と「課題」 .... 西名　紘一郎
　　―「市場性商品」と「起業」について―

ドイツ公会計制度改革の現状と会計計算システム .... 森　美智代

A. A. ヤングの銀行制度論 .... 松尾　隆

国際関係論からの「地域」試論 .... 高埜　健
　　―九州・沖縄と東南アジア―

総合管理学部における情報系教育10年史 .... 市村　憲治

社会科学系学部における情報科学・技術教育 .... 藤尾　好則

ソフトウェア部品化の手法を用いた教育用ソフトウェア開発環境の
　　整備に関する研究 .... 松野　了二

Culture and Self-identity: Towards a Balanced View of Human
　　Communication .... Colin Painter

大学生英語学習者のための語彙に関する到達目標について .... 田中　祐治

総合管理学部10年の歩み

編集後記

第1編
アドミニストレーション総論

総合管理の基礎概念
—行政国家からガバナンスまで—

手 島 孝

はじめに
1. ネオ行政国家とその周辺
2. アドミニストレーションとその周辺

はじめに

　時の歩み——いや，今や走りともいうべきか——は，にわかに加速し始めた。地軸を揺るがす千年紀の転換を挟んだ過ぐる10年，それはわが学部・大学院の誕生と成長の歳月であったが，この間，人間社会の有為転変，科学技術の開発応用には，まこと目くるめき，その勢いはなおも増幅しつつとどまるところを知らない。

　われわれの分野でも，以前は舞台裏にもなかった諸用語が，それらの言表する社会実態ともども，幾つも奈落から迫り出してきて脚光を浴びている。曰く，NPO, NGO。曰く，NPM, PFI。曰く，CEO, COO, CFO。曰く，プライバティゼーション。曰く，グローバリゼーション。曰く，ガバナンス(コーポレート・ガバナンス，ローカル・ガバナンス，グローバル・ガバナンス)。(注意を促すまでもなく，いずれもが，英語の頭字略語か，英語出自の片カナ語。未消化のまま，大手を振ってまかり通っている。海外の文物に開放的な——舶来好みの——日本人・日本社会のDNAの所為か。はたまた，それこそグローバリゼーションの然らしめるところか。)

　「総合管理(アドミニストレーション)」を鍵概念とし，それを冠に，わが学部が(そして4年後には大学院が)新たな知の領域への学的営為を開始して，激動

の来し方10年。意表に出る対象諸現象の急展開は，早くもわれわれに斯学の中間決算を迫っている。ここに，現時点での基礎的諸概念装置〔ファンダメンタルズ〕の在庫調べ・再点検を試み，いま節目の祝祭もさることながら，来るべき──疾風怒濤いやが上にも荒れ狂うであろうこと必定の──さらなる10年への備えたらしめたい。(なお，以下，本文に組み込んだ括弧書き引用注の数字は，本稿末尾に掲記した参考文献目録の番号[ボールド体]と頁数[ローマン体]を示す。)

1. ネオ行政国家とその周辺

> 政体については馬鹿どもにさせておけコンテスト
> ベストにアドミニスターされるなら何でもベスト
> ──アレキサンダー・ポープ『人間論』303〜4聯

(1) 行政国家

　現代国家が「行政国家」と特性づけられるようになって，はや久しい。今では，アメリカの政治行政学界ならずとも，"行政の優越(の実態研究)" なぞ，"無能教授のテーマ(!)" と揶揄されかねない (**21**: 301, 328 (5) 参照)。前世紀半ば，1941年のバーナム『管理者革命』(**51**)を皮切りに，筆者が学究として振り出し当のアメリカにも遊んだ50年代，そして60年代までは，未だそうではなかったのだが。

　しかし，「行政国家」の何たるかについては，その厳密な概念規定はなお必ずしも確立しているとはいいがたい。この嘆き (**21**: 301) は今日も妥当する。単に，三権分立体制のもとで立法と司法に対比して行政に，あるいは政治(決定)と行政(執行)の二分法に即して後者に，国政の "ウェイト" ないし "重心" がかかる，または移行すると説くだけでは，量的な比較的・傾向的概念 (**57**: 3 によれば「漠然たる印象的説明概念」)として学問以前の常識論の域を出まい。特に「行政国家」と指称して他種国家から質的に区別するに足る有意の概念標識があるのかないのか，あるとすればそれは何なのかを理論的に明らかにするのでなければ，折角の，汗牛充棟も啻ならぬ実証的データの蓄積が泣こうというものである。

　中間的考察は省略し，簡潔に結論を示そう。

現代社会にあって最大・最強の——少なくともその一つの——組織体である国家の，現代に特異なあり方の本質究明は，ひとり国家論にとってのみならず，広く組織論一般にとってもまた重要・不可欠であること，疑うべくもない。何はさて措き，この意味での現代ないしポスト現代の国家の特性把握こそが「行政国家」という問題の名辞と概念には込められている，との理解が前提されなければならない。

当の特性は，"政治的支配の社会装置"としての国家（詳しくは，15: 3～; 18など）の機構と正統性根拠の両面に関している。すなわち，

（1–1）先ず，政治的支配という所与の大規模目的の実現に必要とされる組織化——協業（機能的，したがって機関的な，分業と統合）の仕組み——が一定以上の段階に達していることを前提に，現実に実行される決定（実効的政策決定）が国家組織の何処で行われるか，である。

それはトップに決まっているではないか，とは必ずしもいえない。未だようやく，—王による—決定と，—臣僚による—執行が分別される底の原初的段階で，しかも前者が後者を意のままに掌握しえているところでは，そういえもしよう。18世紀，フリードリッヒ大王治下のプロイセン（06: 109）などである。しかし，社会の複雑化に伴う国家職能の急伸とともに，量的に増加し質的にも強化される後者と，前者との間の距離は拡大して，単純に上意下達とはいかなくなってくる。かのフリードリッヒ大王にしてなお，すでに官僚制として自らを組織内組織化しつつあった臣僚たちの面従腹背で，決定を狂わせられたり実現途上で挫折させられたりしたこと，なきにしもあらずという（06. 110）。実行されないことには，いかにトップの決定であっても，グッドナウのいわゆる「から雷」(25: 48) に過ぎない。かくて，高度に組織化された現代の国家にあっては，実効性を担保された基本的政策の決定が実質的にどの機能レベル・組織単位（機関）でなされるのかが，当該国家の特性把握にとって最大の関心事となる。

この観点からするとき，わが国をふくめ先進諸国家に共通して，今日，上述の意味における政策決定の実権が「行政」の機能・機関へと転位するマクロ的趨勢は（局部的にはジグザグの往きつ戻りつはあるにしても）見紛う方もない。

ここに「行政」とは，本来図式的には，国政システムの中で入力過程としての「政治」（国家政策の形成・決定）を承け，もっぱらその執行・実現に任ずる出力過程をいうが，今やこの両者の継時的分業の関係は，なお公式には維持されているものの，とみに錯綜し，不断の実務を通じ情報能力を飛躍的に増強する行政が，政策執行者たる資格のままで，いや，むしろその資格の故にこそ，政策形成・決定の次元にまで非公式に——場合によっては公認すらされて——進出し，事実上そこでの中心的・主導的アクターとして振る舞うに至るのである。国政機構上きわめて問題的なこの事態を客観的（没価値的）に概念化したのが，すなわち「行政国家」にほかならない。

それにいち早く気づいたバーナムの——法学者ならぬ元マルクシストのこの政治評論家いうところの"主権"が議会から行政機関へ移動するとの——言及（**25**: はしがき 1；**70**: 309）が，管理者が資本家・金融家・企業家を凌いで現代社会を「乗っ取る」（**54**: 12）普遍的動向を論ずる大文脈の中でなされていることに，ここで注目しておこう。

（1–2）　次は，関連して，国家の社会的正統性が国家システムのどの点に認められるか（詳言すれば，国家成立・存続の必須条件を成す"国民による価値的承認"が国家のいかなる属性を評価し根拠として与えられているのか），である。

国家の社会的正統性は「公共性」の担い手たるところに求められる，また求めらるべきであると考えられる（**06**; **12**; **21**; **29**; **30**; **33**; **34** など，とくに **18**）が，その公共性の認定には，手続（公共性についての社会的合意の手続）を重視する場合と，実質（公共性の社会的実体）にすぐれて着目する場合とがある。前者では，あらかじめ社会的に合意された公共性認定手続の履践に国家の正統性が見られるのに対して，後者では，公共性が実質的に的確に把握され実現されているかどうかが国家の正統性の尺度となる。現代の民主制国家は，政治過程で調達される手続的公共性を正統性根拠とする，いわば「政治国家」「手続国家」であるが，対照的に，実質的公共性によって正統化される国家は，その充足をもっぱら行政過程における当該力能に俟つ意味で，これぞ「行政国家」と呼ばれて然るべきように思われる。

そのような究極の行政能力を具備した国家では，政治や手続の問題はもはや

現代国家の特性とその問題性をその死活的な一つの本質的側面から把捉するには，「行政国家」を準拠概念として用い，「行政国家論」に聴く必要の大であること，今日もなお，かわらない。いや，むしろ，いよいよ出でて，いよいよ大きい，といっていい。

　しかし，現実の動き，歴史の流れは，時として思考の意表に出る。従来の「行政国家論」によれば，「行政国家」化は，その本質である"国家機能の行政化"（行政による国家基本政策形成決定の実権掌握）への趨勢が，現象的には，水平面で行政の"機関的肥大"（増強する国家機能≒行政機能の行政機関への収斂），垂直面でその"中央集権化"の形態をとって一路進行するはずであり，そこに諸般の病理が胚胎，したがって対処策また根本的にも対症的にも当該診断に即して講ぜらるべきはずであった。この所見は，いま，事実の論理によって或る修正を迫られているように思われる。

　それは，「ネオ行政国家」というべき新段階の国家現実の出現である。「行政国家」は，量的高度化とともに大きな質的変容に当面する。行政機能は拡大し続ける（他種国家機能の併呑）が，その行政機能を担当する単位は多元化する（行政能力の拡散）のである。行政機能の卓越は変わらず，むしろ，より高じるが，従来それに比例した機関的求心傾向が，今や逆に遠心へ反転する。機関収斂とセットを成した行政機能昂進（=「機関的行政国家」）に，機関分散を内包する行政機能膨脹（=「機能的行政国家」）が取って代わる。これはまた，行政機能の一核編制（=「単純行政国家」）から，その多核配置（=「複合行政国家」）への変針でもある。すなわち，単に—狭義の—行政機関が国政の機軸として重きを加える底の段階は止揚されて，広く国家作用の全般が高度機能化した行政の属性を帯び始め（国家作用の行政化），それに伴い，—国家中枢としての—行政中枢にこれまで見られた一点集中のダイナミズムが，一転，拡散・多極化に変換しつつある，ということである。（以上 **21**: 76, 13, 326）

(2-1)　機能的行政国家へ

　ネオ行政国家が姿を現す第一の契機は，上述"国家作用の行政化"の意味での行政国家的状況の量的進行にある。それは，

"道化たちの論争(フールズ コンテスト)"のテーマでしかなくなろう。本章の題辞に掲げた18世紀前半イギリスの詩人ポープの詩句 (**12**: 57〜; **30**: 11〜; **33**: 3〜; **49**: 68〜 参照) は，まさしくそのことを鋭く洞察している。

しかし，ここに注意すべきは，これら (1–1)(1–2) 両概念が，名辞は共通にするものの，基本的に，一は事実認識の概念，他は価値関係的(理念的・規範的)概念として，必ずしも重なり合わないことである。すなわち，(1–1) の行政国家が (1–2) の意味でも行政国家とは限らない(機構的行政国家が単にその故に正統性を帯びるということにはならない)し，後者は後者で常に前者と結びつく(実質的公共性による正統化は機構的行政国家でのみ見られる)わけではない。両者の混同は厳に戒められなければならない。正統性を政治の公式手続に俟ち理念的行政国家はなお将来の問題とする現今の民主制国家にあっては，行政国家概念は，先ずは (1–1) の現実機構の意味で操作されるのである。

(2) ネオ行政国家

今や国家が，そのような「行政国家」として特質づけられる方向にあることについては，すでに述べた。わが国のばあい，第2次大戦後，資本主義社会経済の再建と発展，それに伴う国家職能の増大は，下記の諸経路で「行政国家」化をもたらした (**12**: 16, 172〜; **42**: 149)。——

① 立法過程における実質的主導権の転移(法律案作成の行政部による独占，法律案の審議・議決における行政部の議会操縦，法律実施段階における解釈運用権の行政部による一手掌握)

② 行政過程そのものの変質(立法権・司法権への行政権の越境，行政機能の内包拡大＝政治化)

③ 中枢的国家作用化する財政機能の行政的引受け(予算編成および各種財政計画策定の行政部による独占，財政執行段階における行政部の広範な裁量権およびその政治的行使)

④ 以上すべての収斂点として，計画権力の行政部による専占

こう論じたのは1980年前後の時点でのことであったが，その後10年をして，筆者は次のように書かざるをえなくなった (**17**; **21**: 325)。——

①　国政全般の計画化 (**21**: 17〜)
②　立法の行政化―法律の手段化― (**21**: 21〜)
③　裁判の行政化・政治化―司法と行政の相対化― (**21**: 23〜)

の三つの場面で著しいが，うち，事態を典型的に示すのが①の計画化(プランニング)である。というのも，計画化(計画の立案→決定→実施)こそが，今日では国家作用中もっとも高度・高質の政策樹立方式となりつつあるといってよく，かつそこでは，従来そのようなものとして王座にあった立法(すなわち，仮言命題的強制規範としての法律の，点的な政治決断的定立)を吸収して(→②)，計画(すなわち，合理性を実効の担保とする可及的システマチックな目的＝手段プログラム)の策定過程が立ち現れる結果，行政理性の支配が決定的となるからである (**21**: 17)。

かつて 1960 年代から 70 年代にかけての西側諸国における "計画多幸症(ユーフォリア)" の流行 (**21**: 82 参照)は去り，世紀末には社会主義 "計画国家" (**37**¹: 160〜) の失敗が現実のものとなったとはいえ，国家(その他の公共体)の活動がますます巨大な社会的資源の投入を必要とし旧来の政策試行錯誤方式ではリスクがあまりに大き過ぎるようになった現代，見る前に跳ぶのではなく跳ぶ前に見る "国家計画" (**37**²: 38) の手法は，その一層の活用が要請されこそすれ，後退はもはやありえない。事実，2001 年末現在，わが国の国家(ないし自治体)計画の種類は法定のものだけでも 600 に垂んとし (**71**: 2, 巻末 10〜)，この貴重な調査を行った西谷剛教授によれば，過去 30 年の間に 5 倍近くにも増えたことになるという (**71**: 2)。根拠法律(計画法)の数も現行法律総数(およそ 1770)の 6 分の 1 以上に達している (**71**: 1)。一方，それらの総合も進み，近くは，知的財産に関する施策を政府が集中的・計画的に推進するため首相を本部長に全閣僚が本部員となる知的財産戦略本部が作成する「知的財産の創造，保護及び活用に関する推進計画」の決定(知的財産基本法 [2002 年法律第 122 号] に基づき 03 年 7 月)，従来ばらばらだった現国土交通省所管の 13 公共事業・9 長期事業計画を一本化する「社会資本整備重点計画」の法制化(2003 年法律第 20 号)およびその第 1 次 5 ヵ年計画(03〜07 年度)の閣議決定(03 年 10 月)など，例を挙げるにこと欠かない(なお **72** 参照)。

(2–2)　複合行政国家へ

　上に見た在来型行政国家化の量的急進行は，やがて，その質的転化を来す。それは，そこにおいて急激に行政化する国家機能の，求心(凝縮)から遠心(拡散)へのベクトル変換にほかならない。

　そもそも行政機能の強化は，初め，先ずは何よりも効率の原理から，すぐれて単一的中枢への行政能力集積の方向性において働くであろう。"行政国家イコール集権国家"の等式が成立する初期(なお"現代"というも可か)行政国家の段階である。しかし，この凝集的求心力は，その極まるところ，ある臨界点において，反動として反対方向の拡散的遠心力に逆転せずにはいないことを，最新の現実はわれわれに教える。その動因としては，第1に，集権に伴う"大きな政府"を賄うべき財政資源の限界という物質的ブレーキ，第2に，民主主義的分権ないし新自由主義的"小さな政府"のイデオロギー，第3に，憲法をはじめとする法規範的な集権抑止効果，そして第4に，電子技術の驚異的発展に因るテクノロジー的バックアップなど，考えられる (**21**: 32〜) が，そうして生じる遠心力は，次のような諸方向に作用するであろう (**21**: 33〜)。——

〔**A**　政府システム内における拡散〕
① 中央政府内における拡散
　　a　行政機関内における拡散 (**21**: 34〜)
　　b　行政機関から他機関への拡散 (**21**: 38〜)(((1) ②③ 参照)
② 中央政府から地方政府への拡散 (**21**: 46〜)
〔**B**　政府システムから社会システムへの拡散〕
③ 政府から政党への拡散 (**21**: 52〜)
④ 政府から民間への拡散 (**21**: 54〜)

　ネオ行政国家が新型(すなわち，機関的ならぬ機能的，単純ならぬ複合的)ではあるがなお行政国家である所以は，まさに，こうして諸方向に拡散し場所的には政府内さらには社会内の諸所に分散・散在するようになる行政能力が，その実，共通の行政理性の嚮導下，機能的には全体として国家の行政システムに組み込まれてしまうところにある。それは，機能としての行政，ひいては国家の，ユビキタス(国立国語研究所が03年8月に発表した外来語言い換え案によれば"遍在")にほかならない。フランスでは，ロカリザシオン進行の文脈で，す

でに早く「遍在する行政〔アドミニストラシオン・オムニプレザント〕」について語られている（**21**: 49～参照）。

（3） 私化・地方化・地球規模化

上述（2-2）の ④ は「プライバティゼーション」，同じく ② は「ローカリゼーション」といいならわされる。関連して「グローバリゼーション」の問題も検討されなければならない。

（3-1） プライバティゼーション

「私化」と訳される。「民間化」も可。「民営化」の語が充てられることが多い（下掲の広告，然り）が，いわゆる規制緩和まで包含する広義の用法に対応させる場合には狭きに失するように思われる（**21**: 55; **50**: 184 参照）。

　　本日より，/ 日本国は / 民営化される / ものとする。［注： / は改行を示す］

──2003 年 2 月，大新聞各紙に一頁全面ぶち抜きで，このような横組み 4 段の大活字が躍った。下隅に，「えっ？　これどういうこと？　株式会社になるわけ？　国民じゃなくて社員？　なんて戸惑ってしまった方。ご安心ください。これは架空の決め事です。」と，申しわけ程度の小さな断り書きはあるものの，これなむ，新聞を読めという日本新聞協会をスポンサーとした広告の，鬼面人を欺く底とはいえ一瞬目を瞠（み）らさせた惹句〔リード・ミー〕（福岡市で，朝日 25 日朝刊 10 面，毎日 26 日夕刊 4 面，西日本 14 日朝刊 16 面など）。

1980 年代，サッチャーリズム，レーガノミックスに始まった私化の大波は，たちまち日本にも及んだ（そもそもアメリカの経営学者ドラッカーの造語とされるプライバティゼーション。それを実践に移したのはイギリスの首相サッチャーが嚆矢，次いでアメリカの大統領レーガンという）。わが国では，その極限の思考実験というべき『国家民営化論』（**61**）すら，早くも 90 年代半ばに出現している（**49**: 64, 66 (31) 参照）。かの大（怪？）広告の本歌である。

その本命と目される"公社"民営化は，85 年，電信電話公社（→ NTT）と専売公社（→ 日本たばこ産業），87 年には多年懸案の国有鉄道（→ 6JR など 11 法人）と，陸続着手され，たとえば 02 年 6 月旧国鉄グループの先陣を切って JR 東日本が政府保有の 50 万株を売却して完全民間企業への移行を果たすなど，実

績もあがりつつある。この流れに棹さし，郵政3事業(政府直轄から03年"郵政公社"へ)と道路関係4"公団"の民営化また，先行きなお不透明とはいえ，すでに政治の日程に上っている。03年9月，第157臨時国会における首相(小泉)の所信表明演説——

> 「民間にできることは民間に」「地方にできることは地方に」…[中略]…
> 本年4月には，日本郵政公社が発足しました。郵便事業への民間参入を可能とした結果，半年の間に14の民間事業者が参入しています。今後，国民的議論を行い，日本郵政公社の中期計画が終了した後の平成19年[07年]から，郵政事業の民営化を実現します。このため，来年秋ごろまでに民営化案をまとめ，平成17年[05年]に改革法案を提出します。
> 道路関係4公団については，…[中略]…民営化推進委員会の意見を基本的に尊重し，年内に具体案をまとめ，平成17年度[05年度]から4公団を民営化します。

私化，すなわち，行政機能の民間(法人・個人ひっくるめての私人で構成される私的部門〈プライベート・セクター〉)への移転は，上のような——私法人新設を伴う——担当機関もろともの民間移行(狭義の私化としての民営化)だけでなく，機能のみ既存の私人に——肩代わり的に——移動する場合をも含んでいる。後者の意味での——広義——私化の受け皿となるのは，私企業，各種社会団体であり，最終的には個々人であるが，ここで看過できない私化加速の最新動向に，PFIの導入とNPOの急擡頭がある。

イギリス系諸国の顰み（ひそ）に倣ったNPM(新公共管理の理論と実際)の重要な一環を成すPFIは，1999年制定施行の「民間資金等の活用による公共施設等の整備等の促進に関する法律」(法律第117号)によって大きな弾みを与えられた。「効率的かつ効果的に社会資本を整備し，もって国民経済の健全な発展に寄与する」ため，「公共施設等の建設，維持管理及び運営(これらに関する企画を含む。)」に「民間の資金，経営能力及び技術的能力を活用」しようとするもの(同法1条)。この方式により，欧米ではすでに珍しくないという一部刑務所の民設・民営(アメリカにつき 21: 58)まで，わが国にも——初犯者を対象に——05年度着工が目指される(03年7月24日毎日)に至っている。「日本初の民間刑務所

『AIO 第一更正所』」(66) は，もはやフィクションではない！

 PFI の名宛先はもっぱら私企業すなわち営利法人。これに対して，「不特定かつ多数のものの利益の増進に寄与する」「ボランティア活動をはじめとする市民が行う自由な社会貢献活動」（特定非営利活動促進法 2 条 1 項・1 条）の主体としての NPO は，民間の非営利団体である。この用語自体の発祥の地アメリカでは早くから大きな社会的存在であった (**50**: 192) が，わが国では，1995 年の阪神淡路大震災，翌々年のナホトカ号重油流出事故を機ににわかに注目され始め，98 年には，限定的ながら，簡易な手続での法人格取得の途を開くなど，「特定非営利活動」（法「別表」に掲記。当初の 12 項目から，02 年追加されて 17 項目へ）を行う団体への助成の立法措置が講ぜられ（法律第 7 号），「特定非営利活動法人」俗称 NPO 法人は 03 年全国で総数 1 万を超えた。これら NPO が，営利法人にはなじまない種類の行政機能私化の引受け手として，ここ数年来大きくクローズアップされてきたのである。

(3–2) ローカリゼーション

「地方化」である。政府システム内における行政機能ないし行政能力の散開・遍在化 (2–2 A) は，① 中央政府内において（うち a の関連では，近時の動向として，これも NPM の後塵を拝するいわゆる 独 法 化——独立行政法人通則法[99 年法律第 103 号]——が見落とせないが）にとどまらず，② 中央政府から地方政府へ向かっても進む。

 前世紀 70 年代以降，欧米では，新連邦主義，リージョナリズムまで含む広義の地方化の動きがにわかに強まった (**21**: 47~; **67**: 48) が，わが国においても，戦後一貫した中央集権の大勢にようやく逆転の底流が渦巻き始め (**21**: 46; **24**)，ついに 95 年の地方分権促進法（法律第 96 号—01 年までの限時法）を経て，99 年の地方分権一括法（「地方分権の推進を図るための関係法律の整備等に関する法律」同年法律第 87 号—無慮数百に上る関連法の改正を一本にしたもの），なかんずく半世紀振りの地方自治法大改正となって水面に出た。国に対する「地方公共団体の自主性及び自立性」を強調する両者対等・協力の役割分担が謳われ（地自法新 1 条の 2 第 2 項），悪名高かった国主導の「機関委任事務」制度は廃止されて，その半ば以上が「自治事務」に，残りも対等・協力関係にふさわし

く新設計された「法定受託事務」に振り分けられた (**67**: 51)。同時に「平成の(市町村)大合併」が,起債や交付税の優遇措置(一括法による「市町村の合併の特例に関する法律」の改正)によって強力に推し進められ,全国3000余の市町村が,特例法の失効する05年3月末にはおよそ1800にまで減少する見込みという(03年8月17日毎日)。この,基礎的地方公共団体の拡大再編も,"受け皿"の強化によって,中央→地方の流れを加速するものと取られている。

(**3-3**) グローバリゼーション

国立国語研究所の日本語化案((**2**)節末参照)によると,「地球規模化」である。1988年と,8年後の96年,いずれも『国家の撤退(リトリート)』と題した2冊の本 (**59**; **62**) がイギリスで出た。メーン・タイトルこそ同じものの,著者も中身も全く別で,一は,スワンによる「英米における規制緩和と私化」の研究,他は,ストレンジによる「世界経済における権力の拡散」の考察である(鉤括弧内は,それぞれのサブタイトル)。新千年紀を目前に国家をめぐる問題状況が,もはや,前者をはじめ多くの論者(それには他ならぬ「ネオ行政国家論」者も含まれるであろうが)の視野をもっぱら領してきた国内レベルに局限されず(もっとも,その次元でスワンがナイーブに"国家の撤退"をいうのは皮相の見,とネオ行政国家論者は考えるのであるが),国境すなわち国家主権の限界を越えてひろく国際的・全地球的に拡がりつつあることにいち早く活眼を開いたものとして,後者は特筆に値しよう。

電子通信技術の飛躍的発達に支えられた市場経済の急速なグローバル化とともに,安全保障・金融・生産・技術開発・環境保護・後進国援助など広範な分野での国家的機能が,部分的に次々と国家間・国家外へ(比喩的にいえば,横へ上へ)はみ出してゆく。それらの新たな担い手は多元的で,各種の政府間「国際機構」(国際連合,IAEA,ILO,IMF,OECD,WHO,WTO,世界銀行その他),さらにはNGO (万をもって算えるであろうこれら民間の「非政府組織」には,国連憲章71条によって公認されるものもある)から,ストレンジの指摘に従えば実質的により強力なものとして,さまざまな非国家的権威,すなわち,テレコム産業を筆頭とする超国家大企業,国際企業カルテル,保険ビジネス,5大監査法人(ビッグ・ファイヴ),果てはマフィアなどの大犯罪組織まで,挙げられる (**62**: 150〜)。

ストレンジはまた,「国際官僚」の登場・強力化にも言及を忘れていない (**62**: 153, 267〜, 311, 326)。

グローバリゼーションが「ネオ行政国家」とどうかかわるかは,なお未知数である。その終焉に連なるのか。あるいは,私化・地方化の場合に似て,一見,行政国家の解体に導くかの如くして,その実その不死鳥的再生・新生をもたらすであろうか。はたまた,国民国家規模の行政国家ならぬ,地球規模の行政帝国の出現("国家理性" から "帝国理性" へ)を結果するのであろうか。

2. アドミニストレーションとその周辺

> ふたりの人間がどちらもひとりでは動かせなかった石をころがすために協力するとき,アドミニストレーションの萌芽が現われた。
> ──サイモン他『行政学』3頁

(4) パブリック・アドミニストレーション

現代ないしポスト現代の国家で,政治(決定)と行政(執行)が後者の逆説的主導において融合に向かうこと(「行政国家」化),しかも,その行政が機能的・機関的に凝集から一転してベクトルを変換,拡散し遍在化しつつ(「私化」「地方化」その他)システム的活性を高める新段階に入っていること(「ネオ行政国家」化)を述べた。その際主役の「行政」については,当面,"国家活動における──決定に対する──執行","国家システムにおける──入力過程に対する──出力過程"程度の,論理学にいわゆる直示定義で済ませてきた。しかし,事態を本質的・根本的に把握するには,当の「行政」の実質的概念が理論的により精細に明らかにされねばならないこと,いうまでもない。

この意味での行政の最終概念を,ここでも中間的考察は省略して,結論のみ端的に示せば,

「本来的および擬制的公共事務の管理および実施」

となる。これをパラフレーズするならば,

「社会成員の全体ないし大多数の共通利害にかかわるとして全体の負担で行わるべきこと(= 公共性)を社会的に正当化された事務

　　　　──当該正当化を事務の実質から自然成立的に受けるもの(=本来的公共事務)を中心に，その理念の権威に与ろうと，社会的に合意された一定の手続(=政治=一次的政策決定)を経ることでそのようなものとして仕立てられみなされるもの，すなわち当該正当化を手続的・人為的に受けるもの(=擬制的公共事務)まで包摂──
　について，その現実的遂行へ向けそれに必要な諸条件の準備・充足
　　　　──二次的政策決定，企画，組織運営，人事・財務・設備，指揮・伝達・調整および管制──
　を行い(=管理)，その現実的遂行(=実施)に及ぶ，一連の過程」

である。
　すなわち，類として "目的的な人間(集団)行動" に属すること疑いない行政を，行動目的的契機として「公共性」(正確には，「本来的および擬制的公共事務」)，行動様態的契機として「管理および実施」，これら両つの種差によって特定する(この点，「行政」と同義とされる英語「パブリック・アドミニストレーション」は，「パブリック」で目的を，「アドミニストレーション」で様態を言表していて，明快である)。なお細かい説明は，関連の諸論著(26; 06: 19〜; 27; 29; 30: 25〜; 31; 32; 21: 208〜; 33: 22〜; 34; 35: 15 など)を参看されたい。次頁に，その図解(1991 年時点での作成──33: 30 から転記)を掲げた。そこでは，とくに以下の 2 点に注意が肝要である。

(4–1)　本来的公共事務と擬制的公共事務の二元
　前者は，全体社会の負担での充足を求める生活需要の意味における "全体社会的需要" の核心的部分で，そもそも社会の成立・存続にとって基底的な条件にほかならぬ "当該規模の共同処理によらねば充足できない基本的生活需要" を内実とする。この需要は，もともと自らに実質的公共性を価値的・規範的契機として内在させているから，社会的正当化の意識的人為を要せず，そのまま＝自然的に公共事務なのである。
　対して後者は，各種の全体社会的需要中，元来公共の実体をもたぬもの(階級的・職能的・地域的・民族的・宗教的等々の部分利益，ないしそれらの合成

総合管理の基礎概念　　　　　　　　　17

行政のモデル図

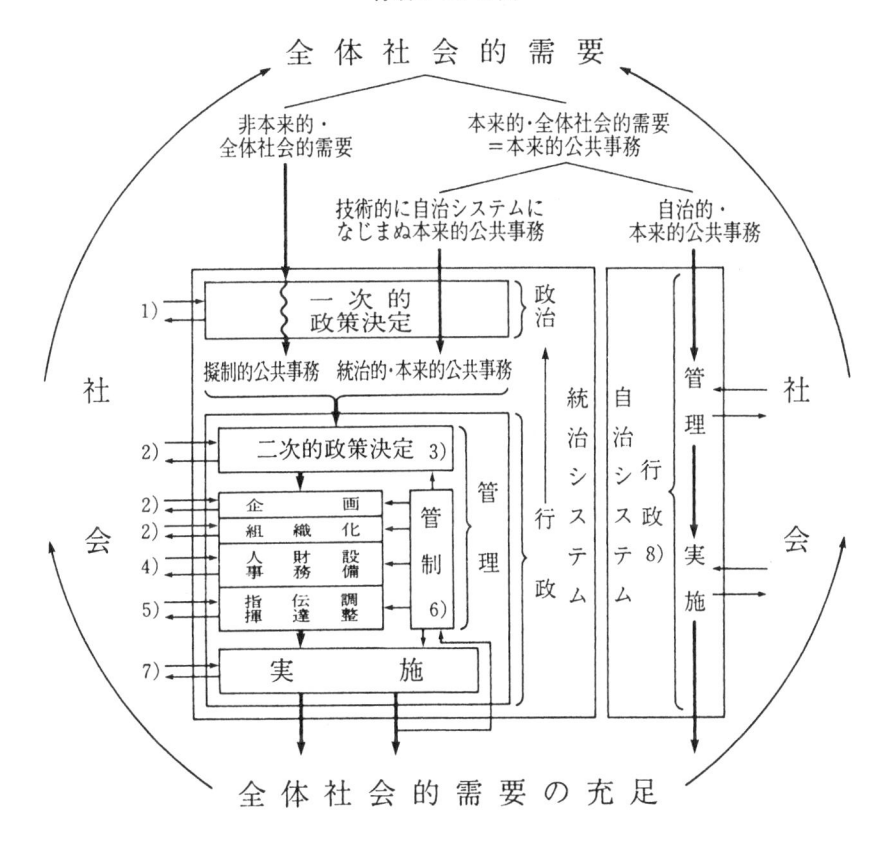

全体社会的需要

非本来的・全体社会的需要

本来的・全体社会的需要＝本来的公共事務

技術的に自治システムになじまぬ本来的公共事務

自治的・本来的公共事務

1) → 一次的政策決定　政治

擬制的公共事務　統治的・本来的公共事務

2) → 二次的政策決定 3)

2) → 企　　画
2) → 組　織　化
4) → 人事　財務　設備　　管制 6)　　管理
5) → 指揮　伝達　調整

7) → 実　　施

統治システム　行政

自治システム　行政 8)　実施　管理

社　会

全体社会的需要の充足

備考
1) 入力として選挙・議会・各種審議会・公聴会・請願・イニシアチヴ・レフェレンダム等による参加など，出力として法律・政治計画・閣議決定・憲法訴訟判決等の公布・公表・発表，言渡など。
2) 入力として各種委員会・審議会・公聴会・請願等による参加など，出力として行政命令・行政計画等の公布・公表など。
3) うち，特定人に刑罰を科する決定(刑事裁判)および法主体相互間の権利義務関係の具体的判定(民事裁判)が「司法」。社会との間に，入力として出訴・陪審・参審など，出力として判決の言渡などの直接交渉あり。
4) 入出力として職員の採用・罷免，課税・徴税・納税，公物の購入・建設など。
5) 伝達の場合，社会との間に公聴(入力)・広報(出力)などの直接交渉あり。
6) 図示を省略するも，社会との間に，入出力として行政事件訴訟・行政不服審査・請願・行政苦情処理などの交渉あり。
7) 入力として聴聞など，出力として告知・公告など。
8) 図示を省略するも，その機能構造的な細部は統治システムにおける行政の場合に準ずる。

力)が自己貫徹のため前者の理念的権威(それは全体社会の負担という実益にも直結する)に与るべく，予め社会的に合意されたそのための手続(政治手続)を履践することで名目的に公共性を擬制され，前者と実際上不可分一体的に遂行される場合(その際，後者の背後にある強大な物質的エネルギーが前者にまで積極的な推進効果を及ぼす)である。

ここに，後者の観点からするとき，行政は"本来的公共事務の権威を藉（か）りて擬制的公共事務を，後者のエネルギーを活用して前者を，一体的に遂行する社会技術"ともいえることになる。

(4-2) 自治システムと統治システムの二元

ただし，本来的公共事務にもっぱら目を凝らすならば，必ずしもそうとばかりもいえない。

全体社会的機関として本来的な公共事務を担当するのは，先ずは，社会成員の自主的＝自生的組織としての「自治システム」なのである。しかし，時代につれて基本的な全体社会的需要(→ 本来的公共事務)が増大し高度化するとともに，そもそもボランタリーな自治システムの事務遂行能力には必然的に技術的限界が生ずる。かくて，社会的強制のウルチマ・ラチオである権力の要素を中心に，社会の関係技術能力をプロフェッショナルに集積して，国家ないし地方公共団体を典型とする「統治システム」(ガバメント)が，新たな当該機関として――自治システムと並行的に――形成されてくる。もはや技術的に自治システムになじまぬ本来的公共事務は，統治システム(ガバメント)に取り込まれる(＝政治手続を経由する)ことで"統治化"され(＝遂行可能な事務へと加工され)，いわば統治的・本来的公共事務となるのである(もっとも，これによってその実質的公共性に何ら根本的な変質が起こるわけではない)(以上，**21**: 236; **33**: 24 参照)。なお，擬制的公共事務の方が，徹頭徹尾，統治システム(ガバメント)と不可離・同時存在的であることは，その定義からして，いうまでもなかろう。

そうとすると，自治的・本来的公共事務に関しては，その遂行に当たる機関(その意味で行政の主体)として，今日なお「自治システム」が――小なりとはいえ――統治システム(ガバメント)と併存しうることになる(**06**: 26〜参照)。(先

に見た，本来的と擬制的両種の公共事務の"理性の狡智"的相互依存関係は，そもそも擬制的公共事務とは無縁の自治システムには妥当しないものである。）しかも近来，民間の当該能力の向上・充実とともに自治システムはとみに増強傾向にあることに，ここで刮目されなければならない。すでに触れるところのあった NPO の急成長など，その著例である。

(5) アドミニストレーション

従来，行政＝パブリック・アドミニストレーションを，ドイツ，そしてそのひそみに倣った日本では，もっぱらパブリック（目的面），それもガバメント（主体面）の視点から――しかも上述・複眼的ならぬ粗笨な単眼の視角で――のみ，問題にしてきた（その背後には両国の国家主義・権威主義的な体質があるが，今は詳しくは立ち入らない）。しかし，公共事務の二元性に想到しないのみか，アドミニストレーションという（様態的）側面を視野から消去したのでは，行政の問題的全体像の把握は不可能である。

ここに「アドミニストレーション」とは，きわめて多義的なその用語法 (21: 211～参照) 中，行政と同義のそれでないことはもちろんとして，前節 (4) での行政の定義における後半部，すなわち「管理および実施」を意味している。それについては，すでに説明し図示もしたが，そこから思索は次のように展開する。

(5-1) 普遍的社会過程としてのアドミニストレーション

行政にかぎらず，およそ集団的協働を要する一定の仕事を達成するには，当該協働のシステムがなくてはならない。それがアドミニストレーション。サイモンが同志二人と（協働して！）著した『パブリック・アドミニストレーション』開巻劈頭から採った本章の題辞が，まさにいみじくも道破するとおりである。それは，単に漫然と"執行"とか"処理"とかの邦語に置き換えて済むものではなく，「管理および実施」すなわち"所与の事務（＝任務）の管理から実施に至る一連の過程"として，機能・技術・制度の三次元的構造をもつ一つの社会過程にほかならない。ここでは，アドミニストレーションは管理から実施へかけての一体的(インテグラル)な流れの総体として理解され，往々見られるように管理（マネジメン

ト)のみを切り離してアドミニストレーションと等置する立場はとられない。所与の目的の実現過程として管理と実施は不可分であり，ことに管理は——目的と実施の中間項として——実施なくしては存在理由を欠くであろうからである(技術的な独自体系性の故に相対的に区分するのは，もとより別論)。

　そのようなアドミニストレーション現象は，あらゆる組織体に普遍的である。何も行政，なかんずくガバメントの専売ではない。このことは，史上永らく世間的にも学問的にも気づかれなかったが，ようやく20世紀に入って米欧諸国で意識に上り始めた(**49**: 5〜, 44〜参照)。その際アメリカでなど，私企業におけるそれ(ビジネス・アドミニストレーション)への注目の方が先行したりしているが。

　この，アドミニストレーションの観点に立てば，行政(パブリック・アドミニストレーション)はその一種の応用形態ということになる。他にも，上記ビジネス・アドミニストレーションをはじめ，次小節(**5–2**)に挙げるような別種の応用諸形態が同列にリスト・アップされるであろう。これまで等閑にされてきたこの観点は，行政はもとより関係のすべての種を，広い共通項(類としてのアドミニストレーション)への眼を開かせることによって自閉症的な視野狭窄から解き放つに違いない。

(**5–2**)　アドミニストレーションの種別

　アドミニストレーションは所与の目的(仕事)を達成する手段(技術)であるから，当該目的(仕事)の性質の違いによって，次のように大別されよう。

アドミニストレーション		公共性	権力性(政府性)	営利性
	① パブリック・アドミニストレーション(公共行政)	++	+	−
	② 公益・非営利活動団体のアドミニストレーション	+	−	−
	③ 非公益・非営利活動団体のアドミニストレーション	−	−	−
	④ ビジネス・アドミニストレーション(企業経営)	(−)	−	+

　ちなみに，②はNPO((**3–1**)における関連叙述参照)などの場合，③は「中間法

人」(「社員に共通する利益を図ることを目的とし，かつ，剰余金を社員に分配することを目的としない社団」で，中間法人法[2001年法律第49号]により設立されたもの)などの場合——家政(ホーム・エコノミクス)もここに含まれようか——をいうものとし，④における公共性の(–)は，元来私益目的の営利企業が社会的責任として公益への配慮を欠かせなくなりつつあること(**50**: 179参照)を含意させている。また，最も大まかな種別はパブリック(公，公共)対プライベート(私，民間)の二分であろうが，①が〈公益と非営利〉を標識とする前者であることは動かないとしても，それに拮抗して後者の大宗を占めるとされてきた④における2指標〈非公益と営利〉中〈非公益〉が上述のようにとみに相対化しつつあること，さらに，①と④の谷間の②と③，なかんずく近時急成長の②(アメリカではつとに国民経済上"第3セクター"と位置づけられる勢いであり[**50**: 192]，また，①ガバメントと④市場に対し"市民社会(シビル・ソサイエティ)"として鼎立させられる[**69**: 3])が，パブリックかプライベートかの二分にはなじまないこと等にかんがみて，ここでは採らない。

　ただ，「パブリック」がガバメントの文脈を超えて，そのように程度の差こそあれアドミニストレーションの全域にかかわる意味をもち始めていることは，重要である。筆者は，パブリックをめぐる社会科学固有の関心事は，経験的・具体的にその一現象形態たる「公共事務」(その限りでの公共性)を解明するにあると考え，その作業を行ってきた(**06**: 20〜参照)が，今や価値的(規範的)・抽象的に「公共性」そのものの社会哲学的考察にまで踏み込むべき秋(とき)かと思われる。たとえそれが，カント以降，近くはロールズ(「公共的理性」論)やハーバーマス(「公共圏」論)に至る，幾多最高の知性を悩まし続けてきた盤根錯節(ばんこんさくせつ)のジャングルに似るにしても，である。この意味で，新千年紀早々始まった公共哲学共同研究会の果敢な試み(第1期として**65**)には，学ぶべきところ多く大きい。

(5–3)　総合管理

　アドミニストレーションの視座から，行政も，企業経営も，その他各種の組織体運営も包括的にとらえることで，全体が総合的に見えてくる。アドミニストレーションに「総合管理」なる漢字熟語を充てる(**50**: 198参照)所以である。これにつき，付言一〜二。

第1。総合管理は一語として「総合管理」であって，複合語「総合」「管理」ではない。すなわち，それは一体としての「(所与の事務の)管理および実施」を意味するアドミニストレーションと同義であるから，そこにおける―狭義の―管理(マネジメント)より広義である。

　第2。とはいえ，「総合」には幾つもの含意が託されている。先ず，各種別のアドミニストレーション現象(行政，企業経営その他)の上位概念・類概念を指す意味合い。総合病院(ジェネラル・ホスピタル)などという場合の総合(ジェネラル)である。"ジェネラル"は同時に"一般的""共通的"でもある(ファヨールのいう"アドミニストラシオン・ジェネラール")。次には，およそ組織体運営にかかわる知識・経験すべての総合的(インテグラル)集積という含蓄。ここにおいて，アドミニストレーションの完全な理解には，行政学・経営学はいうを待たず，社会学・政治学・法律学・経済学から情報科学・社会哲学に及ぶ，近代この方細分化され来った関係諸学科の再結集による総合(コンプレヘンシヴ)的な体系的アプローチが必要ということになる。すでに1948年，アメリカの若き政治行政思想家ワルドーが次のように書いていた，そして55年，84年にもそれを倦まず繰り返さざるをえなかった (**52**: 212; **55**: 70; **58**: 203, lviii, lxiv n. 52) ことに想い到らずにはおれない。

　　…[前略]…総合管理的(アドミニストラティヴ)思考は，人知の全領域のあらゆる主要分野と[の間に]実働的関係を確立しなければならない。

(6)　ガバナンス

　ここ10年来，社会科学における流行語は「ガバナンス(ガヴァナンス)」にとどめを刺す，というも過言であるまい。言語学的には，ガバメント(ガヴァメント)と同根・同源(ラテン語のグベルノ["舵を取る"の意]に由来)であること明らかな，しかし，14世紀"グヴェルナンス"としてフランス語化した (**68**: 119) ものの以後廃語同然だったこの単語が，なぜ大世紀の転回期に突如もてはやされ始めたのか。

　新しい葡萄酒(さけ)は新しい革袋に，という。現代ないしポスト現代の社会＝政治生活に発生の最新事態が，もはや既存の用語・概念では受け止めることができなくなった，ということか。しかし，楽屋裏で埃をかぶっていたのを，はたき

をかけてデビュー願った，この古くして新しい言葉，果たして問題の最新事態の強烈な発酵力に堪える強靱な"新しい革袋"たりうるか。

「ガバナンス」が，少なくとも，在来の権力的契機中心の「ガバメント」(政府・統治)と密接に関連(∵語源的に同根)しつつも，これをもっては今やカバーしえない 21 世紀新出現の社会＝政治現象を概念化しようとするものであるのは，確かである。しかし，その意味内包は未だなお「全くつかみどころがない」^{スリッパリー・インディード}とされ(**68**: 119)，確立した定義を見ない。現に，この語は，特定の形容詞付き，あるいは単独でも特定の文脈で用いられるを常とし，その都度その含意するところ必ずしも帰一しないのである(**64**: 617, 620〜参照)。

(**6–1**) 　グッド・ガバナンス，グローバル・ガバナンス，コーポレート・ガバナンス，ローカル・ガバナンス

形容詞付きでガバナンスが云々され始めたのは，先ず，国際政治経済ないし国際関係論と，企業経営ないし経営学とにおいてである。

世界銀行や IMF は，開発途上国への融資に際し，① 行財政の改革，② 地方分権・住民参加・アカウンタビリティの強化，③ 透明化・情報公開，④ 健全な経済活動のための法的インフラの整備，⑤ 汚職・腐敗の根絶などの^{コンディショナリティ}条　件を課し，これら条件内容を「グッド・ガバナンス」と呼ぶ(**67**: 176 参照)。先進国に引き直せばイギリスの NPM やアメリカの"^{リインヴェンティング・ガバメント}行　政　革　命"運動(オズボーンとゲーブラー 92 年の著書名に因む)など，内政統治能力向上^{ガバナビリティ}(^{ロウイング}櫓漕ぎから^{スティアリング}舵取りへ)の嚮導指標といったところか。

国際関係論では，すでに触れたクローバリゼーションの大潮流の中，急増するグローバルな政治・行政・経済的諸問題の解決のため今や諸国家に限らず各種公式・非公式の超国家的・非政府的諸組織体を包括する多様な関係者間で展開される政策形成決定の過程・枠組みが，俄然大きな関心の的となる。この「グローバル・ガバナンス」は，世界国家的権威を欠く意味で"ガバメントなきガバナンス"(**64**: 622 参照)としての性格が最も強い。ただ現実には，超大国の政治権力や超国家的大企業等の経済権力を無視できないが(**62** 参照)。

「コーポレート・ガバナンス」には"企業統治"という訳語が，適・不適はともかく，すでに定着している。ここでは，^{コーポレーション}一営利法人を単位として，それが

社会全体との関係において相互に最適状態で存立し発展しうる組織と運営の総体的あり方に，焦点が合わされる(この意味で国・自治体の場合のガバメントと相通ずるところ少なしとしないが，さりとて全く同じく"統治"としたのでは，非権力のニュアンスが表現されず，いかにも芸がない)。もっぱら私的な営利(利潤獲得)を目的としてきた企業体が，今では投資家(株主)はもとより顧客(消費者)，従業員，取引先，果ては競争相手の利害から，広く自然環境その他地域・国民・地球規模の公益までも視界に取り込まねば生き残りを図れなくなった，切迫した時代状況に即応するものにほかならない(50: 181参照)。

　さらに地方自治(日本国憲法の公定英訳ではローカル・セルフ・ガバメント)を舞台に「ローカル・ガバナンス」が語られる。語義未だ必ずしも一定しないが，"自治体において，その社会的・政治的使命の実現に向け関係する諸機関・諸団体・住民たちの連繋・協働を確保する営為"として可か。自治体(なかんずく首長)が中心となるとはいえ，国に比べ権力色の薄い自治体の性格から，また，増大する自治公共事務の処理の多くをNPOはじめ自発的な(＝自治体と対等の)民間活力に俟たざるをえない実情から，それは，多数関係者の——階層的相互関係よりむしろ——ネットワーク，パートナーシップ(PPP)の様相を帯びる。"共治(協治)"と日本語化されること少なしとしない所以である。

（6-2）　ガバナンスの一般理論？
　これら各種の特殊ガバナンス現象を統一的に把握する理論枠組みは可能か。ここで，オランダのコーィマン(エラスムス大学名誉教授)の最近作『ガバナンスとしてのガバニング』(03年)(69)が目に止まる。
　彼は，先ずガバニングとガバナンスを区別し，前者を「① 諸社会問題を解決し諸社会機会を創出することをめざして公的および私的アクターたちが参加する諸双方向行為，② これら双方向行為のための脈絡としての諸制度への配慮，ならびに ③ これらすべての活動のための規範的基礎の確立」の全体(ナンバーは筆者が付加)，後者を「ガバニングについての理論的諸概念」の全体と定義する (69: 4)。その上で考察は，上述諸活動の配慮・展開が公共部門(国家)と私的部門(市場)と第3部門(市民社会)の「責任分担組合わせ」で行われる「集合的」な「社会的・政治的ガバナンス」(69: 5)に集中される。

そこでは「双方向行為」(二つ以上のアクターないし単位体(エンティティ)の間の相互影響的関係)が中心概念とされ (69: 11〜)，それは アクター・レベルと構造レベルの2次元に分けて考えることができ (69: 13〜)，前者はイメージ，道具，行動の3要素 (69: 27〜)，後者は自己ガバナンス，共同(コー)ガバナンス，階層的(ハイアラーキカル)ガバナンスの3モード (69: 77〜) から成るとされる。両レベル合して，それはさらに，第1序列(オーダー)(上述ガバニングの定義中の①に対応)，第2序列(同じく②に対応)，第3序列またはメタ(③に対応)の3序列—ないし等級—を形作るとされている (69: 133〜)。なお，「制度」(② 参照)の一つとしての「国家」への論及 (69: 156〜) はあるが，ガバメントはいっかな登場しない。

(6-3) ガバナンスと総合管理

ガバナンスは，各種の社会的＝政治的行為体が相互に影響し合いながら広く社会的＝政治的な政策("公共政策")を形成し定立する作用，と概念すべきであろうか。そのとき，国家に代表される権力的公共体を圧倒的な行為体とするガバメントは，今や——コーイマンの用語方を借りれば——その1「モード」(「階層的ガバナンス」)に過ぎなくなろう。

アドミニストレーションは，各種行為体をおよそ組織体としての主として内部的な機能の本質的共通性でとらえた総合概念であった。ガバナンスは，それら諸行為体相互の間に渉外的に成立しつつある協働関係(それは前者の共通性抜きにはありえないと考えられるが)に着目する (64: 617, 622; 69 参照)。向後，前者は後者にまで——逆もまたいえるが(ヴァイスィ・ヴァーサ)——内包を拡大すべきか。そこに，現代・ポスト現代における組織体の真の統一理論が成立するであろうか。その場合，統一概念の名辞としては，両者のいずれかではなく，むしろ「総合管理」こそが妥当とも思われる(前掲・91年作成の〈行政のモデル図〉[17頁]では，すでに「統治システム」と「自治システム」の並立は図示されているが，当時なお表立っていなかったガバナンスは顧慮されていない。描き直しが必要とされよう)。

参考文献目録

A 手島孝：行政国家論

01 「行政国家論序説」（九州大学法政学会『法政研究』29巻1～3号，1963年）
02 「ドイツ行政国家論(一)(二)」（『法政研究』31巻3号・32巻1号，1965年）
03 「行政国家と憲法」（『法政研究』32巻2～6号，1966年）
04 「福祉国家と行政国家」（日本公法学会『公法研究』28号，1966年）
05 "Über den Verwaltungsstaat," *Gedächtnisschrift Hans Peters*, Springer Verlag, 1967
06 『**現代行政国家論**』（**勁草書房，1969年**）
07 「行政国家の憲法的問題性」（『法学文献選集4』学陽書房，1972年）
08 「行政国家と権力分立」（『法学教室』第2期4号，1974年）
09 「行政国家の憲法問題」（『公法研究』36号，1974年）
10 「行政・行政国家・対行政国家的法理—『現代行政国家論』のための反批判と再省察」（『法政研究』41巻3号，1975年）
11 「憲法における近代と現代—憲法原理と行政国家—」（『近代憲法原理の展開Ⅰ』東京大学出版会，1976年）
12 『**行政国家の法理**』（**学陽書房，1976年**）
13 「行政国家における議会の復権」（法学セミナー増刊・総合特集シリーズ2『現代議会政治』日本評論社，1977年）
14 「行政国家」（山田＝市原＝阿部編『演習行政法・上』青林書院新社，1979年）
15 『憲法解釈二十講』（有斐閣，1980年）
16 「現代公法学と『行政国家の視点』」（『ジュリスト』793号，1983年）
17 「概念装置としての『行政国家』」（『法政研究』57巻4号，1991年）
18 『学としての公法』（有斐閣，2004年）

B 手島孝：ネオ行政国家論

19 「『ネオ行政国家』論—『現代行政国家』再訪」（『法政研究』55巻2～4号，1989年）
20 「『ネオ行政国家』続論—『現代行政国家』再々訪」（『法政研究』56巻3・4号，1990年）
21 『**ネオ行政国家論**』（**木鐸社，1991年**）
22 「国家よ何処へ往く(上)(下)」（『西日本新聞』3月10日・11日，1992年）
23 「権力分立 世紀末 版—ネオ行政国家における新状況」（『法学教室』151号，1993年）
24 「地方自治法—その来し方行く末(Ⅰ)(Ⅱ完)」（『都市問題研究』49巻3号・4号，1997年）

C 手島孝：行政概念論

25 『アメリカ行政学』（日本評論社，1964年，復刻1995年）
26 「行政概念の新構成—同時に，行政法学と行政学の統一観念として」（『法政研究』35巻2号，1968年）
27 「行政法理論の動向と行政学—関連して再び〈行政概念の新構成〉について」（『法

政研究』36 巻 2〜6 号，1970 年）
28 「行政(学)」(『教育経営事典』第 2 巻，ぎょうせい，1973 年)
29 "Neubildung des Verwaltungsbegriffes," *Die Verwaltung*, Bd. 12 Heft 3, 1979
30 『行政概念の省察』(学陽書房，1982 年)
31 「行政の現象と本質―続『行政概念の省察』」(『法政研究』53 巻 1 号，1986 年)
32 「概念装置としての『行政』」(『法政研究』57 巻 3 号，1991 年)
33 **「憲法における行政」（手島孝＝中川剛『憲法と行政権』法律文化社，1992 年）**
34 "Ceci n'est pas une administration? — Ein neuer Begriff der Verwaltung —," (『法政研究』58 巻 4 号，1992 年)
35 「公法(学)における行政概念―三続『行政概念の省察』」(九州大学法学部創立 70 周年記念論文集『法と政治―21 世紀への胎動―』下巻，九州大学出版会，1995 年)
36 「行政とは何か」(手島孝他編『基本行政法学』法律文化社，1995 年，第 2 版 2001 年)

D 手島孝：公計画論

37 「国家計画の法理―憲法学的考察(一)(二)(三・完)」(『法政研究』37 巻 3・4 号・38 巻 1 号・2〜4 号，1970〜71 年)
38 「行政における住民参加―とくにプランニングの場合についての覚書」(『新自治論集』2，1974 年)
39 「計画担保責任論―公計画の改廃における救済の法理―(一)(二)(三)(四)(五・完)」(『ジュリスト』637, 639, 640, 641, 643 号，1977 年)
40 「計画の真贋―三全総を鑑定する―」(『都市問題研究』30 巻 1 号，1978 年)
41 "Öffentlich-rechtliche Probleme der Planung in Japan," Humboldt-Stiftung, *Wissenschaftliche Zusammenarbeit und Austausch zwischen Deutschland und Japan*, 1979
42 『憲法学の開拓線』(三省堂，1985 年)
43 「計画担保責任・再論(上)(下)」(『法政研究』53 巻 3 号・54 巻 1 号，1987 年)
44 『計画担保責任論』(有斐閣，1988 年)

E 手島孝：アドミニストレーション論

45 「行政管理から総合管理へ」(『季刊・行政管理研究』66 号，1994 年)
46 「創刊のことば」(熊本県立大学総合管理学会『アドミニストレーション』1 巻 1・2 号，1994 年)
47 「アドミニストレーション学の確立へ―行政学と経営学の統合―」(会計検査院『会計検査研究』16 号，1997 年)
48 「行政観の歴史的変遷―アドミニストレーション史観へ―」(日本行政学会『年報行政研究』32 号，1997 年)
49 『**総合管理学序説 行政からアドミニストレーションへ**』(**有斐閣，1999 年**)
50 「七年目の総合管理学」(『アドミニストレーション』7 巻 3・4 号，2001 年)

F その他

51 Burnham, James, *The Managerial Revolution: What is Happening in the World*, N.Y.: John Day, 1941; Penguin, 1962

52 Waldo, Dwight, *The Administrative State*, N.Y.: The Ronald Press Co., 1948
53 Peters, Hans, "Der Kampf um den Verwaltungsstaat," *Festschrift für W. Laforet*, München: Isar Verlag, 1952
54 Lepawsky, Albert, *Administration: The Art and Science of Organization and Management*, N.Y.: Alfred・A・Knopf, 1952
55 Waldo, Dwight, *The Study of Public Administration*, Garden City, N.Y.: Doubleday & Co., 1955
56 Morstein Marx, Fritz, *The Administrative State*, Chicago: The University of Chicago Press, 1957
57 阿利莫二「現代行政の展開と行政国家の形成」(日本行政学会『行政学講座2』東京大学出版会，1976年)
58 Waldo, Dwight, *The Administrative State, 2nd ed.* with new observations and reflections, N.Y. / London: Holmes & Meier Publishers, 1984
59 Swann, Dennis, *The Retreat of the State: Deregulation and Privatisation in the UK and US*, Harvester・Wheatsheaf, 1988
60 中川剛「〈書評〉手島孝著『ネオ行政国家論』」(『年報行政研究』28号，1993年)
61 笠井潔『国家民営化論』(光文社カッパ・サイエンス，1995年)(光文社・知恵の森文庫，2000年)
62 スーザン・ストレンジ『国家の退場』(桜井公人訳，岩波書店，1998年)
63 塩野宏「行政概念論議に関する一考察」(同『法治主義の諸相』有斐閣，2001年)
64 König, Klaus, "Öffentliche Management und Governance als Verwaltungskonzepte — Zehn Thesen —" *DÖV* 54, 2001
65 佐々木毅=金泰昌編『公共哲学』全10巻(東京大学出版会，2001～02年)
66 矢月秀作『獄の極』(中央公論新社，2002年)
67 福田耕治=真淵勝=縣公一郎編『行政の新展開』(法律文化社，2002年)
68 Kettl, Donald F., *The Transformation of Governance*, Baltimore: The Johns Hopkins University Press, 2002
69 Kooiman, Jan, *Governing as Governance*, London / Thousand Oaks / New Delhi: Sage Publications, 2003
70 デリック・ピュー=デービッド・ヒクソン『現代組織学説の偉人たち』(北野利信訳，有斐閣，2003年)
71 西谷剛『実定行政計画法―プランニングと法』(有斐閣，2003年)
72 総合研究開発機構編・星野進保『政治としての経済計画』(日本経済評論社，2003年)

古典的政治哲学の可能性

三 島 淑 臣

1. レオ・シュトラウスと「古典的政治的合理主義の再生」
2. 古典的政治哲学の基本諸特質
3. 現代の古典的政治哲学否定論への論駁
4. エピローグ

1. レオ・シュトラウスと「古典的政治的合理主義の再生」

　ここ数年来レオ・シュトラウスの学問的作業が世界的に読書界の注目を集めている。1970年代前半に逝去したこの著者の残された多くの労作は，つぎつぎに欧米で出版・再出版され，さらに最近では彼の労作群を「古典的政治的合理主義の再生」(以下，「再生」と略記)という視角から編集したパングルの編著も刊行・邦訳され[1]，シュトラウスの特異な思想家としての全貌が我々に随分近づき易いものとなった。

　一頃は「ホッブズ政治哲学」や「マキアベリ政治哲学」あるいは「自然権論」の単なる歴史的・思想史的研究者としてしか我が国に知られていなかったこの学究が，実は容易ならぬ巨大なデンカーであり，現代文明の陥っている全般的危機を根源から問い直し，その思想的克服を模索し続けた偉大な思想家であったことが，近来ようやく世間一般に認められるようになりつつあることは，近似の問題意識を共有する者にとって慶賀の至りである。

　ところで，レオ・シュトラウスの「再生」作業の中心にあるのは，他ならぬ「古典的政治哲学の再生」あるいは「古典的政治哲学の可能性の究明」であると言って良いだろう。というのは，「古典的政治的合理主義の再生」とは，古典期ギリシャ人たちの人間的生の本性をめぐる(ソクラテスから始まる)哲学的探究

の思考特質を現代に再生・活性化させようとする営為であり，この人間的生はギリシャでは優れてポリス的な生だった以上，この営為の中核には当然「ポリス的(政治的)生活・政治的な事柄の本性をめぐる哲学的思索」としての古典的政治哲学の可能性の究明が中核に置かれざるを得ない筈だからである。そして事実シュトラウスの「再生」の学問的関心の重心はこの「可能性」の究明に置かれていたと言って良い。

本稿が意図するところは，シュトラウスによるこの「古典的政治哲学の可能性の究明」に焦点をしぼって，その概要と現代的射程を考えてみようとするところに主眼がある。あわせて，21世紀を先取りするハイデッガー級の思想家と評価されることもある[2]シュトラウスの「再生」の基本的特質を前記「可能性の究明」との関連において，若干考察しその意義や問題点を考えてみたいと思う。

2. 古典的政治哲学の基本諸特質

シュトラウスによる古典的政治哲学の基本諸特質の解明——それは同時に古典的政治哲学の可能性の究明の一部をなすわけだが——を概観するに先立って，彼が「哲学」の特質をどのようなものと考えていたかを明らかにしておくことが必要であろう。彼はその『政治哲学とは何か』(*What is Political Philosophy? and Other Studies*, 1959, 1988, Chicago) (本書は石崎嘉彦氏によるその抄訳『政治哲学とは何か——レオ・シュトラウスの政治哲学論集』1992年，昭和堂がある)所収の同名の論文 "What is Political Philosophy?" (同訳書，第1章「政治哲学とは何か」)で，哲学とは「全体(万物)についての意見(憶測，ドクサ)を全体(万物)についての知識(エピステーメー)に置き換えようとする試みである」旨の定義を与えている(同書 p.11，邦訳6頁)。この規定は他の著作でも繰り返し述べられているので，これがシュトラウスの哲学の正規の概念規定であると見て良いと思われる。

政治哲学とはこのように理解された哲学の一分肢であり，それゆえ，それは，政治的な事柄についての意見を政治的な事柄についての知識に置き換えんとする試みだということになる。

従って，政治哲学は，しばしばそれと同一視される一般的な政治思想(それは「何らかの政治的に重要な幻想，想念，種概念」についての反省的な説明であり，意見と知識との前記の区別に無関心である)とも厳密に区別されるべきであり，前者は広義での後者に含まれるが，後者の中で特殊な位置を占める人間精神の営みなのである(同書 p. 12, 邦訳 8-9 頁)。

　このような哲学，政治哲学の定義の仕方には既に古典的ギリシャ的な哲学，政治哲学(「政治学」)に特有の考え方への定位が自ずと表明されているのだが，それを更に詳しく展開していると思われる前記著書所収の "On Classical Political Philosophy" (前出邦訳，第 3 章「古典的政治哲学」)に主として拠りながらシュトラウスの主張を概観してみよう。

　ここでシュトラウスが主題とする「古典的政治哲学」とは紀元前 4 世紀のソクラテスに始まり，プラトン，クセノフォン，アリストテレスを経て，中世期のトマス・アクィナスの辺りまで続く政治的(ポリス的)生活，政治的事柄についての哲学的省察の思想系譜を指しているようだが，彼によると，それらは，近代の政治哲学や政治(科)学と対比した場合，それらと明確に区別される，ほぼ共通した思考特質によって貫かれていると考えられる。それは ① 市民的・政治的日常性からの出発，② 最善の政治秩序の探究，③ ポリス超越的な哲学的生の優位性(政治生活の限界づけ)の主張の 3 点に集約されると思われる。

　① 先ず第 1 に，古典的政治哲学は，その出発点がポリス市民たちの政治生活に内在的・自生的な問いへの適切な答えとして展開されている点に基本的特徴があることがシュトラウスによって力説されている。「古典的政治哲学は，それが直接的にポリス的(政治的)生活と結ばれていたという事実によって，特徴づけられる。政治哲学が明確な形で『確立された』ものとなり，それゆえまた，ポリス的(政治的)生活から一定の距離をおいたものになるに至ったのは，ようやく古代の哲学者たちがその仕事を成し遂げてからのことであった」(同書 p. 78, 邦訳 118-9 頁，ただし訳文は部分的に変更しているところがある。以下同)。「古典的政治哲学の主要な問題，および，古典的政治哲学がそれらの問題を言い表すために用いた用語は，ことさら哲学的なものであるとか，科学的なものであるのではなかった。それらの問題は，集会や会議やクラブや閣議の中で提出されるよ

うな問題であった。そして，それらの問題は，誰にでもよく分かり，だれもが慣れ親しんでいる用語でもって，少なくとも，あらゆる正常な大人たちに対して，日常的な経験や日常的な慣例に基づいて言い表されたのであった。これらの諸問題は，ポリス的(政治的)生活，したがってまた，政治哲学に，その基本的な方向性を与える自然的な位階的秩序を有している。誰もが，あまり重要でない問題，より一層重要であるような問題，最高度に重要な問題を区別せざるを得ないし，そしてまた，誰もが，一時的な問題とポリス的(政治的)共同体の中に常に存する問題とを区別せざるを得ないのである。そして，聡明な人々は，賢明な仕方でこれらの区別を応用するのである」(同書 p. 80, 邦訳 121 頁)。さらに，古典的政治哲学の方法もまた，ポリス的(政治的)生活それ自身によって与えられたものであったことが注意さるべきである。というのは，ポリス的(政治的)生活に特徴的なのは，相互に対立する権利主張の抗争なのだが，これら当事者たちは互いに自分の側が「正しい」もしくは「共同体にとって善い」という「意見」を持って争っているのであるから，何が真に正しいか，何が真に共同体にとって善であるのかを示して，これら抗争を適正かつ聡明に裁決してくれる「優れた裁定者」が要請されてくることにならざるを得ない。そして，このような「優れた裁定者」の役割を果たす者こそが，政治哲学者なのである。ところで，市民間の抗争を止めさせ説得によって意見の一致を造り出すことはよき市民の義務であったとすれば，政治哲学者は，最初は，最善の仕方でかつ最高度にこのような市民の役割を遂行することが出来るような市民として視界に現れてくる。たしかに，やがて彼は政治の表舞台では決して提出されることのないような問いを(たとえば「正義とは何か」「善とは何か」といった，表舞台の多様な意見対立の背後に潜んでいるような問いを)厳密に問い始めることによって，ポリス的(政治的)日常性を超えてゆくが，しかし，そうしながらも彼はポリス的(政治的)生活に内在的な自らの基本的な立脚点を捨て去ることは無いのである。

このような市民の日常的政治生活への内在性・直接性の維持という特性こそ，近代の政治哲学や政治(科)学——これらは，自己の眼前にすでに存在する政治哲学の「伝統」に多かれ少なかれ媒介された形で間接的かつ観念的にしか政治生活に関われないか，あるいは「科学的考察方法」という人間特有の政治生活

に外在的かつ異質な方法を介してしかアプローチできない宿命を抱え込んでいる——に比して古典的政治哲学の実践的豊かさ(人間の社会的=政治的実践活動を方向づけ導く上での思想的豊穣性)を究極的に担保している当のものなのである。

なお,シュトラウスは,こうした古典的政治哲学のポリス的(政治的)生活への内在性という特質から,その探究する知識が個々のポリス生活の特殊性に囚われた単なる特殊的知識に過ぎなかったことが必ずしも帰結するものでないことを,ポリス的(政治的)生活の中で占める「言論術」の中心的位置と脱ポリス的な言論術の教師たちの活動に注目することによって説得的に論述し,そしてこのような普遍的知識があらゆる社会生活形態に通用する普遍的かつ具体的な実践的知識であったこと(あたかも優れた医術が各患者ごとに特殊的な術でありながらあらゆる地域のあらゆる患者にも適用できる普遍的術であるように),それゆえ,本質的に抽象的普遍的知識に止まる近代・現代の(社会)科学的知識に質的に優越するものであったことを強調しているが,ここでは,枚数の関係で省略せざるを得ない。

② 第2に,「最善の政治秩序の探究」に関して言えば,この古典的政治哲学の特愛の中心テーマが展開されるのも前項で述べられたようなポリス的(政治的)日常性そのものを起源としてのことであった。すなわち,「古典的政治哲学は,政治的(ポリス的)生活に直接関わりをもつものであった。というのも,それを導いていた主題は,前哲学的な政治的(ポリス的)生活の中で続けられてきた,実際的な政治的論争の主題でもあったからである。(中略)そしてあらゆる政治的論争は政治共同体の存在を前提しているゆえ,古典的政治哲学者たちは,政治的(ポリス的)共同体なるものが存在するものなのかどうかとか,存在すべきかどうかとかいった問題には,第一義的な関心を示していない。したがって,[近代政治哲学の中心テーマになる]政治的共同体の本質や目的の問題は,古典的政治哲学にとっては,中心問題ではない」(同書 p. 84,邦訳128頁)のであり,また同様に政治的(ポリス的)共同体の対外的な関係に関わる問題によって導かれているのでもない。その中心的関心は第一義的には政治的(ポリス的)共同体の内的構造に関わるのである。なぜなら,根本的には,そのような内的構造こそ,

本質的に内戦の危険をはらんでいる政治的論争の主題だったからである。

シュトラウスによれば，共同体の中で政治権力を巡って抗争しあっている諸グループ間の現実の戦いから，自ずと，どのグループが統治すべきか，あるいは，どのような妥協が最善の解決であるか，すなわち，どのような政治秩序が最善の秩序であるのか，というような問題が生起してくる。そこで，どのようなタイプの人間が最終決定権を持つべきかということに関する問題が，最も根本的な政治的論争の主題であるということ，このことが，日常的な政治的(ポリス的)生活から，誰の目にも明らかになってくる。

「そのような論争の直接的な関心事であるのは，[取り敢えず]特定の政治的(ポリス的)共同体にとって最善の政治的秩序であるが，しかし，そのような直接的な問いに対するあらゆる答えは，最善の政治秩序そのものについての一般的な問いに対する答えを含んでいる。(中略)なぜなら，政治的な論争は，己を普遍的な用語で言い表すという，自然的な傾向を持っているからである。イスラエル人のために王制を認めない人は，王制そのものに反対する論法を用いざるをえない」(同書 p. 85, 邦訳 129 頁)。こうして，すべての善良な人々が提出する，最善の政治秩序という自然的問題に対する，自然的回答として，「優秀者支配制」(aristocracy)(最善の者の統治)なるものが現出してきたのである。古典的政治哲学はこのような前哲学的な洞察を引き受け，それを哲学的吟味にかけることによってこの原初的な市民的・政治的問いや回答をあるものは受け入れ，あるものは拒絶しながら，思想的に精錬化してゆくのである。

前哲学的な回答が受け入れられる場合，最もさし迫った問題は，「最善の者の統治」にとって最も好都合な「構成素材」(人材とその資質)と制度に関わる問題である。「政治哲学者たちが立法者たちの教師となるのは，先ずこの問題に答えることによって，そして最善の政治制度の『青写真』を綿密に作り上げることによってである」(同書 p. 86, 邦訳 131 頁)。現実の立法者は様々な特殊的状況の下で，それらの状況を顧慮しつつ己の欲するところへ制度や法律を近づけねばならない(その意味で，各個の法律や制度は，彼の欲するものと立法名宛人たちの置かれた諸種の状況との妥協の産物たらざるを得ない)のであるが，賢明な仕方でこのような妥協をもたらすためには，彼は，先ず第1に，自分が真に何を望んでいるか，あるいはむしろ，何がそれ自身において最も望ましいかを知

らねばならない。政治哲学者はそのような問いに答えることができる。なぜなら彼は、反省を行うに際して、一連の特殊的な諸状況によっては何らの制約をも受けず、可能な限り好ましい条件——民族的、風土的、経済的、その他の——を意のままに選択することができ、かくして、そのような諸条件のもとではどのような法律や制度が好ましいかを、意のままに決定することができるからである。

「古典的政治哲学者は、最善の政治秩序[という言葉]によって、常にどこででも最善であるような政治秩序を理解した」(同書 p. 87, 邦訳 132 頁)。しかし、このことは、彼が、このような秩序を、あらゆる共同体にとって必然的に善なるもの、「あらゆる時代とあらゆる場所にとっての完全なる解決」であると考えたことを意味しているのではない。つまり、一定の共同体が余りに未熟であまりに堕落したものであるために、ただ非常に低劣な類の秩序だけが「その共同体を存続させる」ことができる、というようなこともありうるわけである。そうではなく、このことは、次のことを意味しているのである。すなわち、「どこかにおいて、またある時点で実現されるような政治秩序の善さというようなものは、ただ絶対的に最善であるような政治秩序によってのみ、[適正に]判定され得るということである」(同所)。

かくして、シュトラウスも強調するように、「最善の政治秩序」は本来的にギリシャ的なものであるわけではなく、他の地域(例えば異邦人たちの地域)においても、必要な諸条件さえ整えば実現可能なものと考えられた。このような絶対的＝規範的基準を構想することによって、古典的政治哲学者たちは己に課せられた「政治的(ポリス的)生活を正しく導く」という主要任務の責任を果たそうとしたのであった。古典的政治哲学が本質的に「実践的」であったといわれるのはこうした事態に由来しているのである。

これに反して、「政治哲学はあるべき国家を構想したり、国家に対してそれがいかにあるべきかを教えたりすることを差し控え、現に存在する現実の国家を本質的に合理的な何ものかとして理解するように努めるべきである」というヘーゲル『法哲学』の周知の要求は、結局、古典的政治哲学の存在理由を否定するに等しいのであり、また、今日の政治学、あるいは、よく知られた今日の政治学の解釈とは対照的に、実践的な目的を追求しその具体的実現方法をすら

熟考する古典的政治哲学は,「価値判断」を差し控えることを要求しつつ純粋に記述的あるいは分析的となった政治(科)学等には置き換えることの出来ないものなのである。シュトラウスによれば,このような置き換えの試みは「古典的理論家たちの観点からすれば,靴を作る術,それも履き心地のいい優れた靴を作る術を,徒弟たちが作った靴の陳列館と置き換える試みと同様,あるいは,健康と病気との区別を拒否する医術という観念と同様,馬鹿げたものである」(同書 p. 89, 邦訳 134–5 頁)。

③ 第 3 に,政治的(ポリス的)生活に対する哲学的生の優位という点について言えば,これこそ近代政治哲学,政治(科)学一般と古典的政治哲学とを決定的に区別する最大のポイントであるというのがシュトラウスの主張である。この論点は一見政治的(ポリス的)生活の日常性の対極にあるように見えるが,シュトラウスによれば,これも政治的(ポリス的)論争にその究極の起源を持つものであった。古典的政治哲学の根底にあるものは,良き市民の精神にあっては根本的であるとともに典型的であるような性格の論争,そして人間的卓越性という要求に最も合致していると思われる秩序を見込んだ政治論争に決着を付けることであった。そして,古典的政治哲学を導いていた主題は,政治論争の的となる最も根本的な主題であったが,それは元々,前哲学的な政治生活の中で理解されていた仕方や用語によって理解されるような,そういった主題だったのである。

「哲学者は,その[良き裁定者としての]役割を遂行するために,政治的な論争の舞台では決して提出されることのないような裏側からの問いを発しなければならなかった。その問いというのは,きわめて単純で基本的でつつましやかなものであるので,それは最初は,プラトンの諸対話篇の中で述べられているような数々の出来事によって示されているようには,知ることさえできないものである。この明らかに哲学的な問いとは「徳とは何か」という問いである。(中略)それを所持していれば最高の支配権が与えられる[べき]徳とは何か。この問いに照らしてみれば,徳についての公共的な意見は,最初は,無意識的な問いに答えようとする無意識的な試みとして現れてくる」(同書 p. 90, 邦訳 137–8 頁)。しかしそれらの意見が根本的に不十分であることは,以下のような現実政

治世界の事実，すなわち同じように公共的である他の意見によって対抗され論駁されるという事実である。こうして，首尾一貫性を得るためには，哲学者は，公共的意見のある部分を擁護してそれと矛盾する他の部分を放棄せざるを得なくなる。こうして彼はもはや一般には考えも及ばない見解，真に世間一般のものとは矛盾した見解，すなわち一般には「不合理なもの」であるとか，「馬鹿げたもの」と考えられているような見解を採用する方向に駆り立てられるのである。

　それだけでなく，彼は究極的に，公共的意見つまり政治的意見の次元のみならず，政治的生活それ自身の次元をも超え出て行かざるを得なくなる。というのも彼は，政治的生活の究極的な目的（善き生の確保）は政治的生活によっては達成されず，ただ瞑想すなわち哲学に捧げられた生活によってのみ達成され得るのだ，ということを自覚するに至るからである。シュトラウスによれば，この発見は政治哲学にとっては決定的に重要なものである。

　なぜなら，それは政治的生活に対して，つまりあらゆる政治的な活動とあらゆる政治的な立案に対して設けられる限界を定めるからである。さらにそれは，政治哲学の最高の主題は哲学的な生活である，ということを含意している。つまり哲学——といってもそれは教育としての哲学や知識の体系としての哲学ではなく，一つの生活の仕方としての哲学のことだが——は，いってみれば，政治的生活を常に動かしている基底的問題への解決策を提供するということである。このようにして，結局，政治哲学は，もはや言葉の通常的な意味での政治的な事柄には関与しないような一つの学問領域へと変じているのである。ソクラテスが自らの（魂の世話や徳に関する）探究を「真の政治術」の追求と呼び，アリストテレスが徳とそれに連関した主題についての議論を「一種の政治学」と呼んだようにである。

　そもそも哲学者たちは，哲学の可能性に気づき始めた他の人々と同様に，遅かれ早かれ，「どうして哲学[すべき]なのか」を疑ってみなければならなくなる。なぜ人間的生には哲学が必要なのか，全体についての意見が全体の本性についての真の知識に置き換えられることが，なぜ善いことであり，なぜ正しいことであるのか。人間的な生き方とは共に生きること，あるいはもっと正確に言えば政治的（ポリス的）な生き方なのであるから，「どうして哲学なのか」という問

いは,「政治的(ポリス的)生活はなぜに哲学を必要とするのか」という問いを意味する。この問いは哲学を政治共同体の法廷の前に呼び出すことになる。この問いは,一旦発せられたなら,もはや哲学者たちがポリス的(政治的)生活を完全に無視してしまうことを禁じる。「プラトンの『国家』篇は,古代の哲学者たちの政治的諸著作と同様,共同体の安寧は哲学の研究に決定的に依存していることを示すことによって哲学を政治的に正当化しようとする試みであると言うならば,全体として最もよく言い表されうるのである」(同書 p. 93, 邦訳 141 頁)。

しかし,ポリス的(政治的)共同体の法廷の前で哲学を正当化することは,ポリス的(政治的)共同体の用語で哲学を正当化することを,すなわち,哲学者たちに訴えるのではなく市民それ自身に訴えるようなある種の議論によって,哲学を正当化することを意味する。哲学的営みが望ましいもの,必要なものであること,これらのことを市民たちに明らかにするためには,哲学者たちは,一般に合意されている前提から,換言すれば一般的に受け入れられている意見から出発しなければならない。つまり,彼は対人論法(ad hominem)で,弁証法的=対話法的に (dialectically) 議論しなければならない。このような観点からすれば,「政治(的)哲学」という表現における形容詞「政治的」(political) は主題となる事柄そのものよりも,むしろ取扱い方(正当化手続き)に関わる事柄を示しているのである。こうして,シュトラウスの意見によれば「『政治哲学』はもともと政治[的事柄]の哲学的な取扱いを意味するのでなく,哲学の政治的,大衆的な取扱いを意味するのである。言い換えれば,それは哲学への政治的な入門——市民たるにふさわしい者たち,あるいはむしろ彼らの息子たるにふさわしい者たちを政治的生活から哲学的生活へと導いてゆく試みなのである。『政治哲学』のこの一層深い意味は,それの通常的な意味とよく符合している。というのは,いずれの場合にも,『政治哲学』は哲学的な生を称えることをもって終わるからである」(同書 pp. 93-94, 邦訳 142 頁)。

以上,シュトラウスによる「古典的政治哲学」の基本的諸特質解明を,その可能性の究明という視点から,主として『政治哲学とは何か』に収められた「古典的政治哲学」論文に依拠しつつ素描してきたが,最後に,これらの諸特質

を簡潔に，かつ含蓄に富んだ言葉で総括した同論文における彼の文章を引用して，彼の古典的政治哲学再評価の概観の締めくくりとしたい。

「古典的政治哲学は伝統的ならざるものである，なぜなら，それはあらゆる政治伝統が揺るがされ，まだ政治哲学の伝統などというものが存在していなかった，きわめて創意に富んだ時代のものだからである。(中略)このことからして，古典的政治哲学者たちは，政治的な事柄を，他にくらべるものがないくらい新鮮かつ率直な目で見ていた，ということが判ってくる。彼らは，啓発された市民ないし政治家のパースペクティヴで，政治的な事柄を見るのである。それでいて，啓発された市民ないし政治家たちにははっきり見えなかったり，あるいは全く見えなかったりする事柄も，彼らには，はっきり見えている。なぜそうなるかといっても，彼らが啓発された市民ないし政治家たちと同じ方向を見ながら，より遠くまで見ているという事実より他に理由はない。彼らは，政治的(ポリス的)生活の観察者として，外側から政治的(ポリス的)な事柄を見るのではない。彼らは市民や政治家の言葉で話をする。つまり彼らは，市場で親しまれていないような用語は，一つとして用いてはいない。したがって，彼らの政治哲学は包括的である。それは，政治的理論であるとともに，政治的技量でもある。それは，政治的(ポリス的)生活の法的，制度的な見地を超えたところにも心を開いている。それは，法律家の狭隘さからも，技術家の残酷さからも，夢想家の酔狂さからも，日和見主義者の卑劣さからも，等しく解放されている。(中略)それはまた，あらゆる熱狂主義からも解放されている。というのも，それは悪というものは根絶され得ないものであること，そしてそれゆえに，人が政治に期待するところも程々でなければならないということを知っているからである。それを動かす精神は，平静心，あるいは，卓越した冷静さである，といってもよい」(同書 pp. 27–28，邦訳 33–35 頁)。

3. 現代の古典的政治哲学否定論への論駁

これまで，シュトラウスによる古典的政治哲学の基本的諸特質・現代的可能性の解明のアウトラインを，主として彼の「古典的政治哲学」論文に拠って辿ってきたが，これと連関して，『政治哲学とは何か』所収の同名の論文の中で展開されている，現代世界で一般に流通している「古典的政治哲学否定論ないしその可能性への懐疑論」に対する彼の論駁を窺うことによって，古典的政治

哲学の可能性究明に関わる彼の思考様式を別の角度から明らかにしておきたい。

この否定論はおおよそ二つの局面からなっている。① 古典的政治哲学は反民主主義的であり、それゆえ悪しきものである。② 古典的政治哲学は古典的自然哲学あるいは古代的コスモロジーに基礎を置いており、そして、この基礎の非真なることは、近代自然科学（物理学的コスモロジー）の成功によって証明済みである。

① 先ず第1に民主主義に対する古典的理論家たちの立場について言えば、シュトラウスによると、古典的理論家たちが民主主義をより劣った体制であるとして退けた、ということを否定するのは馬鹿げたことである。しかし、彼らは民主主義の優れた点を見ていないわけではなかった。これまで書き記された民主主義に対する最も厳しい告発は、プラトンの『国家』篇第8巻の中に見いだされる。だが、そこにおいてさえ、それどころかまさにそこにおいてこそ、プラトンは——自らの体制の配列順をヘシオドスの世界の時代配列に合わせることによって——民主主義が、きわめて重要な一点で、ヘシオドスの黄金の時代に対応する最善の体制に相当することを明らかにしている。すなわち、民主主義の原理は自由であるから、民主主義のなかではあらゆるタイプの人間が自由に発展することができるのであり、そしてそれゆえに、とりわけ、最も優れたタイプの人間も発展できるというのである。たしかにソクラテスは民主主義によって殺されたには違いないが、しかし彼は70年もの長きにわたって生きることを許されたのであった。とはいえ、プラトンはこの考慮すべき事柄を決定的なこととは見なしていない。なぜなら、彼は哲学の可能性に関心を寄せていただけでなく、それと同時にまた、穏健な政治方針に見合った安定した政治秩序にも関心を寄せていたのであり、そのような政治秩序は、古くからある良い家柄の者による支配にかかっていると彼は考えていたからである。もっと一般的に言えば、古典的理論家たちが民主主義を退けたのは、彼らが、人生の目的、したがって共同社会生活の目的は、自由でなく徳（精神的卓越性）の育成・保持であると考えたからである。自由は目標としては多義的であって、悪への自由もあれば善への自由でもあるからである。徳は、普通は、教育を通じて、すなわち性格形成、習慣づけを通じて初めて形成される。そしてそのためには、両

親の側にも子どもたちの側にも余暇が必要である。そして余暇のためには，ある程度の富が不可欠である。

ところで，富に関して言えば，アリストテレスが見たように，常に，少数の富裕な人々と多数の貧しい人々がいるのであり，そして一種の自然的欠乏というものがあるゆえに，この奇妙な併存は永遠に続くであろう。「なぜといって，貧しい大衆がその国からなくなることは決してないだろうからである」。民主主義，すなわち多数者の支配というものが，無教養な者たちによる統治であるのはこのゆえである。正気の人なら，誰もそのような統治のもとで生きようとは思わないだろう。もし人々が徳を強固に保持するような姿勢を得るために教育など必要としないというのであれば，上のような古典的議論は説得力を持たないであろう。もしルソーが主張したように，人間は善き生のために必要とされるものを本性的に十分具えている，ということが真実であれば，古典的議論は無効になるだろう。しかしそのルソーすら，極く僅かの人々にしか財政的に可能でないような教育案を展開せざるを得なかったのである。全体として見れば，このルソー的見解は，民主主義は教育された者による統治とならなければならないということ，そして，このような目標は万人の教育によって達成されるだろうということを説いている限りにおいて説得的である。しかし，万人の教育は，欠乏の経済が豊富の経済に道を譲っていることを前提とする。そして豊富の経済は，生産技術が道徳的政治的規制から解放されていることを前提とする。したがって，近代・現代人と古典的理論の見解上の本当の相違は(善き統治方式に関わる)道徳的原理に関しての相違にあるのではなく，もっぱら生産技術の価値に対する異なった評価に存するのである。そして，シュトラウスによれば，我々現代人には，古典的見解は既に論駁されている，などという資格はない。それどころか，古典的理論家たちが暗に示唆していたところの，生産技術や技法の道徳的政治的規制からの全面的解放は，人間に不幸をもたらす，あるいは人間性喪失をもたらすという予言は，未だに論駁されていないままなのである。

さらにまた，現代の民主主義が教育の問題に一つの解決策を見いだした，と主張することも我々には出来ない。先ず第1に，今日教育といわれているものは，たいていの場合，本来の意味での教育，すなわち性格の形成を意味しておらず，むしろ知識の教授と訓練でしかない。第2に，性格の形成が確かに意図

されているところでも「善き人間」を協調的な人,「気さくな仲間」と同一視する非常に危険な傾向がみられる。この危険な傾向というのは,すなわち,社会的な徳のある部分(他者への協調・同化)を強調しすぎる傾向,およびそれに対応するかたちで,個々人の内面からひそかに熟成してくるような主体的徳を軽視し抑圧するような傾向のことである。つまり,我々が,お互いに友好的な精神で共同するような人々を教育したとしても,それによっては,我々はまだ,周囲に染まることなく一人で立ち,一人で闘う心構えの出来た人,つまり「逞しい個人主義者」を教育してはいないのである。つまり,民主主義は,「忍び寄るコンフォーミズム」,それによって助長されるプライバシー侵害の恒常的増加に対処する術を,いまだに見いだしていないのである。

今や,民主主義はこれらの平準化的コンフォーミズムの危険を深刻に意識しているのではあるが,まさにそうであるがゆえに,民主主義は,古典的理論の教育観にまで回帰することによって,その水準と可能性の引き上げについて,熟慮してみざるを得なくなっていることに気づいているのである。古典的理論の教育とは,大衆教育としては決して考えることのできない教育である。それはただ,本性的にそのような教育を受けるのに適した人々をより高度にしかも最高度に教育するものとしてしか考えられ得ないようなもの,まさに「王者の教育」と呼んで差し支えないものなのである(同書 p. 38, 邦訳 52–53 頁)。

要するに,危機的状況にある現代の民主主義が健全なものとして再生するためには,いわゆる「反民主主義」的な古典的理論家たちによって慎重に熟慮された「王者の教育」にまで立ち返り,そこから再出発するしか適正な方法はないということである。さらに加えて,古典的理論家たちが主題的に提示した「優秀者支配制」(aristocracy) の構想こそ,アメリカ建国の父トマス・ジェファーソンの民主制創造的政治活動に理念的基盤を与え,彼の友人宛に「あのような[勝義の民主制的]統治の形態こそ,本性的に最も優れた人々 (aristoi) を統治機関の役職へと最も効果的な形で純粋に選抜することを可能にする最善の形態である」と書かせた当のものであったことも(同書 p. 86, 邦訳 130 頁)ここで特記しておいて良いことであろう。

② 次に第 2 の問題,すなわち古典的政治哲学と古代的＝前科学的コスモロ

ジーとの不可分の結び付きの問題について言えば,この点についてシュトラウスは2段階の論駁を展開しているように思われる。第1段は,古典的政治哲学の創始者としてのソクラテスに主眼を置いて,その政治哲学とコスモロジー的思考との異質な関係を明らかにすることによって,先の否定論の無効性を主張するものであり,第2段は,古典的政治哲学一般における古代的コスモロジーの役割の副次性＝第2次性を強調することによって古典的政治哲学の独自の現代的有効性を検証しようとするものである。

先ず第1の段階に関して言えば,シュトラウスは,古典的政治哲学に対する先の道徳的・政治的な否定論が無効であることが判明したとしても,このような政治哲学は,結局のところ古ぼけて無効になったコスモロジーと不可分に結ばれており,まさに人間の本性についての問いそのものが,全体の本性についての問いと必然的に結び付いていると想定される以上,今や,我々は全体の本性についての別の問い方を,あるいはまた別の(近代物理学的・自然科学的な)コスモロジー探究の方を採用することを強いられているのではないか,という懐疑に晒され続けることになることを指摘する。

だがシュトラウスによれば,近代自然科学がどれほど重要なものであるにしても,それは,我々が人間のうちにある人間的なものを理解するのに,何らかの影響を及ぼすことはできないのである。それというのも,近代自然科学にとっては,人間を全体の光に照らして理解することは,人間を人間以下的なものの光に照らして理解することを意味するのであって,そのような光のもとでは,人間そのものは全く理解出来ないのである。古典的政治哲学は,それとは違った光のもとで人間を見ていた。古典的政治哲学の創始者であるソクラテスは,彼の知が無知の知であったごとく,特殊なコスモロジーに深く関わり合うというようなことは全くなかった。無知の知は無知ではない。それは,「真理や全体は把握することが困難な性質のものである」ということについての一種の知なのである。そこでソクラテスは,全体の神秘的性格の光に照らして人間を見た。それゆえ,彼は,人間自身がおかれている根本状況(situation)の究極的(コスモロジー的)由来よりも人間それ自身のおかれた根本状況自体の方が,我々にはよく理解しうると考えたのである。換言すれば,彼は不変的なイデアの光に照らして,すなわち,根本的で永遠なる問題(人間的生のアルケーとして

の魂の問題)に照らして人間を見た。というのも，人間がおかれた根本状況を明らかにすることは，人間が全体に対して開かれた存在であることを明らかにすることを意味するからである。したがって，コスモロジー的問題そのものの解決よりも，むしろ，コスモロジーの探究を含んだこのような人間の根本状況の理解の方が，古典的政治哲学の根本問題だったのである(『政治哲学とは何か』pp. 38–39，邦訳 53–54 頁)。

　第2段階の議論について言えば，シュトラウスによれば，コスモロジーの位置づけ問題を明らかにすることは，哲学とは何か，あるいは哲学者とは何か，という問題に答えることを意味する。プラトン以降の古典的哲学者たちは，この問題に関して，つぎのように考えた。すなわち，哲学は全体の知識を求めるが，この知識は，死すべき人間にとっていわば到達不能の知識であり，我々が所有するのは全体を構成する諸部分の知識に過ぎない。後者は，これまでかつて克服されたことのない根本的な二元論によって特徴づけられる。一方には代数学的ないし数学的探究によって代表されるような「均質性」(homogeneity)の知識——これは近代のデカルトの「延長」の観念に連なる自然学的知識であり，古典的コスモロジーの知識領域を指しているように思われる——があり，その対極には「異質性」(heterogeneity)，特に「異質的な目的」(heterogeneous end)の知識(人間精神の内的経験と人間精神の志向目的の知識)がある。この二極のうち，後者の方が，次の理由で前者に優っている。それは，人間的な生の目的に関わる知識として，何が人間的な生を完全なもの，あるいは全体的なものとなすかということについての知識であり，したがってそれはある種の全体についての知識だからである。それというのも，人間の目的についての知識は，人間の魂についての知識を包含しているが，この人間の魂こそ，全体へと向けて開いている全体の唯一の部分であって，他の何にもまして全体とより一層近い関係にあるものだからである。この後者こそ，「魂の探究」という最高の意味における政治術に他ならず，これが古典的政治哲学の主題だったのである。

　ただし，シュトラウスによれば，この後者の知識は，まだ全体そのものの知識ではない。全体についての知識の無限の探究が哲学であるとすれば，哲学はこの最高の意味における政治術ないし政治的知識を，何らかの形で「均質性」の知識(無機的外界の知識)，すなわち自然学的コスモロジーと結び付けなけれ

ばならないはずである。だが,この結合は我々の自由にはならないものである。その結果,人は安易に「均等性」の知識か人間的目的についての知識(魂の内的経験・その志向目的の知識)かのいずれかを絶対化して全体の知識に替えようとしがちであるが,そして近代思想はこの魅力にうち負かされて事実コスモロジー的知識の探究と魂の内的経験の実存的探究との分裂状態に陥って抜け出せずにいるのである。だが,古典的哲学はかような誘惑を静かに,かつ断固として拒否し,両者を結び付けるという高潔にして気高い無限の努力をエロスの力を支えとしつつ保持し続けるのである。このようにして,古典的哲学(それゆえまた,その中核的営みとしての古典的政治哲学)は,コスモロジーを,追求さるべき哲学の不可欠の問題の一つではあるが,政治哲学的問題に比してより重要性の劣った副次的なものとして位置づけることによって,先述の古代的コスモロジーから近代物理学的コスモロジーへの転換を超えて,依然として有効な思考たり得ているのである(同書 pp. 39-40,邦訳 54-56 頁)[3]。

4. エピローグ

以上 2~3 章にわたって,シュトラウスにおける古典的政治哲学の可能性の究明の概要を辿ってきた。無論,以上の論述はあくまでスケッチに過ぎず,更に詳しく考究すべき問題点が少なくない。例えば,『都市国家と人間』(*City and Man*, 1964, 1978)や彼の編著『政治哲学史』(*History of Political Philosophy*, 1963, 1978)等の中で展開されている各個の古典的政治哲学者たち(クセノフォン,プラトン,アリストテレスら)の思想構造の解明の更なる個別的検討が欠かせない。何よりも,『政治哲学とは何か』第 3 章「政治哲学と歴史」で展開されたシュトラウスの現代歴史主義に対する根底的批判の立ち入った吟味は,上記のテーマ追求にとって不可欠の重要性を持っている。というのも,現代に一般的で殆ど無意識的なまでに時代思潮となっている歴史主義的思想からすれば,一切の真理や価値基準は全面的かつ根底的に歴史に制約されたものであり,歴史的制約を超える真理や価値基準は一切存在しないのであって,そうしたものの存在を前提として哲学的考察を進めた没歴史的な古典哲学や古典的政治哲学は,既にそのことだけで時代錯誤的なものとして葬り去られてしまうからであ

る。だが，この点については，歴史主義の自己言及性のパラドックス(つまり，もし歴史主義的テーゼが普遍的・不変的な真理だとすれば，一切の真理の歴史性を主張する歴史主義そのものが成り立たなくなるというパラドックス)を援用しつつ，シュトラウスはどこかに永遠・普遍の真理といったものの存在を承認せずには思想は完結し得ないこと，そしてそれこそ古典的哲学の，したがってまた古典的政治哲学の基本的見地であったことを強調している点だけを指摘しておきたい(同書 pp. 70-71，邦訳 104-5 頁)。

　ところで，シュトラウスにおける古典的政治哲学の「復権」とか「再生」とかが語られるとき，ひとは容易に，あたかも彼が古典的解決そのものに直接回帰し，その現代的復権を主張したかのごとき誤解に囚われがちである。しかし，そうではないことは私たちのこれまでの論述で明らかにした通りである。彼の古典的政治哲学への歴史的遡源は，古典哲学者たちの立っていた原初的思考文脈の再現を通して彼らの言説を当人たち自身が理解した通りに理解するという手続きを踏んだものだったのであり，こうした手続きを踏むことを通して，近・現代人たちに根づいている無意識的な偏見を排除し，同時に古典人の言説の核心にあった洞察を明らかにすることによって，これを究極的基準として近代・現代の文化や社会秩序・政治制度の抱え込んでいる問題性やひずみを克服するためのものであった。したがって，彼の「再生」の試みを(欧米の「進歩的」知識人たちの一部にみられるように)単なる復古主義だとかウルトラ保守主義だとかとして捉えるのは全くの筋違いであろう。むしろシュトラウスの問題関心は現代文明(経済中心主義と市場原理の普遍的支配)と現代政治文化(いわゆる「大衆民主主義」的政治状況)の病理診断とその根本的治療法とにこそ向けられていたのである。

　この点で，似たような仕方で古典的政治哲学に回帰しつつ近代社会の問題を考えたヘーゲルの場合との比較が参考になろう。ヘーゲルにとってフランス革命と産業革命とによって招来された近代市民社会の成立は，いわば人類歴史の分水嶺であって，もはやそこから後戻りできない決定的な出来事だった。だから彼は古典的政治哲学に回帰するに際しても単に原初の古典的政治哲学そのものへの直接的回帰は時代錯誤的であると見なし，古典的政治哲学の基底をなしていたポリス的空間の歴史的解体を直視しつつ，新たな市民的共同体としての

「近代国家」(市民社会的な欲望主体たる個々人とその全面的自由を内に統合した形での政治的共同体)を構想しなければならなかった。現実の近代国家がそのような理念的共同体ではあり得ず,現実には「欲望の体系」としての資本主義システムとそこでの強者(資本家)の弱者支配・搾取を制度的に補強するだけの存在でしかなかった限り,ヘーゲルの「近代国家」の合理化＝正当化は根本的弱点を持っていた。シュトラウスはまさにこのようなヘーゲル的な近代国家合理化を古典的政治哲学的見地の逆転として批判していたことは,本稿(2の②)で見た通りである。だが,他方で,もはや市民社会以前に帰る道はなく,前方に向かって進むしか我々に道は残されていないというヘーゲル的歴史認識が,有無を言わせない重さをもって我々に迫ってくることもまた否定しようがない。古典的政治哲学がそこに立ち尽くしていたポリス的生活の視点はどこまで現代社会の諸問題と切り結べるのか,このような観点からシュトラウスとヘーゲルとを対比させて両者の思想的射程を比較検討することは,今後の私たちに残された大きな課題である[4]。

注

1) *The Rebirth of Classical Political Rationalism. An Introduction to the Thought of Leo Strauss* (Selected and Introduced by Thomas L. Pangle, 1989. Chicago), 邦訳として,L. シュトラウス著(T. L. パングル編)『古典的政治的合理主義の再生──レオ・シュトラウス思想入門』(石崎嘉彦訳,ナカニシヤ出版) 1996 年。以下,『再生』と略記。

2) 先述のパングル編『再生』の邦訳書の訳者「あとがき」によれば,一頃のベストセラー『アメリカンマインドの終焉』の著者アラン・ブルームは 1990 年代半ばに来日の際,「20 世紀にハイデッガーが占めていたような位置を 21 世紀においてはシュトラウスが占めるようになるだろう」と述べたそうである。このような見方は,現在アメリカで活躍中のシュトラウス学派の人たちに多かれ少なかれ共通した見方であるように思われる。

3) ここで暫定的に要約・敷衍したシュトラウスの思考は,必ずしも,拙稿本論部で述べたようには明晰でも単線的でもない。その論旨はかなり入り組んでいて,多様な思考モチーフが見え隠れしており,平易な要約を許さぬ難解さを持っている。ここでの筆者の要約がシュトラウスの論旨を大きく歪めてないことを願うのみである。

4) なお,ヘーゲルとの比較研究が重要になると思われるもう一つの論点として,西欧文明のもう一つの源泉としてのキリスト教の位置づけ問題がある。ヘーゲルは『精神現象学』の「絶対知」において,結局キリスト教的啓示宗教を超える哲学的

知の優位性を主張したのに対して，シュトラウスはキリスト教的「啓示」と哲学的知の究極的二律背反性を主張し，両者の対立相剋の永遠の持続の中にこそ西欧文明の活力の究極の源泉があることを力説した（『再生』p. 270，邦訳 342 頁）。「再生」全般の現代的可能性を究明するという問題視角からは，この論点は決定的に重要であるが，詳細は他日を期すしかない。

デモクラシーと効率性
―協働型自治行政を通して考える―

荒 木 昭 次 郎

はじめに
1. デモクラシーと効率性に関する研究背景
2. 協働型自治行政との交差
3. 協働型自治行政におけるデモクラシーと効率性

はじめに

　デモクラシーと効率性をめぐる問題は古くて新しい問題である。いうまでもなくデモクラシーは自律した市民の合意形成によって統治していく政治様式の概念であり、効率性は最小の投入によって最大の産出をめざす合理性追求の概念である。何ら関係のないようにみえるこの二つの概念も国や地方自治体といった政治体の運営においては密接に関連してくる。つまり、民主的にして効率的な政治・行政の運営は可能なのかという視点がそれである。

　本稿では、その関連性が比較的に分かりやすい地方自治体レベルの運営に焦点を当てて論じていくが、その基礎前提として、デモクラシーと効率性をめぐる問題がどのような背景から取り上げられ、そして、どのような論争を経て現在に至っているのかを、アメリカ合衆国における自治体創設過程と市政改革運動の流れの中から概観してみる。

　つぎに、近年、日本の自治行政にみられるようになった協働型自治行政の特質を分析し、その協働型自治行政に内在するであろうデモクラシーの側面と効率性の側面に検討を加え、これまで議論されてきたデモクラシーと効率性をめぐる問題になにがしかのインプリケーションが与えられるのではないかという

ことを示唆したい。そのために本稿では，アメリカ合衆国の自治体が模索し工夫開発してきた契約行政方式を取り上げ，それを媒介にして，協働型自治行政にはデモクラシーと効率性を調和させる面があるのではないかということを論じていく。

1. デモクラシーと効率性に関する研究背景

アメリカ合衆国においてデモクラシーと効率性に関する研究がなされはじめたのは，いわゆる政府の行政活動に対する政治の介入によって行政が歪曲され，行政の非効率化が顕著に現れたことに端を発する。普通，アメリカ合衆国において政府活動という場合の政府は，立法，司法，行政の三機構と機能を含む広義の概念で捉えられていて，それらが相互に牽制と均衡の関係で国家を統治していくことを前提としてきたし，現在もそうである。ところが，立法機能を主たる任務とする議会とその構成員である議員としての政治家が行政部門の機能領域を阻害する，いわゆるスポイルズ(パトロネージ)・システム(猟官制)が跋扈するようになって，本来，公平性と効率性の原則に則って機能しなければならない行政部門の働きを歪曲しはじめたのである。そのような折，プリンストン大学の総長を務め，ニュージャージー州の知事を経験し，そして，第28代のアメリカ合衆国大統領にもなったウッドロー・ウィルソンが1887年，「行政の研究」("The Study of Administration")なる論文を発表した。一般に，この論文をもって「行政学」の嚆矢とされているのであるが，「ウィルソンはこの論文で，行政活動の拡大とその有効性こそが政治の正当性を支える時代が到来したという認識から出発して，民主制国家においても，これまでのように抑制均衡の複雑な仕組みによって政府を統制することにばかり腐心するのではなしに，政府を活気づけることに意を用い，仕事のできる有能な専門行政官で構成される公務員制を確立しなければならないと説いた。かれがこのような文脈のなかで語る『能率的な政府』とは，民主制原理に官僚制原理を接ぎ木した政府にほかならなかった」[1)]と指摘するものがいるように，デモクラシーと能率性(ここでは効率性ではなく能率性という用語を用いている)に支えられた政府の姿を念頭に置き，それが活気ある活動を展開していくにはアマチュアではなくプロ

フェッションの行政マンの必要を強調しているのである。ここで問題とすべきは，アマチュアではなく，なぜプロフェッションの行政マンなのか，という点である。この問題の流れは現在でも，異なる政党の大統領がその地位に就くと，前任大統領が任命した高級官僚に替えて自らの意に添う人材をその地位に任命する方式として残存している。新大統領の意に添う人材が仕事のできる有能な行政官であればともかく，ただ政治権力に左右される人材であった場合は行政官としてはアマチュアの域を出なくなる。そうすると，公平性や効率性の観点から政府の行政活動は偏在的な利益誘導と非効率に陥っていく危険性が高くなる。ウィルソンは当時，政府の行政活動が政党政治によって著しく歪められている状況を観察し，その状況からいかに脱皮していくべきかという観点から論文を認めたと考えられ，政治と行政を分離して行政の効率性と公平性を追究する視点を明確にしたといってよいだろう。このような問題意識はウィルソンが論文を発表する前からアメリカ合衆国においては存在していたようで，それは1883年，メリット・システムの導入を中心に公務員制度のあり方を図った「ペンドルトン法」の制定にもみることができる。

　その後，アメリカ行政学はそのマザーサイエンスである「政治学」とは一線を画する方向で，行政の合理的な運営管理を追究する方向に向けて進んでいくことになった。ウィルソンとほぼ同様に，アメリカ行政学をリードしてきたのはフランク・グッドナウ（Frank J. Goodnow）である。かれはコロンビア大学教授として「市政学」を担当し，その後，ジョーンズ・ホプキンス大学の総長（1914-28）を務めた学者であるが，今日でも名著として取り上げられる彼の『政治と行政』（*Politics and Administration*）は1900年に著された。その中で彼はウィルソンと同様，効率的な行政活動の必要が高まってきているにもかかわらず，政党政治が行政の領域を侵し，行政運営の健全な発展を妨げているとし，その状態から脱皮していくには政治の役割と行政のそれとを区別していかなければならない[2]と主張したのであった。このような背景からアメリカ行政学はその後，公的人事管理論，事務管理論，行政組織管理論など行政活動領域に不可欠の管理の諸側面について合理的な技法を追究していくことになったのである。そうした行政技法をめぐる開発研究の社会的実験場となったのは自治体行政であり，その調査研究の推進機関となったのが1906年に設立されたニュー

ヨーク市政調査会(現在のニューヨーク行政研究所)であった。当調査会は市政改善のために，能率と節約の原則を自治体の行政運営に適用するべく専門家の調査研究による科学的調査研究機関として発足し，それが引き金となって全米主要都市にも類似の市政調査研究機関が市民の寄付などによって設けられていった[3]。問題はなぜ，このような市政調査研究機関が各地に設けられていったのかということであるが，それはおそらく，当時の市政がボス政治の悪影響を受けて市政の改善を必要とする問題が各地で顕在化していたからであろうと思われる。その原因は，ウィルソンやグッドナウが指摘したように，政治の行政への介入とアマチュア行政がその根底にあったことはいうまでもない。地方政治レベルにおける利益誘導型のボス政治家支配とその支配構造に巻き込まれたアマチュア行政マンによる市政は，非効率的で紊乱を極めていたからである[4]。そうした状況において，いかに民主的にして効率的な市政の確立を目指すかは当然のことながら大きな課題であったし，それを科学的に調査研究していくという市政調査研究機関に多大な期待が寄せられたのも不思議なことではなかった。アメリカ合衆国が「自治行政の実験場」とか「自治実験の国」とか言われるようになったのは，このような調査研究機関によるさまざまな行政技法の研究開発によるところが大きい。もとより，アメリカ合衆国における地方自治体は，「州が自治体を創造する」と言われるように，州議会の承認を得たコミュニティがインコーポレートし法人格を取得することから始まる。その際の技法は多様であり，また，州によっても異なる。したがって，この国の地方自治を研究するとすれば，州の数に匹敵する国々の地方自治の研究を覚悟しなければならず，かなり困難なことではあるが，ここではそれを畏れず，アメリカ合衆国における自治行政の多様性という観点から，まず，「自治体創設」の技法や統治システムのパターンを垣間見るとしよう。

(1) アメリカ合衆国における自治体創設のパターン[5]

アメリカ合衆国では一般に，コミュニティがインコーポレートして自治体になる場合，大きく分けて五つのパターンがあるようである。あるコミュニティが自治体になりたい場合の第1のパターンは，自治性を強く前面に出すために当該コミュニティが自治憲章をつくり，それを州議会に認めさせる方法で，こ

の方式によりミュニシパリティになったものを「憲章都市」(Chartered City) と呼ぶ。第2のパターンは、州議会が制定した州の一般法 (General State Law) に基づいてコミュニティがミュニシパリティになる方法で、これを「一般法都市」(General Law City) という。多くの州では一般法のなかにコミュニティがミュニシパリティになる場合の標準モデルを示しており、そのモデルを採用して自治体になったところがそれに該当する。第3のパターンは、コミュニティの人口規模や経済力によって等級分けを行い、該当する等級を選んでコミュニティがミュニシパリティになるもので、これを「等級都市」(Classified City) と呼んでいる。第4のパターンは、いくつかの基本条例 (Charter) を標準的なモデルとして用意しておき、それらを参考にしてコミュニティがミュニシパリティになることを選択する方法で、これを「選択都市」(Optional Chartered City) という。第5のパターンは、州と連邦との関係を律している原則を、州と自治体との関係にも適用させていこうとするもので、コミュニティが自らホーム・ルールをつくって自治権を宣言しミュニシパリティになるパターンである。これを「ホーム・ルール憲章都市」(Home-Rule Chater City) といっている。

　アメリカ合衆国において普通のコミュニティが自治体になる方式には、このような五つのパターンがみられるわけであるが、これらを吟味していくと、面白いことに気がつく。それは、一つは自治性の問題であり、いま一つは自治体としての行政運営の効率化の問題である。前者がコミュニティ住民の意思を反映させる、いわばデモクラシーの論理に則った自治体創設の考え方で、それには自治性の強弱がみられるという点である。五つの自治体創設パターンからそれを拾い出してみると、それは自治性を前面に強く押しだして、自分たちのコミュニティは自分たちが考えた方式で自治していく「憲章都市」の場合と「ホーム・ルール憲章都市」の場合がそれに当たる。

　これに対して「一般法都市」や「等級都市」や「選択都市」は州議会が制定した州の一般法 (General State Law) に例示的に示されているモデルにしたがって自治体になるケースで、自治性はさほど強くはない。日本では考えられないことだが、アメリカ合衆国ではこのように、自治体によって自治性に強弱がみられるのである。

かつて筆者はこの点について調査したことがある[6]が，それによれば，次のような理由によって自治性の強弱が生じるようである。まず，アンインコーポレイテッド・エリア（非自治体区域）においてコミュニティが熟成してくると，そのコミュニティの住民たちは「自分たちのまちを創るんだ」という強い意識をもつようになり，インコーポレーションの合意形成に向かっていく。他方，コミュニティが自治体になるためには様々な条件を整えていかなければならない。この条件整備はコミュニティの特性によって異なり，そのことが結果として自治体になる場合の自治性の強弱を生み出すことになる。一般に，コミュニティ住民たちが身近な政府を創って自分たちの声を反映させ，コミュニティの共通目標を達成していくために自治体になりたいという願望的意思表明は理解される。しかしながら，自分たちの政府をもつにはその活動資金を確保しなければならないし，それは自分たちで拠出し調達していかなければならない。普通，それは税金というかたちで調達されていくものであるから，そのことをコミュニティ住民が了解し，コミュニティの共通目標を達成していく自治体になるのであれば，その場合の自治体は自治性を強く主張できるようになる。そうではなくて，自治体になったとしても自治体になる前に州政府の出先行政機構であるカウンティ政府（準自治体）が提供していた行政サービス水準を維持できるかどうか，あるいはそれ以上のコミュニティ目標を達成していけるかどうかという問題を抱えるところもある。そのようなコミュニティは自治体になること自体難しいし，どうしても自治体になりたい場合は州議会が示す諸条件（州の一般法に挙示されたモデル）に合わせなければならなくなり，その分，必然的に自治性の発揮は弱くなってしまう。

　コミュニティが自治体になる諸条件の検討はまた，自治体の行政運営のあり方とも関係してくる。歴史的に古く伝統的なコミュニティは一般的に自治性を強く主張して自治体になっているが，そうでないところは自治体になって行政運営していくのに様々の創意工夫をしなければならなくなる。このことが後者の，自治体としての行政運営の効率化の問題に関連してくるのである。アメリカ合衆国の自治体行政が「自治の実験場」といわれる所以は，自治行政の運営面に関する多様な創意工夫の開発が常になされてきているからである。「市＝支配人制」しかりであるし，「契約行政方式」しかりである。これらの工夫も，元

をただせば，自治体になるための一般的な要件をもつにいたったコミュニティが自治体になろうとする際に，あるいは，自治体になった際に遭遇した諸問題の解決策から構想されたといってよい。

普通，コミュニティが自治体になる一般的な要件としては，① 地域のコミュニティ意識が熟成してきたから，② 身近な政府をつくって自分たちの声を反映させ，③ コミュニティの共通目標を達成したり，④ 受益と負担の関係をコミュニティで正当化したいためであったり，あるいは，⑤ 現在のカウンティ政府の行政サービスに満足できないためとか，⑥ コミュニティの評価を高めるため，⑦ 自治体化への制度的条件が整ってきたため，⑧ 小さな社会の政治的価値を体現するため，⑨ 自治運営の諸資源について見通しがついたため，さらには⑩ 積極的なコミュニティ・リーダーの活躍によって，などが挙げられる[7]。そして，それらをもとに，自治体になった場合の自治体名称，人口，面積，統治システム，行政サービス内容と水準，予算・決算，職員数，税目と税率，などを示した自治体になるための申請書を州議会に提出し，州議会の承認を得る手続きとなっている。

問題は，先の自治体になるパターンと関連して，自治体としての統治システムにも多様性がみられることである。

(2) 自治体統治システムの多様性[8]

アメリカ合衆国の自治体で最も多く採用されている統治システムは，選挙で選んだ議会議員の中から互選で首長を選出する「弱市長＝市会制」（The Weak Mayor-Council Form）で，通常，ウィーク・メイヤー・システムと呼んでいる。しかも，このシステムをとっている自治体では必ずといってよいほど「市＝支配人制」（City-Manager Form）を採用している点に特徴がある。この方式は，行政運営の専門家である支配人を議会が契約によって雇い，議会が行政権をその支配人に委ねる方式であり，行政の合理的かつ効率的な運営を目指すことを狙いとしている。つぎは，有権者による選挙で直接首長を選出する「強市長＝市会制」（The Strong Mayor-Council Form）といって，政策提案権と行政執行権を兼ね備え，強い執政権を発揮するシステムである。このシステムを採っているのは歴史と伝統をもつ自治体で，強い自治権を発揮する点に特徴がある。

最後はイギリス自治行政の影響を受けているもので，自治行政業務を委員会方式で処理していくため，有権者が委員を選出して委員会を構成し，その委員会によって自治行政を運営していく「委員会制」(The Commission Form) というシステムもある。このシステムは古くからあるが，選出された委員が必ずしも行政の専門家ではないために民意反映面では良くとも行政運営の効率化の面では問題が残り，最近ではあまり普及しない状況にある。

　以上，アメリカ合衆国における自治体創設とそれに伴う自治体統治システムの多様性を概観したが，その多様性は，ニューヨーク市政調査会をはじめとする市政調査研究機関が全米各地に設立される前からあったわけで，必ずしもそれらの市政調査研究機関の研究成果であったとはいえない。ただ，そうはいっても，当時の市政が遭遇していた諸問題に対して科学的な調査研究を行い，その結果をうけて，その後の市政運営改善のための多様な工夫開発に結びついていった点は否定できない。それゆえ，20世紀に入って市政調査研究機関が設立され，市政改革運動の一環として自治体行政の効率化を目指したそれらの研究は，アメリカ合衆国における自治体の行政運営の改善に大きく寄与していったといってよい。次に，その例を契約行政方式にみてみよう。

(3) 契約行政方式の登場背景[9]

　アメリカ合衆国の場合，コミュニティがインコーポレートして自治していくことは簡単かつ容易なように見えるけれども，実際は様々な問題に直面し，生易しいことではない。多くの州ではコミュニティが一度インコーポレーションに失敗すると，何年かを経ない限り再度のインコーポレーションの申請はできないとされている。そういうところでは往々にして，既存の隣接自治体に吸収合併 (Annexation) され，当初のコミュニティの共通目標を実現できなくなってしまう。したがって，コミュニティが自治体になるにはそれ相当の準備と住民の合意形成と合理的な行政運営手法の検討が事前に要請される。ここで取り上げる契約行政方式はコミュニティが自治体になって，どのように運営していけばよいかの検討過程から生み出された行政運営手法の一つである。この方式は現在でも，自治体になりたいコミュニティにとって福音の指針とされ，また，すでに自治体になっているところでも行政運営の効率化や財政逼迫の解消を目

指す手法として普及しているものである。

　この契約行政方式はレークウッド・プランとかコントラクト・アドミニストレーション・メソッドと呼ばれているもので，南加地域はロングビーチ市の後背地に位置するレークウッド・コミュニティが自治体になったときに構想された。このコミュニティが自治体としてのレークウッド市（City of Lakewood）になったのは1954年4月16日で，ロサンゼルス・カウンティでは46番目に誕生した自治体である。この地は大都市ロサンゼルス市や石油関連企業で発達したロングビーチ市の郊外にあたり，閑静で良好な住宅地であるとともに，比較的に高い資産評価と中産階級以上の同質的コミュニティ意識を育ててきたところである。非自治体区域のコミュニティであるために，この地への行政サービスはもっぱらロサンゼルス・カウンティ政府が提供し，コミュニティ住民はそれに何らの不満も抱いていなかった。ところが，1950年代に入り，隣接するロングビーチ市が石油関連企業の発達とともに急速に成長してその勢力圏を拡大させていった。そのため，レークウッド・コミュニティはその影響を直接受けることになり，コミュニティとしての資産価値を低下させる状況に陥った。具体的には，ロングビーチ市からのスピルオーバーする人口の受け入れ，住環境の悪化，コミュニティ価値の低下，社会階層の複雑化と同質的コミュニティの崩壊，無秩序な土地利用拡大によるスプロール化現象，挙げ句の果てにはロングビーチ市からの併合申し込みとなって現れたのである。

　レークウッド・コミュニティはロングビーチ市からの併合申し込みを受け入れれば，現在の環境は悪くはなっても良くはならないと反発し，良好な住環境を守っていくには自分たちで土地利用を定めたり，治安の乱れには自らコミュニティ秩序を形成し維持していくことが有効と考え，そのためにはインコーポレートして自治体になり，自ら自治していくことこそが最良の方法であるとの結論に達したのだった。このように外圧的影響をうけてレークウッドは比較的短期間にコミュニティの合意形成を図り，インコーポレーションに踏み切っていったのである。だが，自治体になって自治行政をどのように運営していけばよいかの検討が不十分であったため，市制施行後，レークウッド市は市政運営上の難問に振り回されることになる。じつは，そのことが契約行政方式を編み出すキッカケとなったわけで，次に，その内容について若干触れておこう。

市制施行後, レークウッド市が直面した問題は, 財政基盤の脆弱性と自治体としての業務処理体制の未整備という, 自治行政運営上の根幹に関わるものであった。まず, 財政基盤の脆弱性からみていこう。アメリカ合衆国の自治体の財源構成は, ① 資産税 (Property Tax), ② 売上税 (Sales Tax), ③ 免許認可料 (Licenses and Permits), ④ 科料 (Fines), ⑤ 資金および資産の運用収入 (Revenue from Use of Money and Property), ⑥ 他の機関からの収入 (Revenue from other Agencies), ⑦ サービス料 (Current Service Charges), ⑧ 個人資産の売却や寄付等その他の収入 (Other Revenue), ⑨ 起債 (Bond), ⑩ 公営企業収入 (Utility Fund), ⑪ ガス税 (Gas Tax), ⑫ カウンティ補助金 (County Aid), ⑬ レヴニュー・シェアリングからなっており, これらの中で自己財源 (Own Sources) の大宗を占めるのは, 資産税と売上税とサービス料である。レークウッド市の場合, もともと良好な住宅地として形成されてきた関係上, 資産税の収入は確保されるものの事業所や商店が立地していなかったためにそれ以外からの収入は期待できない状況であった。サービス料でさえインコーポレートしたての自治体であるが故に, 適正なサービスを提供する体制が十分でなく, その収入も見込めない状態であった。こうした財政力の弱さは自治体としての存立基盤を揺るがすものであり, それをどのように解決して自治行政を軌道に乗せていくかは自治体に成り立てのレークウッド市にとっては最重要の課題であったのである。

つぎは, 自治体業務処理体制の未整備の問題である。つまり, 自治体として当然果たしていくべき機能を, 実際の体制が不十分であったために果たしていけない状態にあったということである。なぜ, このような事態に立ち至ったかといえば, それはインコーポレーションの仕方による。外圧的影響を避けたいために, あまりにも急いでインコーポレーションの手続きをし, 州の一般法に明示されているモデルを採用したのだが, その結果, 申請手続上の形式は整えられても実質的には短期間のうちに行政体制を整備できなかったからである。自治体になれば, 当然のことながら立法, 司法, 行政の機能を一個の政府単位として果たしていかなければならない。それには組織・機構といった行政体制の整備をはじめ, 人材や財源の確保が急務であり, さらには自治体としての行政運営の能力を必要とする。しかし, レークウッド市の場合, それらが不十分

であった。このような問題は新たに自治体になったところが大なり小なり経験する「自治の試練」なのかもしれない。

では，レークウッド市はいかなる工夫をして，この危機的状況から脱皮していったのであろうか。レークウッド市はインコーポレートしてその統治形態を議会＝行政長型（Council-Administrator System）にした。このシステムは公選によって選出した議員からなる議会と，その議会が任命する行政経営の専門家である行政長によって自治運営を行っていく仕組みである。そこでは議会が政策決定と行政執行のチェックを行い，行政長は議会に全責任を負って行政運営上のすべての機能を果たしていく。自治体になりたてのころは議会が自治運営に素人であるため，その実質的な役割は行政長の双肩にかかってくる。その重要な役割を担ったのが初代行政長に任命されたロバート・T. アンダーセン（Robert T. Andersen）であった。彼はサンフランシスコ市の市支配人をはじめ，過去にいくつかの自治体の行政長を務めてきた有能な行政経営の専門家であった。彼はレークウッド市に着任するやいなや直面している問題に積極的に取り組みはじめ，まず，レークウッド市がインコーポレートしたときの手続過程と州議会に提出し承認された資料を分析し，その上に立って自治体として果たしていくべき機能と，その機能を果たしていくのに必要な行政組織，人員配置，員数などを構想し，それらに必要な予算編成を試みた。その結果，カウンティ・サービスを受けていたときよりも自治体になって単独でサービスを提供していく方が費用も嵩み，しかも住民に対するサービス水準も低下するということを析出したのであった。

そこで彼は，行政コストを節約しても行政サービス水準を低下させない方法はないものかということを，各地の市政調査研究機関の研究成果をもとに検討していく。そして，再度，自治体として行政が果たしていくべき機能を分析していくうちに次のような点に気がついたのである。それは，単一自治体として対処している事務事業の中には州政府（カウンティ政府）や近隣自治体や特別区政府のそれと重複しているものもあり，また，私企業でも処理可能なもの，高度に専門化したもの，住民の日常生活にとってそれほど頻繁には必要としないもの，などがあるのではないかということであった。州の一般法に示されている自治体になるためのモデル（これには例示的に自治体として果たすべき機能が

示されている)のなかから，かれが気がついたような性質を持つ事務事業を抽出して差し引いてみたところ，行政コストの面でも職員数の面でもカウンティのサービス水準を十分に維持できるということを導き出したのであった。問題は，他の政府と重複している事務事業や，私企業でも処理可能なもの，あるいは日常的にさほど必要とされないものを，どのような基準で抽出し，それらをいかなる考え方に基づく方法や手段でもって分類・処理していくかであった。

　この点について彼は，契約社会における企業活動のあり方をモデル[10]にし，それを自治体の行政運営に導入していけば効率性は高まり，最小の投入で最大の産出を上げることができるのではないかと考えた。具体的には，住民を株主に，議会を重役会に，行政長を社長にみたて，株主への配当を高めていく方式の構想がそれである。そして，この構想を自治体の行政運営に具体的に取り込むべく企業活動の実際を調査研究し，つぎのような導入方法を考え出したのであった。

　アメリカ社会は契約社会である。当然のことながらそこでは企業活動も契約に基づいて展開されている。たとえば，ある機械を製造し販売する会社の場合，その会社の業務は消費者ニーズの調査，機械設計，資材確保，加工，製品化，宣伝，販売といった領域にわたる。しかも，そうした一連の業務はすべて一つの会社で行われているわけではなく，それぞれの領域を専門とする企業が専門スタッフを抱え，相互に関連する企業間で契約を結び，互いに機能分担し合って企業活動を展開し，そうすることでコストは節約でき，利益は上げられ，結果として配当も高められているのである。したがって，こうした企業の経営手法や考え方を自治体の行政運営に導入できれば，財政基盤が弱くても，また，自治体の業務処理に必要なスタッフを満遍なく揃えなくとも自主・自立的な行政運営が可能になるのではないかと考え，その場合，自自治体として揃え，充実すべきスタッフと行政組織はなにかを明確にし，他の自治体の業務処理も契約によって処理していける体制を確立しておけばよいのではないかという結論に達したのであった。この方式によれば，互いの自治体は低コストで高品質のサービスを提供できることになり，いわば住民に対する配当も高くなっていく。残る問題は，自治体業務の売り手と買い手が適宜に見つかるかということと，当事者間の契約内容の規準を何に求めるかということであった。インコーポ

レートする前のレークウッド・コミュニティはカウンティ政府から公共サービスを受けていた関係で，それらの点についてカウンティ政府と交渉した結果，カウンティ政府側はカウンティ理事会の承認が得られれば，契約に基づき従前の費用で公共サービスをレークウッド市に提供してもよいということになった。カウンティ理事会はカウンティ政府の現勢力で対応でき，しかもカウンティ政府の収入に結びつくのであれば異論はないとし，直ちにレークウッド市の申し入れを承認したという。その後，この契約行政方式による自治体の業務処理を近隣自治体や私企業にも宣伝し，他の事務事業についても契約相手方を募ったところ，予想外の反響を呼んで多くの応募があり，ここにいたって入札（Bid）による契約行政方式を採用していくことになったのである。

(4) 契約行政方式の長短

この方式が確立したことによって自治体になることを躊躇していたスモール・コミュニティは次々と自治体化を唱えはじめた。たとえ財政基盤が脆弱でも契約行政方式を採用していけば立派に自治体としての行政運営をやっていけるという見本が登場したからである。では，この方式にはいかなる長所がみられるであろうか。まず第1は，経費の節約と合理的行政経営という点である。自治体に成り立てのところは多くの場合，財源難と有能な職員の不足という問題に直面する。しかし，契約行政方式を採用することによってそれらの問題を解消していくことができるのである。第2は，カウンティ政府のサービスを受けていたときとは異なり，自治体になると多くの行政事務を単独で処理していかなければならない。そうすると多くの人材とそれに必要な経費を必要とするが，この方式を採用していくことによりそれを乗り越えていくことができる。第3は，近隣自治体と共通している事務，広域にわたって対処していく事務，高度の専門的な内容を伴う事務などが発生するが，これらに対しても契約行政方式は適宜に対応できる。第4は，自治体として果たしていかなければならない機能を，自治運営の基礎であるものと他の政府や主体と協力・連携して提供することが可能なものとに分け，後者に属する機能を契約によって処理していくことにより，経費の節減はもとよりサービス生産に伴う技術上の相互補完によって，住民の負担とサービス享受を調和させることができ，場合によっては

経費節減によってサービス税率を引き下げる途も可能となる。第5は，アマチュア職員による行政サービスの生産供給ではなく，専門の技術スタッフを有する契約先を発見することにより，高品質・高水準の行政サービスを提供できる。

　以上のように契約行政方式には多くの長所がみられるが，しかし，この方式にも短所があるはずである。アメリカ合衆国の自治体では大なり小なり契約行政方式の考えを行政運営に取り入れているが，すべての自治体がすべての領域にわたって採用しているわけではない。それはなぜか。この方式に短所があるとすれば，その点を明らかにすることによって答えなければならないだろう。まず第1は，どのような自治体が契約行政方式を採用したりしなかったりしているのかという点である。このことを先に述べた自治体創設のパターンからみてみると，「一般法都市」は採用し，「憲章都市」は採用しない傾向がみられる。憲章都市は自治性を強く前面に出して自治体になったところで，歴史と伝統をもち，他者に依存せずに自らの力で処理し対応していこうとする面が強い。このことから，契約行政方式を採用するところは自治性発揮が弱いところとなる。第2は，財政力があり，自前で有能な専門スタッフを雇える自治体はこの方式を採用しない傾向が強い。こういう自治体は規模が大きく，大企業が立地し，伝統をもつ憲章都市に多い。第3は，憲章都市は画一的な自治システムを嫌い独自の自治システムを有しているため，契約相手方の執行システムと齟齬をきたしやすい面をもつ。それゆえ，自己のシステムに合わせるよう契約相手方をコントロールしようとするが，それが契約上できない。つまり，契約行政によって自治権が制約されることになるわけである。契約当事者が平等な立場で契約上の意思決定に参加し，双方の意思が反映されて契約がなされれば問題はないが，自治体としての基本的な権限が矮小化されるとすれば，それは経費節減には代えられない重要な問題となるからである。

　以上，契約行政方式の長短を探ってみたが，そのことから言えることは，小規模で財政力が弱く，しかも自治力が備わっていない自治体の場合はこの方式を採用することで自治体としての弱点をカバーしつつ行政運営の効率化を図っているのに対し，規模も大きく財政力もあり，しかも歴史と伝統をもつ自治性の強いところは自らの力で行政運営の効率化を図っているということになる。

しかし，このことは自治性の強弱という観点から一般的な傾向をみただけであって，実際は一般法都市でも契約行政方式を採りながら自治力を高めてきているし，憲章都市にあっても行政運営の効率化を進めるために契約相手方と交渉しながら契約行政方式の適用範囲を広めてきているのである。そのことを念頭におき，いま，自治性をデモクラシーに，契約行政方式を効率性に置き換え，日本でも実践されるようになってきた協働型自治行政の観点から両者の関係をみていくとしよう。

2. 協働型自治行政との交差

　一般にアングロサクソン系の地方自治学者は K. パンターブリックに代表されるように，自治とデモクラシーは密接不可分の関係にあると主張する[11]。また，効率性についても最小の投入で最大の産出を上げることといい，その延長線上に契約行政の考え方もある。その意味で，ここでは大胆にも，自治性をデモクラシーに，契約行政を効率性に置き換えて検討していくが，その前に協働型自治行政とはどういうことかについて，簡単に触れておく。いうまでもなく協働とは，二つ以上の多元的主体によって目標を達成していく組織的集団作業のことである。そのことから協働型自治行政は，行政という主体とそれ以外の主体とが協力・連携しあいながら自治体の行政を処理していく組織的集団作業ということができる[12]。なぜ，このような考え方が今日台頭してきたかといえば，それはアメリカ合衆国において契約行政方式が誕生した時代とは違い，現代社会の特質がそれを要請しているからである。つまり，現代社会は都市社会といわれ，そこでの人々の生活は自給自足ができなくなり，他者が生産供給してくれる財やサービスに依存しなければ一日たりとも暮らしていけない状態にある。これを都市的生活様式といい，現代に生きる人々は相互依存と相互補完の原理が貫く社会で暮らすことを余儀なくされているのである。しかもそれは個人の生活領域やレベルだけでなく，市町村，都道府県，国といったところの政治・行政活動や経済活動にまで貫かれているのである。

　こうした原理で貫かれている社会では，自治体行政でさえ一元的主体では目標達成が困難な状態になり，それを乗り越えていこうとすれば多元的主体との

協働方策を模索し実践に移していかなければならない。いま，日本の自治体はその模索の最中にあるようである[13]。

そこで，協働型自治行政はデモクラシーと効率性にとっていかなるインプリケーションをもつか，順次，検討してみたい。

(1) 協働型自治行政とデモクラシー

デモクラシーが自律した市民によって合意形成されたルールにしたがい，社会的利益を実現していく政治様式であるとすれば，その基礎前提となるのは，いかにして市民が社会的自律性を身につけていくかにある。他方，自治とは，自ら治めるという原義から出発する統治概念であり，それには支配=非支配の概念が根底に横たわっていて，だれがなにによって支配し支配されるのかということを内在させている。その支配の淵源は言うまでもなく市民にあるが，実際にはその市民がつくったルールが市民を支配するという関係で統治していくこととなる。つまり，市民＝デモス（Demos）の力＝クラティア（Kratia）による統治となるが故に，デモクラシーと自治とは密接不可分の関係と概念づけされるわけで，一般に民主政治という場合は，この概念を，個人レベルから近隣住区，市町村，都道府県，国という，統治体の政治様式に類推させて言っているのである。このことから，民主政治は市民の自治性の成熟度合いによって左右される統治様式といえるだろう。K.パンターブリックが「デモクラシーと地方自治は密接不可分の関係にある」と主張した理由は，じつは，こういう論理関係を基礎において，地域社会の統治に市民が関わるようになれば市民自身も民主的市民に成長していき，さらに，そうした市民から構成される地域社会の自治はいっそう民主化されていくとする，「螺旋的上昇構造論理」ではなかっただろうか[14]。

デモクラシーと自治との関係をこのような視点から捉えるならば，協働型自治行政もその論理の延長線上で論じることが可能である。先にも簡単に触れたように，協働型自治行政というのは，これまで行政という主体が一元的に取り組んできた業務を，その目的や性質に応じて行政以外の主体と協力・連携しあいながら処理していくシステムということであった。従来の一元的な自治行政であった場合は，地域住民をはじめとする他の主体は客体の存在でしかなく，

自治行政に関わる余地は少なかった。しかし，自治行政が他の主体の関わりによって民主化されていくとすれば，そこでは一元的な自治行政であるよりも多元的な主体による取り組みとしての協働型自治行政の方がデモクラシーの観点からは有効である。

　では，どういった点で多元的な主体の関与が自治行政を民主化させていくのであろうか。まず第1は，地域住民の参加の裾野を広げ，自治行政の充実発展に役立つということである。いうまでもなく，自治行政は地域住民の意思に基づいて地域住民のために財やサービスを生産供給していくことを主たる目的としている。だから，その目的を合理的に達成していこうとすれば，財やサービスの生産供給過程に住民の意思を反映させていくことはもとより，さらに進んでその過程に住民の直接的な参加と関与を促していく方が行政が一元的に取り組んでいくよりも住民の自治意識の向上とその生産性を高めるために役立つということである。第2は，行政の一元的な取り組みは住民をいつまでも顧客の位置に止めがちとなり，いわゆる顧客民主主義を助長させてしまうが，協働型自治行政を展開していくことにより住民は社会的に自覚的な自治行動をとるようになり，みずからを民主的市民[15]に高めさせてくれるという効果が期待される。第3は，自治行政への多元的な主体の関わりは行政の一元的な取り組みにみられた，いわゆる行政の「無謬性」，「独断性」，「アイディア不足」，「法規万能性」などを排除させる方向に導き，何のための，誰のための自治行政でなくてはならないのかを気づかせてくれ，その方向への努力を促すとともに，行政自体の民主化を促進していくということである。第4は，多元的な主体による協働型自治行政は，情報の共有化を促すとともに住民のエンパワーメントを高めていくのに役立つ。行政の一元的な取り組みではあらゆる地域の情報は行政に独占されてきたが，多様な主体が自治行政に関わることにより多くの情報はもはや行政の独占ではなくなり，情報の共有化が促進されていく。それによって多くの住民は行政情報に触れることができるようになり，自治行政への参加や関与がしやすくなるとともに自らの利害と他者の利害とを斟酌した自治行動をとるようになっていく。つまり，住民が自己主張から脱皮し地域社会全体の利益実現を考えて行動する力を身につけていくようになるということである。第5は，協働はもともと人びとの社会生活上の行動様式である。それには相互

依存作用と相互補完作用が内在しているわけであって，それらの作用により社会的利益が実現されているわけである。この点は自治行政領域においても例外ではない。だが，行政による一元的な取り組みはこの点の意識が希薄であった。こうした意識が希薄な行政は他の主体との協力・連携が苦手である。とりわけ住民の意思を尊重したり，アイディアを酌み取ったりすることは建前はともかくとして実質的にはあまりない。理由は，時間やコストがかかりすぎる，声を聞いても行政が考えたこととさして変わりはない，それよりも行政が立案した計画に則って進めた方が首尾よくことが進むから，ということのようである。しかし，協働型自治行政はこのような自治行政の体質を改善する方向に働く。つまり，協働型自治行政は住民の多様な知恵を結集し，住民の満足が得られる自治行政を希求していく手法であるから，当然のことながら他の主体との相互依存作用や相互補完作用を通じて展開されることを前提としているのである。デモクラシーが自律した市民の合意形成による政治様式であるとすれば，多元的主体による協働型自治行政はまさしく自治行政の民主化を強化する方向に働く方式といえるだろう。近年取りざたされているガバナンス論も，言ってみれば，多元的主体による地域社会の民主的な総合管理の考え方といえるものである。

(2) 協働型自治行政と効率性

　多元的な主体が協働して自治行政を進めるという方式はデモクラシーの観点からすると多くの主体が参加・関与できる側面をもつという点で一定の効用がある。しかし，自治行政の効率性という面からみた場合，多元的な主体が自治行政に関わっていけば民主性の側面は確保できても果たして効率性の側面は確保できるのかという問題が残る。

　かつて科学的管理法や行政管理論を主導してきたテーラーやギューリックらの能率至上主義の観点からすればその点は問題なしとしない。もし，ここに政治的能率，行政的能率，政治行政的能率という用語があるとすれば，本稿での効率性の議論は政治行政的能率といった捉え方がもっとも似つかわしい。ここでは能率論と効率論について議論するのではなく，むしろ住民の意向を踏まえ，住民を中心とする多様な主体の自治行政への関与を導き，その結果の産出に対

して住民がどれだけ満足したか，つまり，そうしたプロセスを経たところの成果までを含んだ観点から「自治行政の効率性」を論じていきたい。というのは，能率概念だけからすると行政がその業務を一元的に処理していった方が一定の業務処理量を一定の時間とコストで産出するという作業効率は高められるにちがいない。しかし，それに住民が満足しないとすれば，いくら作業効率が高められるといっても自治行政としては問題が残ることになってしまう。この点，多元的主体による協働型自治行政はその問題を解消する方向に導いてくれそうだし，そこに協働型自治行政としての効率性が認められると考える。また，先に，アメリカ合衆国における自治体の契約行政方式について述べておいたが，この方式も他の主体との契約によって自治行政を行っていくという点では，ある種の多元的主体による協働型自治行政といえなくもないし，そうだとすると，契約行政方式の長所として指摘した諸点にも協働型自治行政の効率性として認められるものがあるのではないか。ここではそのようなことを念頭において協働型自治行政と効率性の関係をみてみたい。

　まず第1は，行政サービスの生産性向上という面である。ビクター・フクスが指摘したように[16]，サービスの生産性向上はその生産過程に消費者の意向が反映されて初めて確保される。この考えを自治行政に敷衍させると，行政による一元的な主体だけで行政サービスを生産供給するよりも，その過程に消費者である地域住民の意思を反映させたり参画させたり，あるいはその過程で協力連携していったりする方が自治行政としての生産性は向上するということになる。つまり，協働型自治行政による方が行政サービスの生産性向上は高くなり，そのことは行政の効率性も確保されるということを意味する。第2は，行政の質を高めるという点である。協働型自治行政は多元的な主体によって展開される。そのことは多様なアイディアと専門的な知識や技能を結集できるという利点をもつ。だが，行政だけによる場合はそうした利点に限界があり，行政の質という面において協働型自治行政に劣る面も生じてくる。また，複雑かつ高度な問題に対しても行政だけでは解決処理が困難な場合があるが，多様な主体からなる協働型自治行政においてはその解決を可能ならしめるという利点がある。第3は，多元的主体が自治行政に関わってくることにより，行政の判断だけで対応してきた行政領域について見直しがなされていくばかりか，それに伴って

行政組織や職員数の見直しにも繋がっていき，行政のスリム化を図っていくこともできるようになり，行政経費の節約にも繋がっていく。第4は，協働型自治行政の最大の効用は住民が多元的主体の一員になることにより，自分で処理できることは自分の力で，それで処理できなければ自分たちの力で，というように，民と民の協働を身につけていくことにより，行政依存型人間から脱皮していくということである。他方，多元的主体による協働型自治行政は，当初，その仕組みづくりや目標の共有化，さらにはそれを展開していくのに必要な人材の確保と養成などで時間やコストがかかるという負の側面をもつ。だが，それが軌道に乗った場合，持続可能な社会発展の考え方からすれば，逆に時間とコストを節約できるばかりか，多様な創意工夫によってきめ細かで効果的な自治行政の展開も期待される。

これまで我々は日常生活のあらゆる面にわたって行政に依存してきた。しかし，協働型自治行政は民と民が協働し，互いに補完し合っていくことで日常生活上の多くの問題を処理していくことを可能ならしめるし，そのことを協働型自治行政は自治行政に関わる多くの主体に気づかせてくれる。したがって，このことが実を結べば，おそらく，デモクラシーと効率性の調和の方向づけも可能になるだろうし，また，いかなる行政改革よりもすぐれた行政改革になっていくのではないか。先に，契約行政の長所としては財源難を克服するばかりか税率さえ引き下げる効用があると指摘したが，住民が協働型自治行政を経験していくことによって自治力を高めていけば，日本の自治体でもそれに類したことが可能になるかもしれない。こういった点も協働型自治行政を推進していくことによって自治体の行政運営を効率化させていくものと考える。

3. 協働型自治行政におけるデモクラシーと効率性

デモクラシーを重視して自治体を運営していけば効率性の確保は困難になり，逆に，効率性を中心に運営していけば民主性の確保が困難になる。この論理がデモクラシーと効率性の問題を難しくさせてきたように思われる。しかし，政体運営においてはどちらも欠かすことのできない重要な要素である。そうであるならば，両者を調和させる手法を工夫開発していかなければならないだろう。

アメリカ行政学はまず，政治の影響を排する観点から出発し，行政の業務処理における能率を追究していくために政治・行政分離論の方向を歩み，いわゆる能率至上主義の行政管理論を打ち立ててきたが，しかし，それはデモクラシーと効率性を調和させるものではなかった。管理論の礎を築いたとされるフレデリック・テーラーやアンリー・ファヨールらは，元来，企業経営の観点から管理のあり方を追究したのであり，そこにはデモクラシーの視点はなかったのではないか[17]。それにもかかわらず，その影響を強く受けたイギリス人のリンダル・アーウィックや，日本生まれのアメリカ人行政学者であるルーサー・ギューリックは行政運営のあり方を追究していく際，専ら節約と能率を確保するための管理要素とその原理を追究していったのではないか。もちろん，そうした考えに基づく彼らの行政管理理論を中心とする行政学は一世を風靡したのであるが，その後の研究者たち，たとえば，ハーバート・サイモンやドワイト・ワルドーらによってそうした管理論中心主義の行政学は論破されていくことになり，行政学は管理過程論的アプローチを残しながらも行動論的アプローチや政策過程論的アプローチをとっていくようになって，いわゆる政治・行政融合論の行政学へ変わっていったと考えられる。それはとりもなおさず，テーラーリズムに象徴される機械的能率主義に依拠するだけでは真の行政の効率性を追究していくことはできないとされたからである。

では，真の行政の効率性とはなにか。この点，先に述べておいたように，行政は何のために，誰のために機能しなければならないのかを振り返ってみれば容易に察しがつくだろう。とりわけ，自治行政にそれを当て嵌めてみるとよい。地域住民の意思に関係なく自治行政が展開されるとすれば，そのとき，自治行政は効率的であるといえるかどうか。言えないはずである。そうだとすれば，地域住民の意思を反映し，それに沿った行政を展開していくときにこそ自治行政の効率性は確保されると考えるのが至当であろう。協働型自治行政はその意味において多くの示唆を与えてくれる。つまり，多様な主体が目標達成のために協働するということは，多くの地域住民がその目標達成に関わることを意味する。地域社会には様々な問題があり，地域住民は何らかのかたちでそれに関心を持っている。協働型自治行政はそうした関心を持つ地域住民が関われる途を提供してくれるし，実際に関わった地域住民をいっそう自治的住民に高めさ

せる面をもつ。これは一元的な行政だけによるところでは考えられない点で，協働型自治行政におけるデモクラシーの確保の面となる。

　他方，地域住民は地域社会における日常生活の専門家でもある。生活の場においてどんな問題がどのような原因により発生しているのかについて詳しいし，その解決策についても様々な知恵を持っているに違いない。協働型自治行政はそれらを結集させる手段でもあり，それを駆使していくことによってより効率的な行政運営へと導いてくれる。

　このように協働型自治行政は，一面においてはデモクラシーの確保を，他面においては自治行政の効率性を担保してくれる手法であると考えられよう。それと同時に，これまで行政学が取り組んできた「デモクラシーと効率性の調和」の問題に対しても，なにがしかの示唆を与えているのではないかと思われる。

　なお，本論を認めるに当たり，同僚の松本譲教授(経営学)から管理論の研究系譜に関する参考文献の紹介とともに，経営学と行政学とは理論面でも実際面でも紙一重の関係にある点を意識させていただいた。ここに感謝の意を表しておきたい。

注

1) 西尾勝『行政学』有斐閣，1993年，304頁から引用。
2) このような指摘は，アメリカ行政学を研究した学者たちの共通点でもある。たとえば，足立忠夫『行政学』日本評論社，1971年，138–148頁においても同様の指摘がみられる。
3) 辻清明がコメントしている『政治学事典』平凡社(初版第13刷)昭和40年，1374–5頁を参照。
4) Jack Rabin, W. Bartley Hildreth and Gerald J. Miller (Eds.), *Handbook of Public Administration*, MARCEL DEKKER, INC. 1989, pp. 977–981 (cf).
5) アメリカ合衆国における自治体創設および自治体の統治システムについては，筆者が海外調査研究の一環として南加地域に赴き(1977年7月から9月にかけて実施)，ロサンゼルス・カウンティとそのカウンティ内の12市および自治体になる準備を進めていた3コミュニティを調査研究した成果に基づいている。なお，その調査研究成果は，海外調査研究報告として，日本地域開発センターの機関誌『地域開発』に収められている。荒木昭次郎「アメリカ都市自治の理念と実際」(上)(中)(下) 1978年9月号，10月号，11月号所収報告論文を参照。
6) この調査研究は1977年7月から9月にかけ，3ヵ月の短期在外研究として筆者が

全米都市連盟の協力を得て実施したものである。
7) この点は，ロサンゼルス・カウンティ政府の資料による。Ruth Benell, *A Guide to Procedures for City Incorporations, Annexations and Minor Boundary Changes*, 1977 を参照。
8) 拙稿前掲(上)を参照。
9) 契約行政方式についてはこの当時(1977年時点)，日本に紹介されたものを発見することはできなかったので，おそらく，上掲(中)のなかで筆者が取り上げたのが日本では最初ではなかったかと思われる。なお，契約行政方式を採用するにいたった経緯，採用手続き，採用した結果の効果，さらにはこの方式が全米各地に普及していった状況については，当時のレークウッド市の行政長ハワード・チェンバーズ(Howard L. Chambers)が提供した資料と氏のコメントによるが，具体的な財政上の効果については筆者の研究報告，上掲(中)を参照されたい。
10) こうしたモデルは経営学の分野では広く研究されてきているが，それを行政運営に応用しようとする研究はこれまであまりみられなかったようである。日本経営学会が編んだ『現代経営学の系譜』有斐閣(1989)はその点，大いに参考になると思われる。とりわけ，同書の第3章管理過程論の系譜(59-98頁)は理論的系譜を知る上でも役に立つ。
11) この点については，1952年，オランダのハーグで開催された世界政治学会におけるフランス人のラングロット教授とイギリス人のパンターブリック教授との激しい論争があり，その内容については日本でも分析紹介されているが，一般にアングロサクソン系の学者は地方自治とデモクラシーとの必然的関連性を主張している。辻清明『日本の地方自治』岩波新書，1976年，及び，吉富重夫『地方自治の理念と構造』有斐閣，昭和38年などを参照されたい。
12) 荒木昭次郎『参加と協働』ぎょうせい，平成2年を参照。また，この点の理論的な枠組みについては，筆者が寄稿した論文「自治行政にみる市民参加の発展形態」，社会保障研究所編『社会福祉における市民参加』東京大学出版会，1996年，209-229頁を参照。
13) 筆者は協働型自治行政という概念で多元的な主体による地方自治のあり方を研究してきたが，そうした観念で「協治」という概念を用いて自治行政のあり方を検討した成果もみられる。河合隼雄[監修]『日本のフロンティアは日本の中にある：自立と協治で築く新世紀』(「21世紀日本の構想」懇談会)講談社，2000年をみよ。
14) このような捉え方は，そもそもデモクラシーという政治様式は完成されたものは存在せず，常に，統治のための諸条件を整備していくことによって現在よりもすぐれた様式を追求しつづけていくという考え方に根ざしている。過去から現在へ，そして，現在から将来へ充実発展させていく論理構造の展開を言っているもので，類似の展開は篠原一『現代の政治力学』みすず書房，昭和37年でもみられる。同書4-28頁を参照。
15) Dennis F. Thompson, *The Democratic Citizen*, Cambridge University Press, 1970, p. 1, p. 13, p. 15, and pp. 53-64 (cf).
16) Victor R. Fuchs, *The Service Economy*, 1968を参照。なお，詳細については拙著『参加と協働』19-20頁をみよ。

17) もとより彼らは企業経営の立場から，社会的責任の問題はあるにしても，能率や効率を高めるための管理のあり方を追求しているのであって，行政運営に必要な民主性の確保を目的としていないのは当然のことであろう。要は，そうした企業経営における管理論を行政運営に適用させていく場合，行政研究者が民主性の確保という視点でカバーしていくべきであったと思われる。

ヴェーバー「官僚制論」の現代的意義

米 沢 和 彦

はじめに
1. 理念型としての官僚制
2. 官僚制化の進展
むすび

はじめに

　バイエルン王国の面影を今に残す古都ミュンヒェンの中心市街地を吹き抜ける寒風の中にも，かすかな春の息吹きが感じられる1993年3月，「マックス・ヴェーバーと近代日本」(Max Weber und das moderne Japan) というテーマのもと，日本とドイツの代表的なヴェーバー研究者28名による国際会議が，華麗なニンフェンブルク城の一角にある広間を会場として開催された。これはジーメンス財団の財政的支援のもと，両国のヴェーバー研究者が初めて一堂に会した画期的なもので，ドイツ側はこの会議の責任者であるW.モムゼンをはじめ，R.レプシウス，W.シュルフター等12名，日本側は安藤英治，内田芳明，住谷一彦，富永健一，折原浩等16名，計28名の豪華なメンバーであった[1]。

　会議は3月22日から25日までの4日間，一般公開なしの，まさに28名のみによる白熱の討論であった。この会議の目的は，会議の冒頭，代表責任者のモムゼンが述べたとおり「ドイツと日本両国のヴェーバー研究を一体化させること，とりわけヴェーバー研究における日本の注目すべき業績をドイツに知らしめること」にあった[2]。

　ところで，日本側の代表団の長老の一人内田芳明は，自らのヴェーバー研究を回顧しつつ，この会議の雰囲気を印象深く語っているが，氏が最も感銘を受

けたのはレプシウスの次のような最終総括の言葉であったという[3]。

「言語の違う日本でのヴェーバー受容のある積極性と高さが強く印象づけられた。こうした集まりの中に座っているだけでも，皆がヴェーバーを大切に思う気持ちは伝わってくる。だが，今，なぜヴェーバーなのか。社会主義国が崩壊し，資本主義国でも『権力と市場』の関係が問われ出し『市場信仰』が正当性を失った今日，私達は専門を越えて共通の問題を取り上げてヴェーバーを捉え直す必要に迫られているが，それが困難になってきている。では，ヴェーバーのどの面が重要なのか。それは『価値と行為の媒介』の問題である。この点をヴェーバーの『支配』の概念に即して徹底的に追求しなければならない」，と。

そして，この「今，なぜヴェーバーなのか」というレプシウスの問いかけは，わが国においても，1999年11月，東京大学での「マックス・ヴェーバーと近代日本」という同名のシンポジウムの開催へと結びついていった[4]。

この二つのシンポジウムからも解るように，ヴェーバー理論はわが国の社会科学の多くの領域，すなわち経済学，政治学，行政学，社会学，宗教社会学等の領域で多大の影響を与えてきた[5]。本稿では，この幅広い領域の中で，とくに官僚制論に論点をしぼりヴェーバー理論の現代的意義について考察することにしたい[6]。

1. 理念型としての官僚制

ヴェーバーの官僚制理論は，たんなる行政組織としての官僚制を意味するだけでなく，広く近代産業社会における組織の諸特性について言いあらわした概念である。ヴェーバーの官僚制について語るばあい，二つの視点からの分析が不可欠である。すなわち
  (1) 官僚制そのものの組織のあり方に関する理念型的視点，
  (2) 世界史的・普遍史的な現象として現れる官僚制化という視点，
この二つである。
  ここで，まず理念型としての官僚制の分析から始めることにしたい。

ヴェーバーの官僚制理論はマリアンネ・ヴェーバーと J. ヴィンケルマンの編纂による『経済と社会』の中の「支配の諸類型」（Die Typen der Herrschaft）と「支配の社会学」（Herrschaftssoziologie）の中で展開されている[1]。

ヴェーバーによれば，「支配」とは，定義風に示せば，「特定の（またはすべての）命令に対して挙示しうる一群の人々のもとで，服従を見出しうるチャンス」のことである[2]。したがって，この支配―服従の関係が成り立つためには「服従者の側の一定最小限の服従の意欲，すなわち服従への（外的または内的な）利害関心こそ支配関係の要件」となる。さらに，この価値合理的な動機に加えて，いかなる支配も，人々がその支配形態を正当なものとして受け入れるとき，換言すれば，人々がその支配の「正当性」の根拠に対する信仰によって内面的に支えられているとき，その支配形態は安定的・永続的なものとなり，逆に正当性の信仰が動揺するとき重大な結果が生じることになる。したがってヴェーバーによれば，支配の種類はそれぞれの支配に典型的な「正当性の要求」（正当性の根拠）を標準として区別することが可能となる。そして正当的支配の三つの純粋型は次のとおりである[3]。

(1) 合法的支配

合理的な性格を有する。すなわち，制定された諸秩序の合法性と，これらの秩序によって支配の行使の任務を与えた者の合法性とに対する信仰にもとづいたもの。

(2) 伝統的支配

伝統的な性格を有する。すなわち，昔から妥当してきた伝統の神聖性と，これらの伝統によって権威を与えられた者の正当性とに対する日常的信仰にもとづいたもの。

(3) カリスマ的支配

カリスマ的な性格を有する。すなわち，ある人と彼によって啓示されあるいは作られた諸秩序との神聖性，または英雄的な力，または模範性に対する非日常的な帰依にもとづいたもの。

ヴェーバーは，この三つの純粋型のうち，まず近代産業社会においてもっとも典型的で，もっとも重要な合法的支配を取りあげる[4]。

合法的支配は，次のような相互に関連しあう観念のもつ妥当性にもとづいて

いる。
　(1)　任意の法は，合理的な志向をもって，また当該団体の成員によって遵守されるという要求をかかげて制定されるという観念。
　(2)　すべての法は，その本質上，抽象的な，通常のばあいには意図的に制定された諸規則の体系であり，司法はこれらの諸規則の個々のケースの適用であり，行政は団体秩序によって定められた利益を法規制の限界内で育成するという観念。
　(3)　典型的な合法的ヘル(＝上司)は，命令を発するばあい，彼の指令が準拠するこの非人格的秩序に対し，逆に彼自身も服従しているという観念。
　(4)　服従者は，ただ同輩としてのみ，また「法」に対してのみ服従するにすぎないという観念。
　(5)　第3の点との関連で，団体成員はヘル(＝上司)の人格に服従するのではなく法に服従するのみであるから，合理的な，限定をうけた没主観的な管轄権の範囲内でのみ，服従の義務を負うという観念。
以上，五つの観念を基本として合法的支配が成立する。
　このように「法」による支配のばあい，団体成員は合法的に成文化された没主観的・非人格的秩序に対して服従する。また，この秩序によって規定された上司に対して服従するが，それは彼の指令が形式的な合法性を有するがためであり，またこの指令のおよぶ範囲内においてのみ支配―服従の関係が成立する。
　ところで，制定された規則にもとづく「合法的支配」はさまざまな形態をとりうる。たんに国家や公共団体の近代的構造のみが「合法的支配」の型に属するのではない。私的・資本主義的経営における支配関係も，階層的に組織された多数の管理幹部をもつあらゆる目的団体や社団における支配関係も，同じく「合法的支配」に属する。もとより，ヴェーバーも指摘するごとく，「合法的支配」のもっとも純粋な型は官僚制的支配，より精確には官僚制的行政幹部による支配である。ヴェーバーは言う[5]。

　　「ここで『支配』がわれわれの関心をひくのは，まず第1には，それが『行政』(Verwaltung)と結びついている限りにおいてである。いかなる支配も行政として現れ，行政として機能する。また，いかなる行政も何らかの形

で支配を必要とする。けだし，行政をおこなうためには常に何らかの命令権力が何びとかの手中に置かれているからである。」

彼はさらに言う[6]。

「あらゆる経験にてらしても，純粋に官僚制的な行政，つまり，官僚制的・単一支配的な，文書にもとづく行政は，形式上もっとも合理的な支配行使の形態である。すなわち，精確さ，恒久性，規律，厳格さおよび確実さの点で，それゆえ，首長にとっても，利害関係者にとっても，計算が可能であること，作業が集約的であり包括的であること，あらゆる任務にたいし，形式上全般的な適用が可能であること，純技術的にみて，最高度の能率にまで高めうること，これらすべての意味において，形式上もっとも合理的な支配行使の形態なのである。」

このように，「合理的支配」の中で技術的にみてもっとも純粋な型であり，かつ形式上もっとも合理的な支配形態である「官僚制」は，一般的にどのように機能を有しているのであろうか。ヴェーバーの「合理的支配の基礎的な諸カテゴリー」[7]と「近代官僚制の特殊的機能様式」[8]を合わせ整理すると，次の六つにまとめることができるであろう。

(1) 権限の原則。規則によって秩序づけられた明確な「権限」をもつ。
(2) 官職階層制と審級制の原則。
(3) 文書主義と公私の分離。職務執行は原本または草案の形で保管される書類(文書)に依拠。
(4) 専門的訓練にもとづく分化した職務活動。
(5) 兼職の禁止と職務への専念。
(6) 技術学的な知識(法律学，行政学，経営学)の習得。

では，このような機能をもつ官僚制の支配は，社会的にはどのような意味を持っているのであろうか。この点に関するヴェーバーの分析は次の3点である[9]。すなわち，① 専門的にもっとも資格ある人々のなかからひろく後継補充ができるように，平準化への傾向をもつこと。② できるだけ長いあいだ(ときには，ほとんど30代のおわりまで)継続する専門的訓練のために，金権政治化への傾向をもつこと。③ 形式主義的な非人格性の支配。つまり，理想的な官僚

は，憤怒も不公平もなく (sine ira et studio)，憎しみも激情もなく，それゆえ，「愛」も「熱狂」もなしに，ひたすら義務観念の命じるままに，その職務を遂行する。かれは，「人柄のいかんを問わず」に「どんなひと」にも，つまり，同じような事実上の状態にあるすべての利害関係者にたいしても，形式上平等にその職務をおこなうようになること。以上，3点である。

かくて，専門的に訓練された官吏による純粋に即物的な行政，換言すれば計算可能性にもとづく精確かつ統一的な事務処理は，近代産業社会の構造原理としてさらに広く浸透していくのである[10,11]。

2. 官僚制化の進展

これまでみてきたとおり，近代産業社会，宗教，科学等々のあらゆる領域においての構造原理としての官僚制，および官僚制化は，政治，経済，すなわち，政党官庁，企業，労働組合等のあらゆる組織において，進展していく[1]。

しかしながら，官僚制がいかに技術的に卓越したものであっても，あらゆる領域での官僚制化の進行は人間の自由の問題に深刻な影を落とすことになる。それは官僚制という機械が巨大化し，人間がその機械の中で，小さな歯車と化してしまうことを意味するにほかならない。とりわけ政治の領域でいえば，訓練された近代的専門官吏の権力は限りなく強化され，官僚制は最も打ちこわしがたい社会組織のひとつとなってしまう。つまり，「行政の官僚制化がひとたび貫徹されると，支配関係は事実上不壊に近い形態が作り出される」ことになるのである[2]。

では，このとどまることを知らない，不可避的運命として官僚制的合理化の進行＝「鉄の檻」という事態に直面してわれわれはいかに対処すればよいのか。この点に関しヴェーバーは「新秩序ドイツの議会と政府」の中で「このような事態に直面して，われわれが将来の政治形態に関して論じようとすれば結局，その問いは以下のようにたてることができるのみである」として，次の三つの問いを提起している[3]。

(1)「この官僚制化への傾向の優勢に直面して，なんらかの意味で「個人主義的な」活動の自由の，なんらかの余地を救い出すことは，そもそもどう

すればまだ可能であるのか。」
(2)「ここで論じている国家官僚層の不可避的な増大，およびその結果としてのその権力的地位の増大という事態に直面して，ますます重要性を高めつつあるこの階層の非常な強大さを制限し，これを有効に統制するような勢力が存在することのなんらかの保証は，どうすれば，あたえられるのか。民主主義はこの限られた意味においてだけでも，ともかくどうすれば可能になるだろうか。」
(3)「第3の問い――これが最も重要な問いである――は，官僚制それ自体が果たしえないことがらを考察することからでてくる問題である」，すなわち「官僚とは異なる」「指導的人物」に関する問いである。

このようにヴェーバー官僚制化の進行との対決において三つの問いを提起している。第1の問いは，官僚制化の支配のもとにおける人間の自由の問題，第2は官僚制の統制の問題，第3は官僚とは異なる指導的人物(＝政治的指導者)の問題である。

第1の問いは，人間の運命と自由に関する，いわば近代産業社会における普遍的な問いである。たしかにヴェーバーにとってこれは根元的な問題であったけれども「議会と政府」の中では「(個人的の自由は)そもそもどうすれば可能であるか」に続けて彼はこう明言する。「しかし，いま(傍点―米沢)われわれの関心は，この問題にはない。なぜならこの問題以外に，ここでわれわれが問題としているもう一つの問いがあるからである」，と。そしてヴェーバーは第2の「官僚制」の統制の問題，さらに彼にとって最も重要と思われる第3の「政治的指導者」の問題へと収斂していく。では，彼において「鉄の檻」の克服の道は，現実の政治の中で具体的にどのように構想されたのであろうか。この点をヴェーバーの論稿に即して少し詳しくみていくことにしたい[4]。

まず，この論稿が書かれた時代的背景をみておきたい。この「新秩序ドイツの議会と政府」は，1918年5月にジークムント・ヘルマン編の叢書「国内政治」の一冊として刊行されたものであるが，その元となったのは戦時下の1917年4月下旬から同年7月下旬にいたる「フランクフルト新聞」に分割掲載された諸論稿であった。とりわけ「ビスマルクの遺産」「官僚支配と政治指導」「行政の公開と政治的指導者の選択」は，同紙の5月27日号から6月24日号まで，

計4回にわたって「ドイツ議会主義の過去と将来」という主題のもとに署名入りで連載されたものであった[5]。

　祖国ドイツの議会と政府についての考察を，ヴェーバーは「ビスマルクの政治的遺産とは一体何であったのか」，この分析から始める。ヴェーバーによれば，たいていの政治家はビスマルクに比べれば凡庸にみえてしまう。国民はこの偉大な政治家にまかせきりとなり，自分たちの選んだ代表者を通して，自国の政治的な運命の決定に共同で参加する習慣を喪失してしまった。ビスマルクが残したものは，「政治教育のひとかけらも受けてない国民」であり，「その教育水準たるや，この国民が20年前にすでに到達していた水準をはるかに下回っており」，「政治意志のひとかけらも持ち合わせていない国民」，これを後世に残したにすぎなかった[6]。では，他方議会はどうか。この議会もビスマルクの政治力によって押さえこまれ「完全に無力なもの」となってしまった。結局ビスマルクは「無力な議会」と「政治的未熟な国民」という「政治的な負の遺産」を残すことになったのである。

　このような政治的現実の中でドイツの「議会」と「政府」はどうあるべきか。ヴェーバーは論を進める[7]。

　ヴェーバーによれば「近代国家において支配が現実」に力を発揮するのは，議会の演説でもなく君主の宣言でもない」，そして「日常生活における行政の執行が現実の力であるとすれば，この支配は，必然的・不可避的に文武の官僚の掌握するところ」となってしまう。では，この国家官僚層の不可避的な増大とそれに伴う権力の必然的な強化は，どうすれば阻止できるか。ここでヴェーバーに先に述べた三つの問いを提示し，とりわけ第3の「官僚制それ自体が果たしえないもの」すなわち「官僚」とは別の指導的人物，すなわち，政治領域の「政治家」，経済領域の「企業家」，この問題に焦点をしぼっていく。彼は続ける。もしこの指導的人物がどんなに有能であっても，仕事の「精神」において「官僚」であるならば，つまり自分の仕事を勤務規則と命令に従って義務的に誠実に遂行する習慣の人間であるならば，この人物は私企業の頂点においても，国家の頂点においても役立つ男ではない。ドイツは世界に冠たる官僚機構を作り上げた。しかしドイツに欠けているのは，政治家による国家指導である。政治家にとって議会は闘争が可能な訓練の場である。たんに演説するだけでな

く，行動する議会だけが，真の指導者的資質を育てあげる土台となりうる[8]。

では，官僚組織，官僚政治の効果的な統制はいかにすれば可能となるのか。官僚制の最も重要な権力手段は，職務上の知識を「職務上の秘密」として秘密知識に変えることによって統制を受けないようにすることである。したがってこれを打破するためには，議会が「調査権」の行使によっていつでも必要な知識を手に入れられるようにすること，すなわち，効果的な議会の統制によって強要される行政の公開性こそすべての議会活動と国民の政治教育の前提である[9]。

そして，ヴェーバーが現実政治の中で[10]，官僚制化に対抗して自由を救出する手段として究極的に提示したのは，「指導者なき民主制」の対極にある「機械を伴った指導者民主制」であり，「使命なき職業政治家」の対極にある，「内面の使命感に燃えて機械(官僚制)を使いこなすカリスマ的大政治家の育成と支配」であったのである[11]。

むすび

以上，マックス・ヴェーバーの官僚制論を二つの視点，すなわち ① 理念型的視点，② 官僚制化の視点，この二つの視点から分析し，ヴェーバーの官僚制論の特徴について考察してきた。そしてこのヴェーバーの官僚制論は，次の点において今日なおわれわれに多大の科学的寄与をなしていることを指摘できるであろう。

まず第1は，官僚制理論の基本となる Verwaltung の概念である。ヴェーバーはこの概念について次のようにいう[1]。

> 「『フェアヴァルトゥング』は決して公法だけの概念ではない。例えば自己の家計のフェアヴァルトゥングとか，一つの営利経営のそれとかのような，私的なフェアヴァルトゥング，すなわち，国家アンシュタルトの機関によって，あるいは，国家からその権限を与えられた。したがって他律的な・他の公けのアンシュタルトによっておこなわれるフェアヴァルトゥングもある。」

ヴェーバーのいうこの "Verwaltung" こそ，本学部がかかげる「総合管理学」

（Verwaltungswissenschaft）に他ならない。このように「公共行政」と「企業経営」の両者をひっくるめたヴェーバーの Verwaltung の概念は，今後，わが国における「総合管理学」の構築にとって貴重な示唆を与えている。

　第2に，ヴェーバーの官僚制化の概念は，たんに行政組織のみならず，政治，経済，宗教等あらゆる領域にわたる近代産業社会の構造原理としてとらえている点で先見性を有している。ヴェーバーによれば「近代資本主義的な諸企業の全体が，通常それ自体厳格な官僚的組織の無比の模範」であるという[2]。この点に関していえば，手島孝も指摘するごとく[3]，ヴェーバーの「合理的・近代的組織形態としての官僚制」概念は，その出自が国家論であったとしても，官僚制化を「行政管理」を宗教的・教育的・経済的すべての社会制度に認め，最も顕著な例を巨大企業にみることによって，公行政の管理機能と私経営の管理機能を統合的に把握する先駆的洞察である。

　第3に，「官僚支配」に対する警鐘である。ヴェーバーによれば，西欧に独自な「合理主義」は，たんに政治，経済の領域だけでなく，法にも宗教にも，要するに人間生活のあらゆる領域に浸透していった。ヴェーバーが「呪術からの世界の解放」とよんだ過程，つまり「合理化」の過程こそ，このような「合理主義」が浸透していく過程にほかならない。そしてこの「合理化」は組織の合理化，すなわち「官僚制化」としてあらわれる。

　そしてこの官僚制化の進行（「鉄の檻」）は，前述したように，人間の自由をおびやかし始める。ヴェーバーは，この現実を前にして「個人主義の自由を……救い出すことはそもそもいかにすれば可能であるか」，こう問うた。たしかに，この問いは，人間の運命と自由にかんするヴェーバーの根元的な問いであった。しかしヴェーバーが生きたヴァイマル期の政治状況に照らしてみるとき，ヴェーバー自身にとって，この根源的な問い以上の緊急の課題があった。それは，祖国ドイツの復興のために「強力な官僚」と「無力な議会」と「政治的に未成熟な国民」というドイツの現状に警鐘をならし，「内面の使命感に燃えつつ，機械（官僚制）を使いこなすカリスマ的大政治家の育成」を強く訴えることであった。

　この「強力な官僚」「無力な議会」「政治的に未成熟な国民」――ヴェーバーが一世紀近く前に鳴らしたこの警告の鐘の音は，構造改革・イラク問題等多くの

政治課題をかかえるこんにちの日本においても，なお高らかに鳴り響いているのではあるまいか[4]。いや，まさにここにこそヴェーバーの官僚制論の現代的意義がある，こういわなければならない。

注

はじめに
1) この国際会議の参加者およびプログラムは下記のとおりであった。(所属大学は当時のまま)

　テーマI 「合理化のプロセスと近代日本」
　　① 「日本の近代化とヴェーバーの社会学理論」　富永健一（慶応大学）
　　② 「ヴェーバーと日本というテーマに関する若干の考察」
　　　　　　　　　　　　　　　　　　　　　　　　　三島憲一（大阪大学）
　　③ 「ヴェーバーにおける合理性と合理化」　嘉目克彦（大分大学）
　　④ 「合理性にかんするコメント」　W. シュルフター（ハイデルベルク大学）

　特別講演
　　「ヴェーバー的視野における日本の近代化」
　　　　　　　　　　　　　　S. N. アイゼンシュタット（エルサレム・ヘブライ大学）

　テーマII 「ヴェーバーの比較宗教社会学における日本」
　　① 「合理化プロセスと宗教史における近代化」　金井新二（東京大学）
　　② 「ヴェーバーの宗教社会学における日本」　K. H. ゴルジオ（ボン大学）
　　③ 「前近代および近代日本における宗教集団と宗教性」
　　　　　　　　　　　　　　　　　池田　昭（中京大学，テュービンゲン大学）
　　④ 「中国と日本—近代化の異なる二側面—」
　　　　　　　　　　　　　　　　　H. シュミット=グリンツァ（ミュンヒェン大学）

　テーマIII 「ヴェーバーのプロテスタンティズム理論と日本における資本主義の成立」
　　① 「ヴェーバーのプロテスタンティズム理論の妥当性に関する一考察」
　　　　　　　　　　　　　　　　　　　　　　　　　安藤英治（成蹊大学）
　　② 「ヴェーバー理論と日本の資本主義」
　　　　　　　　　　　　　　　　　W. シュベントカー（デュッセルドルフ大学）
　　③ 「大塚久雄におけるヴェーバー理論」　A. カナモリ（テュービンゲン大学）
　　④ 「マックス・ヴェーバーと大塚久雄」　内田芳明（中部大学）

　テーマIV 「日本社会学におけるマックス・ヴェーバー」
　　① 「日本社会学におけるヴェーバーとE. エーリッヒ」　河上倫逸（京都大学）
　　② 「日本社会学におけるヴェーバー社会学の受容」　米沢和彦（熊本女子大学）
　　③ 「日本の社会学的分析に基づくヴェーバーとデュルケムの視角の相違」
　　　　　　　　　　　　　　　　　　　　　　　　　W. ゲプハルト（ボン大学）

④ 「ヴェーバーとデュルケム」 折原　浩（東京大学）

テーマ V 「マックス・ヴェーバーと日本の文化・社会科学」
① 「ヴェーバーとフランクフルト学派」 徳永　恂（大阪大学）
② 「丸山眞男の政治理論におけるヴェーバーの意義」
　　　　　　　　　　　　W. ザイフェルト（ハイデルベルク大学）
③ 「ヴェーバーとトレルチ」 柳父圀近（東北大学）
　　　　　　　　　　　　F. W. グラーク（ハンブルク大学）
④ 「日本的視点から見たヴェーバーの『市民的経営資本主義』の概念について」
　　　　　　　　　　　　田中豊治（大東文化大学）

テーマ VI 「当時の思想とマックス・ヴェーバー」
① 「ヴェーバーとマルクス」 住谷一彦（立教大学）
　　　　　　　　　　　　J. ヴァイス（カッセル大学）
② 「ヴェーバーとニーチェ」 山之内靖（東京外語大学）
③ 「ヴェーバーとフロイト」 上山安敏（京都大学）
④ 「総括」 R. レプシウス（ハイデルベルク大学）
　　　　　　　　　　　　W. モムゼン（デュッセルドルフ大学）

2) W. Mommsen u. W. Schwentker（HG.）, *Max Weber und das moderne Japan*, Vandenhöck Ruprecht, Götingen, 1999. S. 9.
　なお，この著書は，国際会議の発表原稿をもとに編集・出版されたものであるが，章の構成等は，会議でのもともとのプログラムとは若干異なっている。

3) 内田芳明「言語の壁と時代に抗して―日本とヴェーバー　ミュンヘン大会から―」，「毎日新聞」，1993 年 6 月 2 日。

4) このシンポジウムは，3 人の若手のヴェーバー研究者，すなわち，橋本努・橋本直人・矢野善郎の尽力によって開催された。このシンポジウムの記録は，橋本・橋本・矢野編『マックス・ヴェーバーの新世紀―変容する日本社会と認識の展開―』未来社，2000 年として発刊されている。

　ところで，シンポジウムの会場で，このシンポジウム全体の印象を問われた石田雄は，1964 年の「生誕百年記念シンポジウム」と比較しながら，当時の想い出を興味ぶかく語ったが，後日，それを「1964 年前後―日本におけるウェーバー研究の一転機―」というエッセイにまとめている。

　「ウェーバーの専門研究者でない私にとって，日本におけるウェーバー研究との接点となったのは，1964 年の『生誕百年記念シンポジウム』を組織するお手伝いをした機会であった。そのような私の眼からみると 64 年というのは，日本におけるウェーバー研究が強い収斂傾向を示した頂点であった。そして，それ以後は逆にウェーバー研究内部における分化だけでなく，対立も目立つようになってきた。……

　64 年以後の変化をもたらした最大の要因は，すでにふれたように知的状況における『近代』の意味の転換にあると思われる。より具体的にいえば，『課題としての近代』の重要性が失われ，『近代化』という概念がそれに代わって注目をひくようになった。社会的には 60 年代の高度成長が，理論的にはそれと照応する形でみられたアメリカの行動主義的方法の影響力の増大が，その変化の背景

をなしていた。……
　原因は何であれ，64年以後の日本におけるウェーバー研究の分裂と対立を強く印象づけられていた私にとって，今回のシンポジウムはまことに驚くべき現象であった。厳しく対立していたと思われていたウェーバー論者たちが一堂に会して報告・討論がなされたからである。
　敗戦後の第一世代における収斂の時代から，その世代に反発する第二世代における分裂と対立の時代を経て，さらにウェーバーに距離をおいた第三世代の人たちのイニシアティブで，今回，多様な解釈の間における討論に積極的な意味を見出そうとする傾向が示されたものといえよう。」(同上書157-161頁)
5) わが国の社会科学におけるマックス・ヴェーバーの受容について論じた大著として次のものがある。Wolfgang Schwentker, *Max Weber in Japan, eine Untersuchung zur Wirkungsgeschichte*, Mohr Siebeck, Tübingen, 1998.
6) ヴェーバーの官僚制については次のものを参照せよ。Wolfgang Mommsen, *The Age of Bureaucracy*, Basil Blackwell, Oxford, 1974 (得永新太郎訳『官僚制の時代』未来社，1984年)

1. 理念型としての官僚制

1) 『経済と社会』の編纂問題については，折原浩による精緻な研究がある。編纂問題の概略はつぎのとおりである。
　もともと *Wirtschaft und Gesellschaft* は，ヴェーバーの死後，妻マリアンネが遺された二束の未定稿を編纂して出版したものである。第1部とされている部分は，ヴェーバーが，第1次大戦後「旧稿」を大幅に改訂し，一部分は校正まで済ませていた部分である(いわゆる「改訂稿」)。第2・3部(ヴィンケルマンによる再編纂の段階でこの2・3部を統合して第2部とした)は，1911-13年ごろヴェーバー自身によって執筆されたが，第1次大戦勃発のため公刊されることなく，彼の死後遺稿集の中から発見されたものである(いわゆる「旧稿」)。
　妻マリアンネは，この二束の草稿を「改訂版」を第1部に，「旧稿」を第2・3部に配置し，前者を「抽象的社会学」，後者を「具体的社会学」と呼んだ。そして第1部では「理念型概念」が構成され，第2・3部ではこの理念型概念によって様々な社会現象が叙述され，体系的に整序されるとした。
　この「二部構成」による『経済と社会』は，ヴィンケルマンによってさらに補強され，第5版(1976年)まで，ヴェーバーの主著として広く一般に利用されてきた。1977年にテンブルックがこの「二部構成」に異議を唱え，「二部構成は著者マックス・ヴェーバー自身のプランではなく，編纂者マリアンネ・ヴェーバーが『第1部』と『第2・3部』との内容重複を正当化し，体系的主著に仕立てるためにとった窮余の策にすぎない」と主張した (Vgl. "Abschied von Wirtschaft und Gesellschaft", *ZfgSW.*, Bd. 133, S. 703-736)。また，シュルフターも『『経済と社会』―虚構の終焉―』の中で二部構成は虚構であることを論証した (1988年)。
　折原は一連の論文「1911-13年草稿の再構成によせて」(1986年)，『『二部構成』神話の終焉」(1987年)および「『経済と社会』初版『第2・3部』における前後参照指示の信憑性」(1992年)を通して，次のような結論を提示した。①「二部構成」を棄却するばかりでなく，②「第2部」が「理解社会学のカテゴリー」用

語法によって読解されるべきこと，さらに ③「第2部」のテキストそのものは「第1部」から分離され，誤った「二部構成」から解放されたうえで，「理解社会学のカテゴリー」とともに「1911-13年草稿」(のちに折原は「1910-1914年草稿」に訂正)に統合─再構成されるべきこと，そして，④ 著者ヴェーバーが「1911-13年草稿」の改訂を企てた意図と構想を問い，この改訂の意義と潜勢をヴェーバーの思想発展の洗浄で解き明かしていくべきこと，以上4点である(折原浩『ヴェーバーとともに40年』弘文堂，1996年，202頁)。

以上のごとく，テンブルック，シュルフター，折原らの論証によって，「二部構成の神話」の誤りはほぼ立証されている。ただ，「『旧稿』そのものを，原著者ヴェーバー自身の構想に即して再構成すること」を目指す折原は，シュルフターと「『経済と社会』再構成の新展開─ヴェーバー研究の非神話化と『全集』版のゆくえ─」等において，論争を継続している。この中で，シュルフターは「旧稿」に二つの執筆期・局面があったとして，「旧稿」全体の統合にも，カテゴリー論文との統合にも疑義を呈している。

他方，『マックス・ヴェーバー全集』はモムゼンの主導により，『経済と社会』(「旧稿」該当巻)は五つの分巻，すなわち，モムゼン編『諸ゲマインシャフト』，キッペンベルク編『宗教ゲマインシャフト』，ゲッファート編『法』，モムゼン編『支配』，ニッペル編『都市』に編集され，このうち『都市』がいちはやく刊行されている。この点に関し，折原は東大のシンポジウムで「議論の検証に必要な資料の公刊もなされないまま，なぜ分巻刊行を急ぐのか」と強く批判している(折原「『合わない頭をつけたトルソ』から『頭のない五肢体部分』へ」橋本・橋本・矢野編，前掲書，296-313頁)。

2) Max Weber, *Wirtschaft und Gesellschaft*, 5. Aufl., Tübingen: J. C. Mohr, 1972, S. 122(世良晃志郎訳『支配の諸類型』創文社，1970年，3頁。なお，世良訳は1956年版によっている。このほか，部分的な訳として濱島朗『権力と支配』有斐閣，1967年がある)。

なお，ヴェーバーの『支配の社会学』の解説書として次のものがある。向井・石尾・筒井・居安著『ヴェーバー支配の社会学』有斐閣新書，1979年。
3) Weber, *op. cit*., S. 124 (上掲訳書，10頁)
4) *Ibid*., S. 125 (上掲訳書，13-14頁，濱島訳7-8頁)
5) *Ibid*., S. 545 (世良晃志郎訳『支配の社会学』I, 創文社，1960年，16頁)
6) *Ibid*., S. 128 (世良訳『諸類型』26頁，濱島訳13頁)
7) *Ibid*., S. 125-6 (上掲訳書，14-16頁)
8) *Ibid*., S. 551-2 (世良訳『支配』60-62頁)
9) *Ibid*., S. 129 (世良訳『諸類型』30頁，濱島訳17頁)
10) 厚東洋輔は「官僚制化は20世紀全体を通して満面開花に至るもので，ヴェーバーの生きた時代は，近代官僚制の構造や機能や帰結を十分に見通すには時期尚早であった」とし，ヴェーバーの官僚制論は「目の当たりにされているのではなく，モデルの作動・展開により予見されているもの」としている(厚東「近代官僚制の類型学」『社会学評論』Vol. 46, No. 3, 1995年，311頁)。
11) エドワード・シルスは「マックス・ヴェーバーと1920年以降の世界」の中で，ヴェーバー官僚制論の「概念の欠陥と修正」について次のように指摘している。

シルスによれば，ヴェーバーの官僚制論は，① その最高度に発揮される効率性のゆえに，他のいかなる管理の方法に対しても勝利しうる，② 専門的知識を有しているがゆえに，その力をいっそう強化することができ，さらには，その専門的知識を他に与えずにおくことができるゆえに，立法機関に対する優越感を獲得することができる，③ 政府の中において，いったん官僚制が優勢となったならば，人々によって選ばれた政治家によって行われるカリスマ的な指導者以外，官僚制を支配者の地位から追い払うことはできない，この三つの特徴を有している。

このように，ヴェーバーは官僚制の持つ有効性を賛美したが，シルスは，その中においてヴェーバーは次のようなことが生じる可能性について考察していないことを指摘し，次のようにいう。

「その可能性とは，この65年間において生じたように，官僚制機構の大きさ，複雑性，仕事の数が限界にまで広がったばあい，官僚制はうまく機能しないかもしれないという可能性である。……

マックス・ヴェーバーが官僚制について明瞭に述べたことは，彼の死後に生じてきた官僚制の成長，変遷，成功と失敗について，適切な説明になっていないことは明らかだ。それにもかかわらず，人々は，マックス・ヴェーバーによって，彼と同時代また恐らくはその以後のいかなる著述家よりもいっそう強く，現代社会の官僚制的構成について認識させられるのである。もちろんヴェーバーが描いた官僚制の構造や，それがもたらす帰結——すなわち官僚制の失敗やその影響——，そしてその成長と行動をコントロールするという諸問題については修正が必要である。しかし，それは単に修正であって，決して否定ではない。」(鈴木・米沢・嘉目監訳『マックス・ヴェーバーとその同時代人群像』ミネルヴァ書房，1994年，500頁)

なお，「官僚制の逆機能」については，アメリカにおけるマートンやブラウによって論じられている。この点については，佐藤慶幸『官僚制の社会学』文眞堂，1991年，とくに159–182頁を参照のこと。

2. 官僚制化の進展

1) ヴェーバーは，官僚制支配が民主化と敵対物でありうること，あるいは形式合理性と実質合理性の区別を強調し，「資本計算の最高度の形式合理性が労働者を企業家の支配のもとに隷属させることによってのみ可能となるという事実は，経済秩序のより広い特殊な実質非合理性を示すものである」と述べている (Weber, *Wirtschaft und Gesellschaft*, S. 78, 畠永健一訳「経済行為の社会学的基礎範疇」『世界の名著50 ウェーバー』中央公論社，1975年，405頁)。

この点に関して，富永は，「民主主義は政治と行政の問題であるが，労働者が企業の中で実質非合理性のもとにおかれるという問題は，資本主義経済の社会学的帰結の問題である」と指摘する。そして「一方で官僚制の合理性を浮かび上がらせたのもヴェーバーであったが，他方で政治・行政組織の問題と経済・企業組織の問題とを常に平行的に考えることによって，近代産業社会の構造的な問題を広い視野から浮かび上がらせたのも，またヴェーバーであった」としている(富永健一『社会学原理』岩波書店，1986年，23頁)。

なお，「官僚制」と「民主制」の問題については，次のものを参照せよ。Wolfgang

Schluchter, *Rationalismus der Weltbeherrschung,* Suhrkamp, Frankfurt am Main, 1980, S. 75–133（米沢和彦・嘉目克彦訳『現世支配の合理主義』未来社, 1984 年, 169–262 頁）
2) Weber, *op. cit.,* S. 570（世良訳『支配の社会学』I, 115 頁）
3) Weber, Parlament und Regierung im neugeordneten Deutschland. — Zur politischen Kritik des Beamtentums und Parteiwesens, 1918, in: *Max Weber Gesamtausgabe 1/15,* J. C. B. Mohr, Tübingen, 1984, S. 432–596（中村貞二・山田高生訳「新秩序ドイツの議会と政府―官僚制度と政党組織の政治的批判―」『世界の大思想 23　ウェーバー』河出書房, 1965 年, 303–384 頁）
4) 住谷一彦も, カール・レーヴィトの『ヴェーバーとマルクス』が, わが国のヴェーバー研究に巨きな影響を与えた点を評価しつつ, 官僚制的合理化という「鉄の檻」に対するヴェーバーの視点は, レーヴィトの哲学的・一般的な視点とは異なっていたことを次のように指摘している。
　「ヴェーバーは, 現実に対する決断は, およそ哲学的・一般的に言えるものではなく, 状況把握が現実的・具体的になるほど, その選択肢はいよいよ狭くなるものだという意味のことを述べていたように思うが, ヴェーバーの『鉄の檻』への対決姿勢はレーヴィトの定式化したような普遍的なテーマへの哲学的関心とは異なり, すぐれてドイツの現実と直面した現実科学的関心に方向づけられていたということができよう。私は, レーヴィトの提起したテーマがヴェーバー研究のうえで的を失していたなどというつもりはない。ただ彼の典拠にした『議会と政府』の箇所を文脈的に追っていくと, このようになるのではないかと思うだけである。それは, また彼が社会科学を法則科学ではなく現実科学として捉えようとしていたこととも整合するのではなかろうか。」（住谷一彦「エッセイ『マックス・ヴェーバー研究』」橋本努・橋本・矢野編『マックス・ヴェーバーの新世紀』未来社, 2000 年, 316 頁）
　なお, ヴェーバーの「合理化史観」に対する批判としては次のものがある。矢野善郎『マックス・ヴェーバーの方法論的合理主義』創文社, 2003 年。
5) Editorischer Bericht, in: *Gesamtausgabe 1/15,* S. 421–431.
6) Weber, *op. cit.,* S. 449（中村・山田, 上掲訳書, 318 頁）
7) *Ibid.,* S. 450（上掲訳書, 319 頁）
8) *Ibid.,* S. 486（上掲訳書, 345 頁）
9) *Ibid.,* S. 491–492（上掲訳書, 349 頁）
10) ヴェーバーは, 死の直前, ミュンヒェンで行った講演「職業としての政治」の中で次のようにいう。
　「……次の選択があるだけだ。『機械』を伴った指導者民主制か, それとも指導者なき民主制か, ――換言すれば, 使命なき, 指導者の本質たる内的・カリスマ的資質なき『職業政治家』の支配か。」(Politik als Beruf, in: *Gesamtausgabe 1/17,* 1992, S. 224. 清水幾太郎・礼子訳「職業としての政治」『世界の大思想 23　ウェーバー』417 頁)
11) この点に関しては, とりわけ中村貞二「マックス・ヴェーバー, 人と仕事」同著『増補　マックス・ヴェーバー研究』未来社, 1999 年, 32 頁を参照のこと。
　なお, カリスマ的指導者への期待と指導者民主制については, 秋元律郎の次の

ような指摘がある。
　「おそらくわれわれは，こうしたヴェーバーの主張に接するとき，それが彼の
いう合法的支配の理念型概念のなかでどのような位置づけを占めているのか，再
度，深い理論的な検討を必要とすることになるし，またカリスマ的支配のもつ
意味について問い直しを求められることになろう。しかし，それが現実に危険
性を避けられない要素をもっていたことは，その後の歴史の進展のなかで，や
がてあきらかとなっていく。この人民投票的民主制にかんして，ヴェーバーが
官僚制的技術と結合したカリスマ的支配のもつ全体主義的体制の可能性を注視
していなかったというモムゼンの批判もそこにある。」(秋元律郎『市民社会と
社会学的思考の系譜』御茶の水書房，1997年，228頁)

む す び

1) Weber, *Wirtschaft und Gesellschaft*, S. 389.
2) *Ibid.*, S. 562 (世良訳『支配の社会学』I, 92頁)
3) 手島孝『総合管理学序説』有斐閣，1999年，59頁。
4) 富永健一は，ヴェーバーの官僚制論の論点を日本の近代化に当てはめ次のように
指摘している。戦後50年の日本の政治状況の中で重要なことは，政・官・財と呼
ばれる三つの権力の中で「政」の質がもっとも低いという点であり，このことは，
「日本は経済は一流，政治は三流」，あるいは「日本の官僚は優秀だが，政治家は
専門知識をもたず官僚に依存している」などという表現によく表れている。さら
に続けていう。「行政改革は，上記三つの権力の中で『官』の権力が強すぎるのを
弱める方向に改革しようとするものであり，『官』の権力が強すぎるという認識は，
上述した帝政ドイツについてのヴェーバーの認識と一致している。だが，ここで
起こってくる問題は，日本で『官』の権力が強いのは，上記のように『政』の権
力の質が劣っていて『政』は『官』の行政能力に依存することで何とかやってき
た結果の産物に他ならない。」(富永健一『経済と組織の社会学理論』東京大学出
版会，1997年，150頁)

アドミニストレーション論の系譜
―L. F. アーウィック―

渡 邊 榮 文

> 「新しい倫理的精神的価値は現在と未来の文化に根ざし，それにふさわしく形成されなければならない。アドミニストレーションの諸原則の出現は……このような新倫理的精神的価値の方向の指示である。」
> ――L. F. アーウィック, 1943 年

はじめに
1. L. F. アーウィックのアドミニストレーション論
2. L. F. アーウィックの分析枠組み
おわりに

はじめに

本研究は，アドミニストレーション論の系譜を辿ることによって，従来のアドミニストレーション研究の分析枠組みを明らかにすることにある。この作業は，向後のアドミニストレーション研究の礎を据えることになろう。

世界で初めて「アドミニストレーション」(administration) を取り上げ考察したのは，H. ファヨールであった。アドミニストレーション論の系譜における彼の位置は始祖であった[1]。ファヨールが始めたアドミニストレーション研究は，その後，どのようになっていくのであろうか。

アドミニストレーション論の系譜を辿る研究において，つぎに取り上げなければならないのは L. F. アーウィックである。彼はファヨールの影響を強く受けて，アドミニストレーション論を展開するからである。

本稿では，まず L. F. アーウィックのアドミニストレーション論の内容を概

観し，ついで彼の分析枠組みを検討したいとおもう。

1. L. F. アーウィックのアドミニストレーション論

(1) H. ファヨールの影響

アーウィック (Lyndall F. Urwick, 1891–1983) は，ファヨール (Henri Fayol, 1841–1925) のアドミニストレーション論の影響を強く受けている。

アーウィックは，ギューリック (Luther Halsey Gulick, 1892–1993) と共に 1937 年に編集した『アドミニストレーション科学論集』(*Papers on the Science of Administration*) に，自分の論文を収めている。題して「アドミニストレーションの機能—とくにアンリ・ファヨールの業績に関して—」(The Function of Administration: with Special Reference to the Work of Henri Fayol) である。この論文の内容はもともと 1934 年に産業経営協会 (Institute of Industrial Administration) での講演の内容であるが，副題が示すように，ファヨールの業績を直接の検討対象としている。アーウィックは本講演 (= 本論文) の目的の一つに「おそらく，この国[イギリス]にあまりにも知られていないフランスの有名な実業家の業績に注意を促すこと」[2] をあげている。それは，ファヨールが一つにはアドミニストレーションの科学的研究の必要性を喚起したこと，いま一つにはいかなる後世の学徒も無視すべきでないアドミニストレーションについて広範な輪郭を描いたからである[3]。

また，アーウィックは 1942 年，ロンドン工業大学で産業経営協会ロンドン支部の主催で 5 回にわたって講演を行っている。これをもとに 1943 年に公にした著作が『アドミニストレーションの諸要素』(*The Elements of Administration*) である[4]。本書の目的は「さまざまな権威者たち (different authorities) が明瞭に示した『アドミニストレーションの諸原則』の像を論理的枠組みの中にはっきり結ばせること」[5] にある。それは，「今日では本質的にアドミニストレーション能力が資格としては特殊集団について長い経験を有することよりは重要である」[6] からである。かくして，アーウィックにとってはアドミニストレーションの研究が必要不可欠であった。「アドミニストレーションの諸原則」に関する「さまざまな権威者たち」の中の一人がファヨールであった。アーウィッ

クのアドミニストレーション論はファヨールのそれにもとづいている。このことは，『アドミニストレーションの諸要素』の内容目次を一目すれば瞭然である[7]。とくに，ファヨールの主著『産業管理および一般管理』の影響は大きい。アーウィックは「彼[ファヨール]の『産業管理および一般管理』がたぶん他のいかなる業績よりもヨーロッパ，とくにラテン諸国のビジネス・アドミニストレーションの思想に影響を与えている」[8]と評価する。

アーウィックはファヨールの影響を強く受けて，アドミニストレーション論を展開する。以下，アーウィックのアドミニストレーション論の内容を，便宜上，総論と各論に分けてみていきたいとおもう。

(2) アドミニストレーションの総論

アーウィックはファヨールの説，すなわち「アドミニストレーションは統轄 (gouvernement) と混同されてはならない。統轄は事業体が自由に処分するあらゆる資源からもっとも可能性のある部分を引き出すことに努めながら，事業体をある目的に向かって導くことである。それは[事業体の]六つの必要不可欠の機能[技術的・商業的・財務的・保全的・会計的・アドミニストレーション的な機能]の遂行を確保することである。アドミニストレーションはこれらの中の一つに過ぎない」を引用し，研究対象をアドミニストレーションに限定する。

アーウィックにおいては，研究対象としてのアドミニストレーションは六つの要素から成っている。ファヨールのアドミニストレーションの要素は予測，組織，命令，調整，統制であった。アーウィックはファヨールのいう「予測」《prévoyance》には二つの意味があるとし，これを「将来を予言すること」(to foretell the future) と「将来に備えること」(to prepare for the future) に細分する[9]。前者の機能を「予測」(forecasting)，後者の機能を「計画」(planning) とする[10]。したがって，アーウィックの「アドミニストレーションの要素」——彼は「アドミニストレーションの局面」(aspect of administration) という——は「予測」(forecasting)，「計画」(planning)，「組織」(organisation)，「調整」(coordination)，「命令」(command) および「統制」(control) の六つになる。

アーウィックは，アドミニストレーションの6要素を「作用過程」(process) と「結果」(effect) の二つに分類する。すなわち，作用過程は予測，組織，命

令であり，結果は計画，調整，統制である[11]。

作用過程と結果には原則がある[12]。換言すると，原則には作用過程と結果がある。図式化すると，原則 → 作用過程 → 結果となる。

アーウィックはこの図式に従って6要素を三つの段階に分ける。第1段階は原則＝調査 → 作用過程＝予測 → 結果＝計画である。すなわち，「すべての科学的手続は事実の調査にもとづいて行われるので，調査はアドミニストレーションの第1の原則となる」[13]。この「調査は予測によって作用過程に入り，結果は計画である」[14]。第2段階は原則＝適切さ → 作用過程＝組織 → 結果＝調整である。すなわち，「予測はそれ自身の原則として適切さをもっている。予測は将来の状況に合うように人的物的手段を備えようとすることであるから，組織によって作用過程に入り，その結果は調整である」[15]。第3段階は原則＝秩序 → 作用過程＝命令 → 結果＝統制である。すなわち，「計画はその原則を秩序に見いだし，命令によって作用過程に入り，結果は統制である」[16]。以下，これら3段階をアドミニストレーションの各論として取り上げたいとおもう。

(3) アドミニストレーションの各論

① 第1段階：原則＝調査 → 作用過程＝予測 → 結果＝計画

アドミニストレーションの第1段階の原則は調査であり，作用過程は予測であり，結果は計画である。

「調査」(investigation) は予測の根底にある原則である。予測はアドミニストレーション機能のうちの最初の機能であるから，調査はアドミニストレーション機能の出発点である。調査は五つの「知的な諸原則」(intellectual principles) にもとづいて行われなければならない[17]。第1は「決定論の原則」(principle of determinism) である。決定にあたっては因果関係を十分に考慮することである。第2は「関係の原則」(principle of relation) である。行動の基礎にある事実は環境との関係を有していなければならないことである。第3は「分析の原則」(principle of analysis) である。分類表は調査対象の活動にふさわしいものでなければならないことである。第4は「定義の原則」(principle of definition) である。事実は調査対象の活動を基礎づけている科学と一致する用語で表されなければならないことである。第5は「測定の原則」(principle of measurement)

である。事実は一定の構成単位または基準で表されなければならないことである。

　予測はあらゆる事業に必要な要素である。たとえば，事業を始める者はその生産物に対する将来の需要を予測する[18]。予測に必要なことは「経済的諸要因」（economic factors）を判断することであるが，経済的諸要因の判断には財務データが役立つ[19]。財務データから公定歩合や為替相場などの経済状況が明らかになる[20]。予測は事業遂行に先立って，それを成功に導くために行われるものである。予測するには「予測スタッフ」（forecasting staff）が必要である[21]。たとえば，職員の定年退職予定者，年齢別，性別などの図表は将来の組織の予測に必要であるから，これらの図表を作成するためのスタッフが必要である。予測を行うためには調査が必要であることはいうまでもない。十分な調査にもとづく予測は，事業体を多くの邪道と無準備による誤った決定から救うのである[22]。アーウィックは予測に関して三つの重要な点を指摘する。すなわち，予測の存在と必要を認識すること，調査すること，統計その他のデータは実情がわかるように表すことである[23]。

　計画は，将来について非常に漠然とした抱負を語るのではなく，フォレット（Mary Parker Follet, 1868–1933）[24]がいうように，「いかにして行われるべきか」の問題である[25]。アーウィックは計画を「実施上の問題」（practical issue），すなわち「方法の問題」（problem of method）とする[26]。実施上の問題，すなわち方法の問題としての計画は，どのような原理にもとづいているのであろうか。

　計画の第1原則は「目標の原則」（principle of objective）である。「計画策定の観念は何かを行うための計画であることを前提にしている」ので，「目標がなければならないことは，自明のことのようにおもわれる」のである[27]。

　計画の第2原則は「単純化と標準化」（simplification and standardisation）の原則である。計画の第2原則は，計画の第1原則である目標の原則を特別に応用（special application）したものである[28]。アーウィックは単純化と標準化を定義しないので，これらの概念はこれらに関する彼の叙述部分から引き出す以外にない。アーウィックは，たとえば，製造業における計画は製品をできるだけ簡単なものにすべきこととその工程を可能な限り統一すべきことをあげてい

る[29]。これらは動力機械（power-driven machinery）に依存する社会では必要である[30]。

　計画の第3原則は「柔軟性の原則」（principle of flexibility）である。柔軟性のある計画は，流行の変化に対応できる計画である[31]。たとえば，製靴工場は革の準備や靴型の製造を中央部門で行い，型ごとに違う仕上げを小さい部門で行うようにすると，靴の流行の変化に対応できるのである[32]。

　計画の第4原則は「均衡」（balance）の原則である。近年，作業工程の細分化の利点を誇大化するが，そのデメリットも考えなければならない[33]。たとえば，製品の照合や検査を余りに細分化すると，その退屈さは誤りを引き起こすことになる[34]。

　これら諸原則(目標・単純化・標準化・柔軟性および均衡の諸原則)は，すべての健全なプランニングの根底にあるものである[35]。

　② 第2段階：原則＝適切さ → 作用過程＝組織 → 結果＝調整

　アドミニストレーションの第2段階の原則は適切さであり，作用過程は組織であり，結果は調整である。

　予測は事業の一般目標および方針と一致しなければならないから，それ自身の原則として適切さをもっていなければならない。適切さは，人的物的組織が事業の目標，資源および要求にふさわしいことである[36]。予測は将来の状況に合うように人的物的手段を備えようとすることであるから，組織によって作用過程に入る。組織の目的は努力を統一すること，すなわち調整である。調整の原則は組織のそれである。アーウィックが『アドミニストレーションの諸要素』の第4章を「組織と調整——諸原則」と題するゆえんである。

　組織化にあたっては「機械学上の対比」（mechanistic parallel），別名称「機関学的アプローチ」（engineering approach）が有益である[37]。それは，われわれが組織を論じる場合，「生物学上の対比」（biological parallel）に不慣れであるからである[38]。人間の組織へ機関学的に接近すると，それは組織について設計（ディザイニング）することである[39]。設計をしないで組織化すると，機関学的原理を無視して設計した機械が円滑に動かないように，その組織は非論理的で無慈悲で無駄で非能率的である[40]。

　組織化の原則は「権限」（authority）である。調整は権限の原則にもとづいて

行われる。権限は「他人の行動を要求する権利」[41] である。他人の行動を要求する権利としての権限は,「はしご状の過程」(scalar process)と呼ばれるものにより作用過程に移る[42]。その結果は「機能の割当てと関係」(assignment and correlation of functions)である[43]。したがって,それは機能の「専門化の原則」(principle of specialisation)でもある[44]。

権限の作用過程としてのはしご状の過程は,その原則として「指導力」(leadership)をもつ[45]。指導力は「委任」(delegation)によって作用過程に移る[46]。しかし,権限を委任する場合には「監督の範囲」(span of control)を考慮しなければならない。「どんな上司も,相互に関係しながら仕事をしている5人,多くて6人以上の部下の仕事を直接に監督することができない」[47] からである。指導力の結果は明確に職責を定義すること,すなわち「機能的定義」(functional definition)である[48]。

権限の結果としての機能の割当てと関係は明瞭で明確な決定を行うこと,すなわち「決定機能」(determinative functionalism)という原則をもつ。その作用過程は事業計画が厳格に行われること,すなわち「適用機能」(applicative functionalism)である。そして,その結果は間違いと失敗にはペナルティを課すこと,すなわち「解釈機能」(interpretative functionalism)である。これら3機能は「立法機能」(legislative function),「執行機能」(executive function)および「司法機能」(judicial function)ということができる[49]。

③ 第3段階:原則＝秩序 → 作用過程＝命令 → 結果＝統制

アドミニストレーションの第3段階の原則は秩序であり,作用過程は命令であり,結果は統制である。

すなわち,計画の目的は組織活動を事業の一般目的と基本方針に一致させることであるから,その原則は秩序となり,命令によって作用過程に入り,統制という結果になる[50]。

命令の基本は全体利益の確保である——それはアドミニストレーションの一つの局面(＝要素)としての存在理由でもあるが——から,命令の原則は「集中」(centralisation)である[51]。集中は,「適切な人事」(appropriate staffing)によって作用過程に移り[52],「団体精神」(esprit de corps)という結果を生じる[53]。

作用過程としての適切な人事は,「選抜と配置」(selection and placement)を

原則とする[54]。それは人材を慎重に選び,当人をもっとも役に立つ地位に就けることである[55]。適切な人事は「報酬と懲戒」(rewards and sanctions)によって作用過程に入り[56],結果として「率先性」(initiative)を生みだす[57]。

結果としての団体精神の原則は「公平」(equity)である[58]。団体精神は「規律」(discipline)によって作用過程に移る[59]。規律は「明確で非個人的」(precise and impersonal)でなければならない[60]。その結果は職員の「安定」(stability)である[61]。

アドミニストレーションの第3段階の原則は秩序,作用過程は命令,結果は統制である。結果としての統制は個々の事業体が置かれた環境によって異なる。それにもかかわらず,四つの原則をあげることができる。

第1の原則は「同一性の原則」(principle of uniformity)である。「統制のために用いられるあらゆる数字と報告書は,組織の構成によっていなければならない。どんな人の努力も,その人が影響を及ぼす地位に就いていないところの数字で表されるべきではない」[62]からである。

第2の原則は「比較の原則」(principle of comparison)である。「統制のために用いられるあらゆる数字と報告書は,要求された業績の基準,必要ならば過去の業績の基準によっていなければならない」[63]からである。

第3の原則は「効用の原則」(principle of utility)である。「統制のために用いられるあらゆる数字と報告書は,これらが示している事象を数字と報告書から切り離す期間に比例して変わる。数字と報告書は,現在の決定を助け,将来の浪費を防止する目的で作成されるべきであって,記録として作成されるべきではない」[64]からである。

第4の原則は「例外原則」(exception principle)である。「マネージャーは,マネジメントにかかるすべての事項にわたって簡約された一定の比較報告書だけを受け取るべきである。簡約の比較報告書は,これをマネージャーに提出する前に,その補助者によって慎重に検討されるべきである。また,簡約比較報告書には過去の平均または指摘された基準の例外,とくに良い例と悪い例が認められるべきである。かくして,簡約比較報告書によって,マネージャーは短時間のうちに[事業体の]上昇または下降について把握することができるようになるのである」[65]からである。

2. L. F. アーウィックの分析枠組み

(1) H. ファヨールの分析枠組みの踏襲

　ファヨールはアドミニストレーションを論じるとき，アドミニストレーションと事業体をある目的に向かって導くための機能である「統轄」《gouvernement》を区別した。アドミニストレーションは，統轄機能(技術的・商業的・財務的・保全的・会計的・アドミニストレーション的な機能)のうちの一つであった。それは予測し，組織し，命令し，調整し，統制することを目的とするものであった。ファヨールにおいては，アドミニストレーションと統轄は概念上明確に区別された。統轄論が事業体の全部を取り扱ったのに対し，アドミニストレーション論はその一部を取り上げた。

　アーウィックは，ファヨールにおけるアドミニストレーションの五つの要素(予測，組織，命令，調整，統制)の中の予測を，予測と計画に細分する。アーウィックにおけるアドミニストレーションの要素は六つ(予測，計画，組織，調整，命令，統制)になるが，アーウィックのアドミニストレーション論はファヨールのアドミニストレーション論に従っている。それゆえ，アーウィックの分析枠組みはファヨールのそれの踏襲である。アーウィックがファヨールの影響を最も強く受けたといわれるゆえんである。

　アーウィックはファヨールの分析枠組みを踏襲するが，アドミニストレーションの要素の分析順序はファヨールのそれとは異なる。ファヨールが予測→組織→命令→調整→統制の順で検討したのに対し，アーウィックは予測→計画→組織・調整→命令→統制の順で取り上げている。アーウィックはアドミニストレーションの6要素を「作用過程」(process)と「結果」(effect)の二つに分類する。作用過程には予測，組織，命令が入る。結果には計画，調整，統制が入る。

(2) アドミニストレーションの原則の拡大

　ファヨールはアドミニストレーションを行うとき，それが依拠しなければならない原則(=「アドミニストレーションの一般原則」)をあげた。すなわち，① 分業の原則，② オーソリティと責任の原則，③ 規律の原則，④ 命令の統

一の原則，⑤ 指揮の統一の原則，⑥ 個人利益の全体利益への従属の原則，⑦ 労働報酬の原則，⑧ 集中の原則，⑨ 階統構造の原則，⑩ 秩序の原則，⑪ 公正の原則，⑫ 職員の安定の原則，⑬ 発意の原則，⑭ 職員の団結の原則であった[66]。

アーウィックはアドミニストレーションの原則をあげるにあたって，先人たち(ファヨール，ムーニイとレイリー，テーラー，フォレット，グレイクナス)の原則に，自らのそれを加える。アドミニストレーションの原則は，ファヨールにあってはアドミニストレーションの方向を定める灯台であったが，アーウィックにとっては思いがけないことに気づいたり紛糾の種を見つけて，工程を短縮し効率化するのに資するのである[67]。

アーウィックにおけるアドミニストレーションの原則の総数は58である。それらは，まず29の原則(以下「上位原則」という)から，ついで上位原則に由来する25の原則(以下「中位原則」という)から，最後に中位原則から派生する四つの原則(以下「下位原則」という)から成っている。58原則の内訳としての上位原則，中位原則および下位原則は，アーウィックの命名にかかるものではない。これらは筆者が名づけたものである。原文では，上位原則はイタリック体で，中位原則は (a), (b), (c)…… で，下位原則は (i), (ii), (iii)…… で表記されている。ちなみに，アーウィックは筆者のいう中位原則を「副原則」(subsidiary principle) といっている。

原則番号	上位原則	中位原則	下位原則
1	調査 (investigation)		
2		決定論 (determinism)	
3		関係 (relation)	
4		分析 (analysis)	
5		定義 (definition)	
6		測定 (measurement)	
7	予測 (forecasting)		
8	計画 (planning)		
9		目標 (objective)	
10		単純化 (simplification)	
11		標準化 (standardisation)	

12		柔軟性 (flexibility)	
13		均衡 (balance)	
14		現存資源活用 (use existing resources)	
15	適切さ (appropriateness)		
16	組織 (organisation)		
17		継続性 (continuity)	
18	調整 (coordination)		
19	秩序 (order)		
20	命令 (command)		
21	統制 (control)		
22		同一性 (uniformity)	
23		比較 (comparison)	
24		効用 (utility)	
25		例外原則 (exception principle)	
26			直接接触 (direct contact)
27			初期接触 (early stages)
28			相互関係 (reciprocal relating)
29			連続過程 (continuing process)
30	調整原則 (coordinative principle)		
31	権限 (authority)		
32		対応 (correspondance)	
33	はしご状の過程 (scalar process)		
34		直接接触 (direct contact)	
35	機能の割当てと関係 (assignment and correlation of functions)		
36	指導力 (leadership)		
37		公正行動 (fair play)	
38		絶対的責任 (responsibility is absolute)	
39		模範 (example)	
40	委任 (delegation)		
41		例外原則 (exception principle)	

42		統制範囲 (span of control)	
43	機能的定義 (functional definition)		
44		専門化 (specialisation)	
45	決定機能 (determinative functionalism)		
46	適用機能 (applicative functionalism)		
47	解釈機能 (interpretative functionalism)		
48	一般利益 (general interest)		
49	集中 (centralisation)		
50	適切な人事 (appropriate staffing)		
51	団体精神 (esprit de corps)		
52	選抜と配置 (selection and placement)		
53	報酬と懲戒 (rewards and sanctions)		
54	率先性 (initiative)		
55	公平 (equity)		
56		証拠 (evidence)	
57	規律 (discipline)		
58	安定 (stability)		

以上，アーウィックのアドミニストレーションの原則を図表にした。

ファヨールはアドミニストレーションの原則を 14 あげた。ファヨールが灯台というアドミニストレーションの原則は 14 に限定されないから，これらの原則は例示であった。ファヨール自身が認めたように，アドミニストレーションの原則はけっして絶対的なものではなかった。アーウィックは先人たちの原則に自らの原則を加えて 58 とする。これはアドミニストレーションの原則の拡大である。アーウィックが加えた自らの原則は 15 である(図表中の番号 2, 3, 4, 5, 6, 10, 11, 12, 13, 17, 22, 23, 24, 38, 56)。アーウィックのオリジナル原則はすべて中位原則である。

アドミニストレーションの原則はけっして絶対的ではないから，その拡大自体は何ら問題ではない。アドミニストレーションの原則の拡大は，アーウィッ

クの多方面にわたる経歴によるものであろう。しかし，その拡大についてのアーウィックの方法には問題があろう。アーウィックはアドミニストレーションの要素を原則として数え上げる。これを原則として数え上げることはできないであろう。アドミニストレーションの原則は，アドミニストレーション(の要素)を導くためのものであるからである。

(3) アドミニストレーションの原則の体系化

アーウィックはアドミニストレーションの原則を体系化する。彼はアドミニストレーションの原則の体系化のための枠組みをアンダーソン（Louis F. Anderson）の「論理的分類」[68]（logical scheme）に求める。アンダーソンの論理的分類は二つの仮定に立っている。すなわち，一つにはあらゆる「原則」（principle）は「作用過程」（process）と「結果」（effect）をもつこと，いま一つには作用過程と結果はそれぞれに「原則，作用過程，結果」（principle, process, effect）をもつことである[69]。アーウィックは，この論理的分類に従ってアドミニストレーションの原則を体系化する。

まず，アドミニストレーションの基礎にある原則は「調査」である。調査は「予測」によって作用過程に入り，その結果は「計画」である。ここに，原則＝調査，作用過程＝予測，結果＝計画の関係が成立する。作用過程としての予測は原則，作用過程，結果をもつので，その原則は「適切さ」であり，その作用過程は「組織」であり，その結果は「調整」である。結果としての計画も原則，作用過程，結果をもつので，その原則は「秩序」であり，その作用過程は「命令」であり，その結果は「統制」である。アーウィックはこれらの関係を図形化する。

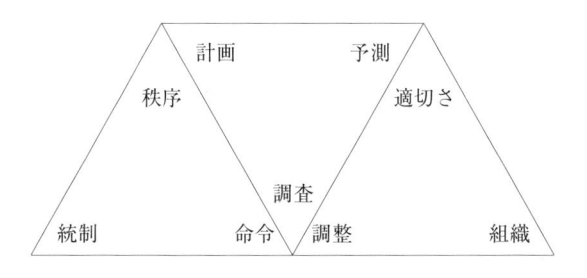

ついで，アーウィックはすべての組織の目的は努力を統一すること，すなわち調整であるから，組織の原則は調整のそれに他ならないとして「組織と調整の諸原則」を体系化する。調整の原則は「権限」である。権限は「はしご状の過程」によって作用過程に入り，その結果は「機能の割当てと関係」である。ここに，原則＝権限，作用過程＝はしご状の過程，結果＝機能の割当てと関係の関係が成立する。作用過程としてのはしご状の過程は原則，作用過程，結果をもつので，その原則は「指導力」であり，その作用過程は「委任」であり，その結果は「機能的定義」である。結果としての機能の割当てと関係も原則，作用過程，結果をもつので，その原則は「決定機能」であり，その作用過程は「適用機能」であり，その結果は「解釈機能」である。アーウィックは組織と調整の諸原則を図形化する。

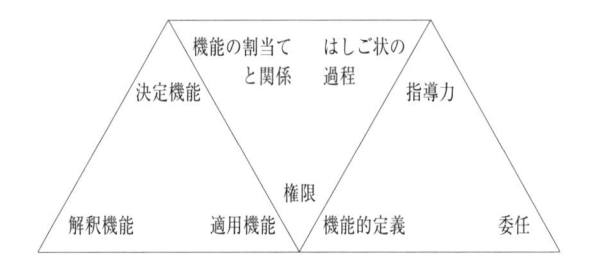

```
              機能の割当て    はしご状の
                と関係         過程
        決定機能                      指導力

                        権限
      解釈機能  適用機能  機能的定義   委任
```

最後に，アーウィックは命令と統制の目的は一般利益を確保し，それが個別利益によって妨げられないようにすることであるとして，「命令と統制の諸原則」を体系化する。命令と統制の原則は「集中」である。集中は「適切な人事」によって作用過程に入り，その結果は「団体精神」である。ここに，原則＝集中，作用過程＝適切な人事，結果＝団体精神の関係が成立する。作用過程としての適切な人事は原則，作用過程，結果をもつので，その原則は「選抜と配置」であり，その作用過程は「報酬と懲戒」であり，その結果は「率先性」である。結果としての団体精神も原則，作用過程，結果をもつので，その原則は「公平」であり，その作用過程は「規律」であり，その結果は「安定」である。アーウィックは命令と統制の諸原則を図形化する。

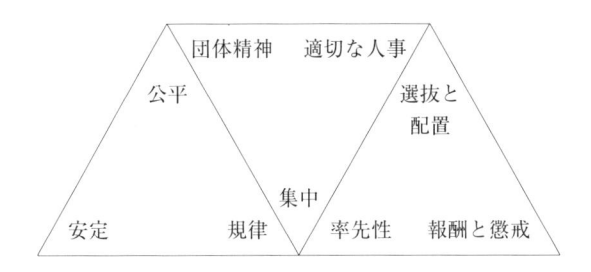

```
            団体精神   適切な人事
         公平              選抜と
                           配置
                集中
      安定    規律   率先性  報酬と懲戒
```

　以上，アーウィックのアドミニストレーションの原則の体系化をみた。この体系化については，「適切な検証がなされていない」[70]とか「あまり有意義とも成功したとも思えない」[71]といった評価がある。しかし，アドミニストレーションの原則の体系化はアーウィックの功績である。これまでアドミニストレーションの原則は提示されてはきたが，それらを整序し，それらの論理的な展開過程を明らかにしようとする研究はなかったからである。アーウィックの研究は，評価に値するものであろう。

おわりに

　アーウィックはファヨールの影響を強く受けているので，アーウィックのアドミニストレーション論はファヨールのそれを超えるものではない。アドミニストレーション論の系譜におけるアーウィックの意義は「……流布している考えやファヨール，テーラーおよびフォレットのような先駆者の考えを集めて解説したこと」[72]にある。

　アーウィックはアドミニストレーションを行うとき，それが依拠する原則の抽出に努めるが，この研究方法は原則(原理)アプローチである。すなわち，「人間のあらゆる種類の団体の組織を支配すべき……諸原則がある。これらの原則は，事業の目的・構成員またはその基礎にある憲法的・政治的・社会的理論にかかわりなく，技術上の問題として研究することができるのである」[73]。

　しかし，原則(原理)アプローチに対する批判が起こってくる。ダール(Robert A.Dahl)は原則(原理)アプローチを「普遍的諸原則」(universal principles)，すなわち「科学」(science)を装う恐れがあると批判する[74]。サイモン(Herbert

A.Simon) は原則(原理)を相互に矛盾する「諺」(proverb) と批判する[75]。

アーウィックはこれらの批判に対し,原則(原理)は「不変的な因果関係」(invariable relation between cause and effect) を説明したものではなく,「仮の一般化」(provisional generalization) であるという[76]。さらに,特定の原則(原理)は普遍的か否かとかこれかれの説明は真に科学的ではないといった終わりのない理屈をこねまわすことは,希望に満ちたことではないし,また建設的なことではないという[77]。

ファヨールおよびアーウィックのアドミニストレーションへの原則(原理)アプローチに対する批判は,アドミニストレーション論の系譜における転換点であろうか。

注

1) 参照,渡邊榮文「アドミニストレーション論の系譜―H. ファヨール―」(熊本県立大学総合管理学会『アドミニストレーション』第9巻3・4合併号,2003年) 61-73頁。
2) L. Urwick, "The Function of Administration: with Special Reference to the Work of Henri Fayol," *Papers on the Science of Administration*, Edited by Luther Gulick and L. Urwick, Reprinted 1977, p. 117.
3) *Ibid.*, p. 117.
4) L. Urwick, *The Elements of Administration*, 1943. 本書については,堀武雄訳『経営の法則』(経林書房,1961年)がある。
5) *Ibid.*, p. 7. 堀訳・3頁。
6) *Ibid.*, p. 7. 堀訳・3頁。
7) 『アドミニストレーションの諸要素』は序文と全8章からなる。すなわち,第1章「アドミニストレーションの本質と分析の一般枠組み」,第2章「予測」,第3章「計画」,第4章「組織と調整―諸原則―」,第5章「組織と調整―諸方法―」,第6章「命令」,第7章「統制」,第8章「結論」である。
8) L. Urwick, *The Elements of Administration*, 1943, p. 16. 堀武雄訳『経営の法則』(経林書房,1961年) 27頁。
9) *Ibid.*, p. 16. 堀訳・28頁。
10) *Ibid.*, p. 16. 堀訳・28頁。
11) *Ibid.*, p. 16. 堀訳・28頁。
12) *Ibid.*, p. 17. 堀訳・29頁。
13) *Ibid.*, p. 19. 堀訳・33頁。
14) *Ibid.*, p. 18. 堀訳・31頁。
15) *Ibid.*, p. 18. 堀訳・31-34頁。
16) *Ibid.*, p. 18. 堀訳・34頁。

アドミニストレーション論の系譜　　107

17) *Ibid.*, p. 20. 堀訳・35-36 頁。
18) *Ibid.*, p. 21. 堀訳・37 頁。
19) *Ibid.*, p. 21. 堀訳・38 頁。
20) *Ibid.*, p. 21. 堀訳・38 頁。
21) *Ibid.*, p. 23. 堀訳・41 頁。
22) *Ibid.*, p. 24. 堀訳・44 頁。
23) *Ibid.*, pp. 24-25. 堀訳・44-45 頁。
24) フォレット女史には，*Dynamic Administration: The Collected Papers of Mary Parker Follet*, edited by Henry C. Metcalf and L. Urwick（編者序文日付 1940 年 12 月）等の著作がある。本書の邦訳に，米田清貴・三戸公訳『組織行動の原理』（未来社，1972 年）がある。
25) L. Urwick, *The Elements of Administration*, p. 26. による。堀訳・47-48 頁。
26) *Ibid.*, p. 26. 堀訳・48 頁。
27) *Ibid.*, p. 26. 堀訳・48 頁。
28) *Ibid.*, p. 28. 堀訳・53 頁。
29) *Ibid.*, p. 28. 堀訳・52 頁。
30) *Ibid.*, p. 29. 堀訳・55 頁。
31) *Ibid.*, p. 30. 堀訳・57 頁。
32) *Ibid.*, p. 31. 堀訳・58 頁。
33) *Ibid.*, p. 32. 堀訳・60 頁。
34) *Ibid.*, p. 32. 堀訳・60 頁。
35) *Ibid.*, p. 33. 堀訳・61-62 頁。
36) *Ibid.*, p. 19. 堀訳・33 頁。
37) *Ibid.*, p. 35. 堀訳・66 頁。
38) *Ibid.*, p. 35. 堀訳・66 頁。
39) *Ibid.*, p. 36. 堀訳・67 頁。
40) *Ibid.*, pp. 38-39. 堀訳・72-74 頁。
41) *Ibid.*, p. 42. 堀訳・79 頁。
42) *Ibid.*, p. 46. 堀訳・88 頁。
43) *Ibid.*, p. 47. 堀訳・90 頁。
44) *Ibid.*, p. 48. 堀訳・91 頁。
45) *Ibid.*, p. 49. 堀訳・93 頁。
46) *Ibid.*, p. 51. 堀訳・97 頁。
47) *Ibid.*, pp. 52-53. 堀訳・100 頁。
48) *Ibid.*, p. 53. 堀訳・101 頁。
49) *Ibid.*, pp. 53-54. 堀訳・102-105 頁。
50) *Ibid.*, p. 19. 堀訳・32 頁。
51) *Ibid.*, p. 81. 堀訳・152 頁。
52) *Ibid.*, p. 81. 堀訳・153 頁。
53) *Ibid.*, p. 89. 堀訳・163 頁。
54) *Ibid.*, p. 82. 堀訳・154 頁。
55) *Ibid.*, p. 82. 堀訳・154 頁。

56) *Ibid.*, p. 85. 堀訳・159 頁。
57) *Ibid.*, p. 88. 堀訳・165 頁。
58) *Ibid.*, p. 91. 堀訳・171 頁。
59) *Ibid.*, p. 92. 堀訳・173 頁。
60) *Ibid.*, p. 94. 堀訳・177 頁。
61) *Ibid.*, pp. 95–96. 堀訳・180–181 頁。
62) *Ibid.*, p. 107. 堀訳・201 頁。
63) *Ibid.*, p. 107. 堀訳・201 頁。
64) *Ibid.*, p. 122. 堀訳・234 頁。
65) *Ibid.*, p. 110. 堀訳・206 頁。
66) Henri Fayol, 《La doctrine administrative dans l'Etat》, Revue internationale des sciences administratives, 1966, pp. 126–127.
67) L. Urwick, *The Elements of Administration*, p. 15. 堀訳・25 頁。
68) *Ibid.*, p. 17. 堀訳・29 頁。
69) *Ibid.*, p. 17. 堀訳・29 頁。
70) 高宮晋編『現代経営学の系譜』（日本経営出版会，1969 年）53 頁。
71) 土屋守章・二村敏子編『現代経営学説の系譜』（大澤豊他 5 名編『現代経営学』第 4 巻，有斐閣，1989 年）64 頁。
72) デリック・S. ピューとデービッド・J. ヒクソン著，北野利信訳『現代組織学説の偉人たち』（有斐閣，2003 年）147 頁。
73) L. Urwick, "Organization as a Technical Problem," *Papers on the Science of Administration*, Edited by Luther Gulick and L. Urwick, Reprinted 1977, p. 49.
74) Robert A. Dahl, "The Science of Public Administration: Three Problems," *Public Administration Review*, Vol. VII, 1947, p. 5.
75) Herbert A. Simon, "The Proverbs of Administration," *Public Administration Review*, Vol. VI, 1946, p. 53.
76) L. Urwick, "Public Administration and Business Management," *Public Administration Review*, Vol. XVII, 1957, p. 78.
77) *Ibid.*, p. 79.

ヴェーバーにおける学問・政治・倫理
―『職業としての学問』とその周辺―

永 尾 孝 雄

はじめに
1. 『職業としての学問』前史
2. 『職業としての学問』の成立経緯
3. 『職業としての学問』の構成・内容
おわりに ―ヴェーバーの根本思想―

はじめに

　1920年にマックス・ヴェーバーが亡くなって，80年以上になるが，彼の学問や思想をめぐる議論は衰えることがないどころか，益々激しさを増しているといっても過言ではない。彼を論じた著書論文が毎年数多く出版されるので，専門家でもそのすべてに目を通すのは不可能なほどである。何十巻にも及ぶヴェーバー全集が企画され，その刊行が着々と進行中である。我々は今日ヴェーバー・ルネッサンスの只中にいるのである(D. ポイカート)。

　ヴェーバーの著作群は，わが国の戦後社会科学をリードした大塚久雄や丸山真男あるいは川島武宜といったヴェーバー研究者や思想史家たちによって，「ヴェーバーとマルクス」という問題提起の下，マルクス主義にとって代わる有効な自由主義的代案を提示してくれる有力な理論として紹介されて若い世代を中心に大きな影響力をもったのである。しかし70年代以降，近代化論の弊害が表面化してくるのに並行して，近代的市民道徳の擁護者としてのヴェーバーを賛美する見方は衰退し，むしろ，近代文化が内包する病理を容赦なく剔抉するニーチェ主義者・ヴェーバーに注目する傾向は最近とみに高まっている。

ヴェーバーとニーチェの思想的親縁性についてはカール・レーヴィットがつとに着目していたが，このテーマを積極的に展開する動向は今日になってようやく現れてきたということができる。とりわけ，ヘニス著『マックス・ヴェーバーの問題設定』(1987年)とポイカート著『ウェーバー　近代への診断』(1989年)が注目に値する作品である。

　近代的市民道徳と文化の擁護者か，あるいは「ニーチェアン」か等々，ヴェーバーに対してどのような評価を下すにせよ，それが批評する者の主観的価値判断の単なる投射に終わらないためには，我々はまず，ヴェーバーの学問それ自身の思想内容および論理構造を，当時の時代背景を視野に収めつつ，ザッハリッヒ(sachlich)に，かつ内在的に解明することから始めねばならない。本稿はこのような基礎視座から，ヴェーバーの長年にわたる思索と経験をいわば圧縮・集約した最晩年の講演『職業としての学問』を，時代背景を辿りながら(1章)，講演の成立経緯と内容を素描し(2・3章)，最後にヴェーバーの根本思想を明らかにして(おわりに)，ヴェーバー学問論のアクチュアルな問題意識を追究しようとした一試論である。

1. 『職業としての学問』前史

　ヴェーバーは元来政治家志望であったが，病弱その他の理由で方向転換を余儀なくされ，ベルリン大学で法律学を学び，1892年同大学の私講師となり，商法およびローマ法を講じた。翌93年同大学の員外教授となり，さらにその1年後には30歳の若さでフライブルク大学の経済学の正教授に迎えられた。その時の教授就任講演が人々の間に憤慨に満ちたセンセーションを巻き起こしたかの有名な『国民国家と経済政策』(1895年)である。

> 「私は市民階級の一員であって，自分でも市民階級の一員だと感じており，市民階級の考え方や理想のなかで育ってきた。しかし，上に向かっても，下に向かっても，また自分の属している階級に向かっても，嫌がられることを言うことこそ，まさに我々の学問の使命 Beruf である。そこでドイツの市民は今日，国民を政治的に指導する階級であると言えるほどに成熟し

ているのかと自問してみると，私は今日のところはこの問いに対して然りと答えることはできないのである」[1]。

　また，ヴェーバーは当の講演内容を公刊する際，序の冒頭で，「公刊を思いたったのは，私の講演が，それを聴いた多くの人たちから賛同を得たからではなく，反対を受けたからである」と述べている。31歳の新進研究者の教授就任講演としては，異例の挑戦的・ポレミークな確言ぶりである。ここには「学問の使命」に対する，ある強固な信念が，若々しい自信とともに吐露されており，晩年の講演『職業としての学問』の調子がすでにここに響いていると言うことができよう。

　1897年ヴェーバーは国民経済学と財政学の教授としてハイデルベルク大学に招聘されたが，間もなくして神経疾患をわずらい，ついに講義続行が不可能となり教職を去った(1902年)。妻マリアンネの献身的な看病を受けながら，ヴェーバーは療養のためのヨーロッパ旅行を通して徐々に快方に向かった。「ヴェーバーは病気と生の重荷とを，さまざまの強烈な印象の海のなかに沈めてしまおうと思っていた。ローマでは彼は今日の生活の厭わしさを超えてあらゆる時代を通ずる永遠的なものに合体し，知識によって知った過去の偉大さというものを実際に見ることによってはっきりと体験し，自分の自我を拡大して歴史の容器とすることができた。この大都市のどの古い石も彼の歴史的想像力に語りかけ，彼を強く刺激した。これはあらゆる治療法に勝っていた」。ヴェーバーは妻とともに南イタリアを旅し，ナポリ，ソレント，ポンペイ，カプリ等を訪ねた。そして「この光かがやく壮観に我を忘れているうちに彼の平衡はふたたび回復してきた」[2]のである。

　心身崩壊の状態から立ち直ってドイツに戻ったヴェーバーは，1904年『社会科学および社会政策雑誌』(以下，『アルヒーフ』と称す)の共同編集者となり，堰を切ったように旺盛な創作活動を開始する。社会科学方法論に関する著名な論文『社会科学と社会政策にかかわる認識の「客観性」』，広大な比較宗教社会学研究の出発点を画す業績『プロテスタンティズムの倫理と資本主義の精神』などの優れた諸論考が次々とこの雑誌に連載された。これらの著作群はヴェーバーをして名実ともに学界の巨人たらしめたということができる。

1914年7月に第1次世界大戦が勃発すると，祖国愛に燃えたヴェーバーは書斎で静かに研究をしていることができず，共同体への自己放棄のときがきたとして軍役を志願し，陸軍大尉としてハイデルベルク予備野戦病院勤務を命ぜられる。除隊後ヴェーバーは，宗教社会学(世界宗教の経済倫理)の研究に没頭し，1915年以降『儒教と道教』『ヒンドゥー教と仏教』等をヤッフェ編集の『アルヒーフ』にいくつにも分けて発表する一方，「ビスマルクの外交政策と現代」(1915年)，「講和問題によせて」(1915年末頃?)などの政治論文によってドイツの外交政策，とくに戦争政策に積極的に係わっていった。ヴェーバーは外交政策分析の合理的基本原則として，軍事的安全，経済的利益共同体および国民的文化共同体の保全の3項目を挙げ，この3原則を主軸として各国間の調整が図られねばならないとした。右の論文から明らかなように，ヴェーバーは開戦当初から「(各国)協調による平和」を訴え，ベルギー併合政策に対し反対意見を表明したのである。「西部国境で併合政策と抑圧政策を行えば，わが国は錯綜した敵対関係のなかに巻きこまれること必至である。そうなれば，東部問題の解決にあたってわが国の力は永遠に麻痺してしまう」[3]。

　ドイツの現実政治への発言が活発化していくのと並行して，ヴェーバーの宗教社会学研究への傾斜も徐々に深まっていく。ドイツ潜水艦によるイギリス商船ルシタニア号無警告撃沈事件(1915年5月7日)に端を発したアメリカとの緊張関係や無謀な無制限潜水艦の問題に頭を悩ませていたヴェーバーが同時期(1916年秋)新たに古代ユダヤ教に没頭し，とくに『旧約聖書』の預言者たちの書や詩篇，ヨブ記の分析に取り組んでいた点は，彼の内面的態度・人格的倫理性を窺い知る上で重要である。

　バビロン捕囚前の預言者たちは，アッシリアやバビロニア，エジプトなどの諸大国がユダヤ人の国家を脅かすとき出現した「政治的民衆煽動家(デマゴギー)」あるいは「政治的弾劾文筆家」であったことをヴェーバーは指摘する。しかし大戦前の作品『経済と社会』の「宗教社会学」で論じられた「預言者」の類型のなかには，このような観点は全く見られず，妻マリアンネは，戦争と政治活動の経験がはじめてヴェーバーにこの側面を教えたと述べている。ヴェーバーの社会科学上の概念が常に実人生に根ざしていることを示す典型的な一例である(安藤英治)。

特に彼を感動させたのは愛国者＝禍の預言者エレミヤの姿であった。「いつも強国が故郷を脅かしたとき，そしてユダヤ人の国民国家の生死存亡が問題となったときに預言者たちが出現したことをヴェーバーは指摘する。その後彼らは党派抗争や利害闘争の渦中に立った。しかもそれはとりわけ対外政策に関してであった。彼ら自身が望もうと望むまいと——彼らはその時その時の対外政策の実施者たちの荷担者にならざるを得なかった——数年前体系的な宗教社会学［『経済と社会』「第 5 章　宗教社会学」を指す—筆者注］の枠のなかで古代イスラエルの預言者の類型を論じたとき，ヴェーバーはそのような概念をまだ利用していなかった。戦争と政治活動の体験がはじめて彼にこの側面を教えたに相違ない。特に彼を感動させたのは禍の預言者エレミヤの姿であり，彼についての分析はピューリタンについてのそれと同じく強烈な内面的共感を覗かせている。彼が妻に夜その一部を読み聞かせるとき，妻はいろいろの点に彼自身の運命を感じて戦慄をおぼえたものであった」（マリアンネ・ヴェーバー）[4]。

2．『職業としての学問』の成立経緯

　周知のように，『職業としての学問』は第 1 次世界大戦末の混乱期の中で，自由学生同盟の依頼を受けてミュンヘンで開催された一連の公開講演のひとつとして発表されたあと，単行のパンフレットの形で出版され，その後『学問論集』(1922 年) に収められた，「ヴェーバーの人生の表出」(安藤英治) とも言うべき晩年の最も重要な作品の一つであるが，肝腎の講演が行われた日付が不明確で，長い間ヴェーバー研究者の頭を悩ませてきた。

　この講演「職業としての学問」の日付に関する問題について，ヴォルフガング・モムゼンが従来の諸説をくつがえす見解を呈示して波紋を広げた。モムゼンは 1917 年 11 月 9 日付の『ミュンヒナー・ノイエステ・ナハリヒテン』紙の記事を根拠に，『職業としての学問』は 1917 年 11 月の初旬に「自由学生同盟のバイエルン支部主催による講演シリーズの一環として催されたもので，その他に，ハウゼンシュタインの『職業としての芸術』，ケルシェンシュタイナーの『職業としての教育』が講演されることになっていた。1917 年 11 月 9 日の『ミュンヒナー・ノイエステ・ナハリヒテン』紙朝刊の簡潔な報道は，最も肝要

な点を手短に要約しているが,『職業としての学問』がすでに 1917 年にその概要を整えていたことを示すものである」と述べている。ただし, ミナ・トプラーとヴェーバーの往復書簡では, 何度も延期された 1919 年初頭の二つの講演が話題に上っているところから, モムゼンは次のように推測している。『職業としての学問』はさらに 2 度目のものが, しかも『職業としての政治』と一緒に, おそらく 1919 年 3 月の第 3 週に行われた, と[5]。

　モムゼンの問題提起を受けて, シュルフターもこの日付に関して詳しく検討を加えている。注目に値する研究であるので, 以下にその論旨を素描したい。シュルフターによれば,『職業としての学問』および『職業としての政治』の両講演は 1918 年から 19 年の革命期の冬にミュンヘンで学生に向けて行われたという見解は, マリアンネ・ヴェーバーが著した夫の伝記『マックス・ヴェーバー』に依拠している。マリアンネは, 両講演は 1918 年に行われ, 1919 年に公刊されたと述べているが, しかしマリアンネのこの判断は, 彼女自身が『伝記』の準備のため調査を依頼したところの自由学生同盟にも所属していたフリトヨフ・ノーアク(ミュンヘン社会科学協会元会長)の調査結果と明らかに食い違っている。ノーアクは明瞭に,『職業としての学問』は 1917 年 11 月上旬に行われたが,『職業としての政治』の方は 1 年半後の 1919 年 2〜3 月の間にようやく行われたと主張しているのである。

　更に, シュルフターはバイエルン科学アカデミー＝マックス・ヴェーバー全集編纂所のマルティン・リーゼブロートの最新の研究に拠って, 講演『職業としての学問』は 1917 年 11 月 7 日(モムゼンのいう 11 月 8 日ではなく)に, 講演『職業としての政治』は, バウムガルテンが指摘したように,『ミュンヒナー・ノイエステ・ナハリヒテン』紙 1919 年 1 月 25 日朝刊の「マックス・ヴェーバー教授はシュタイニケ芸術ホールで 1 月 28 日火曜日午後 7 時半から『職業としての政治』と題して講演を行います」という記事から, 1919 年 1 月 28 日にそれぞれ行われたと確言している。

　ところで, そうであるならば, ヴェーバーは『職業としての学問』を 2 度にわたって講演したという前述したモムゼンの推測については, どう取り扱うべきであろうか。シュルフターは次のように理解する。モムゼンの説をとればヴェーバーは『職業としての学問』という同じ内容の講演を同一の場所で, 同

一の学生を前にして語ったことになる。これはいかにも不自然と言わざるをえない。確かにヴェーバーは 1919 年 3 月にミュンヘンで続けて 2 度講演している。しかし当時の新聞記事から，1 度は 3 月 12 日「西洋のブルジョア階級」と題してミュンヘン大学社会科学協会のメンバーに対して，2 度目は翌 13 日「学生と政治」をテーマにドイツ国民学生同盟の学生を相手に，それぞれ報告講演を行っていることが明らかである。したがって，シュルフターは 1919 年 3 月の二つの講演は，モムゼンの言うように『職業としての学問』と『政治』ではなく，この二つの報告講演であると解釈して，モムゼンの説を明確に斥けている[6]。

講演の日付をめぐるシュルフターの批判の矢は，ヴェーバーの講演を直に聴講したという同時代人の証言にも向けられている。例えば名著『ヴェーバーとマルクス』(1932 年)の著者カール・レーヴィットは，彼自身 1919 年ミュンヘンにあって直接聴く機会に恵まれたヴェーバーの講演『職業としての学問』について次のような文章を書き残している。

「ヴェーバーが講演『職業としての学問』，そしてこれに続いてすぐあとに『職業としての政治』に関する 2 番目の講演を行ったのは，バイエルン国王の退位，バイエルン評議会共和国[11 月革命中の 1919 年にバイエルンに成立した政府—筆者注]の幕間劇，K. アイスナーの暗殺事件[1919 年 2 月]直後のことであった。……
(中略)講演会場は大講堂ではなく，前衛的学生たちが会合していたシュヴァービング地区のシュタイニケ書店の講義室であった。収容できる聴講者の数は約 150 名程度。講演の主催者は，時代の混乱のなかで進むべき道を真剣に探し求めていた自由学生同盟であった。ヴェーバーは民主党のある政治的な集会から遅れて到着し，素早く軽快な足どりで，2, 3 のメモを記した 1 枚の小さな紙片を手にして会場に入ってきた。紙片 1 枚，それがすべてであった。それから彼はまったく自由に講演を始めたのである。そして，その講演が速記され，講演された言葉どおりに印刷されたのであった。講義ノートなしで自分の知識・思想をこのように喋れるとは，なんとも羨ましいかぎりである！——「そもそも学問は何のためにあるのか？」とい

う問いについてのこの論述のうちには,ヴェーバーがすでにプロテスタンティズムの倫理と資本主義の精神に関する論文を書き始めて以来,西欧的精神の合理性の問題について考えてきたことのすべてが凝縮されている。この講演においても彼は不愉快な真理を述べたが,それは彼がそもそも人格的に公正な態度を貫き,誠実であったからにほかならない。……(中略)彼が学問的に思考する人間として語ったその〈真理〉とは,ある何か秘密に満ちた存在の暴露ではなく,学問の進歩によって脱魔術化された世界の公然たる無秘儀性であった」[7]。

　講演『職業としての学問』が1919年のはじめの頃に行われたとするレーヴィットの証言に対して,シュルフターはミュンヘン大学の協力を得ながら,おおよそ次のような反論を加えている。ミュンヘン大学の記録によれば,レーヴィットが当大学で学んでいたのは1917/18年の冬ゼメスターまでであり,1918年夏ゼメスターには在籍していないことになっている。したがって,彼が聴講したのは1917年11月7日の講演であろう。もしレーヴィットがこの講演を聴いていないとなれば,ヴェーバーは同一内容の講演を同じ場所で,しかも同じ学生を相手に2度行ったことになる。ヴェーバーは自由に語りかけ,その内容が速記されたとあるが,自由な談話が2度まで速記されることがあろうか？説得力に欠けると言わざるをえない,と。

　シュルフターが『職業としての学問』および『職業としての政治』の講演の日付ならびにその先後関係について詳細に検討を加えたのは,両講演を不可分一体のものとして捉えねばならないとするシュルフターの基本方針の表れである。マリアンネ・ヴェーバーとヴィンケルマンによって編集された従来の版では,『職業としての学問』は『科学論文集』に,『職業としての政治』は『政治論文集』にそれぞれ分離して収められていたが,現在刊行中の新しいヴェーバー全集では,シュルフターとモムゼンの手によって,両著作は堂々と一巻に纏められている(I/17巻)。その理由についてシュルフターは次のように述べている。

　「ヴェーバーの二つの講演『職業としての学問』及び『職業としての政治』は近代文化の中心的問題に対する彼の答えを解き明かす鍵を握る重要なテ

キストである。多くの者はその中に，今日もなお指標となる信条の礎石さえも見出すのである。実際に，ヴェーバーはここにおいて他の場合よりももっと直接的に原則的な方法で，彼の時代の精神的・政治的状況及びそれと結び付けられた意味問題に応答した。このことが両講演の内的な関連性を産み出したのである。だがしかし，内的関連と並行して外的な関連性も見られる。両講演は同じ誘因によって導出され，そして同じ聴講者グループ[自由学生同盟―筆者注]に向けて行われたのである。何よりもこのことが，ヴェーバーの新しい全集において両講演が一巻に纏めて編集された理由なのである」[8]。

　講演『職業としての学問』は，前述したように敗戦後の荒廃の只中ではなく，憂色濃い戦局にありながらも，ドイツにはまだ政治的な見通しがあるとヴェーバー自身が望みを抱いていた1917年晩秋，「革命的な立場と国民的・愛国主義的立場」の岐路に立って懊悩する新しい世代の青年・学生達に向けて語りかけられたものであるが，もともとこの講演は，自由学生同盟主催の講演シリーズ「職業としての精神労働」の一環として行われた。連続講演のきっかけになったのは，A. シュヴァープ（アルフレート・ヴェーバーの弟子）の論文『職業と青年』であり，この論文では職業生活が，学問の精神にもとづいた生活とは相容れないようにみえる限りで，排撃されていたのである。この判断の是非を吟味することが連続講演の目的であった。

3. 『職業としての学問』の構成・内容

　ヴェーバーの講演から2日後（1917年11月7日），『ミュンヒナー・ノイエステ・ナハリヒテン』紙はその内容を次のように簡潔に要約している。

> 「職業としての精神労働。このテーマが，肉体労働が例外的評価を得ている時代にあって討議するに値する主題であることは誰しも認めねばならないところであろう。そこで自由学生同盟のバイエルン支部は，精神労働と職業生活の結合の可能性について四つの講演で説示してもらうよう企図したのである。

講演シリーズの劈頭，大学教授マックス・ヴェーバー博士(ハイデルベルク)はシュタイニケ芸術ホールにおいて，『職業としての学問』というテーマの解明を試みた。講演は稀にみるほど生き生きとした才知溢れるものであり，はじめから終わりまで聴衆を魅了した少人数のための講義であった。もし聴き逃したとしたら全く残念としか言いようがない。

　まず第1に，言葉の外面的な意味で職業としての学問がいかにして形成されているかが述べられた。その際，若干の回想が，アメリカの大学経営からも活用される場面もあった。講演者が学問に対する内面的召命（Beruf）について話すくだりになると，考察の範囲が拡大される。そこには予告されていたものをはるかに越えるものが多く語られており，一個の人生哲学となっている。

　優れた業績は今日では専門家としての業績であることが示されている。情熱，無条件に『事柄（Sache）に仕えること』が学問的業績の前提である。芸術家と学者は思いつき，つまり想像力を必要とする点では共通しているが，学問は進歩に仕える，すなわち追い越される点にこそその意味がある。

　ここでは説得力のある解明が『無前提的学問』という概念に向けられている。学問研究は進歩の過程に繋がれている。主知化（Intellektualisierung）とは生活諸条件についての知識であり，もしひとが何事かを知ろうと欲すれば，それを知ることができる，という信仰，すなわち呪術から解放された世界（die Entzauberung der Welt）を意味する。

　学問は人間の生に対して何をなしうるのか。それは知識，思考の方法，明晰性を与えることができる。学問が今日ひとつの職業であるということは歴史的に成立した不可避の論理である。ところで我々が何をなすべきか，という問いには学問は何も答えてくれないのである」[9]。

　ヴェーバー講演の模様が分かり易く伝えられた報告であるといえる。ただ，文中の『無前提的学問』については説明が必要であろう。ヴェーバーが言及している，いわゆる「無前提（Voraussetzungslosigkeit）」論のきっかけは1901年の，テオドール・モムゼンによる「無前提」宣言であった。これはプロイセン政府の大学に対する露骨な官僚化政策のあらわれとなった教授人事に端を発し

ている。シュトラスブルク大学・哲学部の歴史学の空ポストに学部からプロテスタント系のフリートリヒ・マイネッケが推薦されていたが，文部官僚アルトホフは政府の授任権（Oktroyierung）を発動して，若いカトリックの私講師マルチン・シュパーンを任命した。学部の強硬な抗議にもかかわらず，皇帝ウィルヘルム二世はアルトホフを支持してシュパーンを認証した。政府の政治的配慮によったこの宗教人事に対して激しい抗議運動が全国的規模で展開されたのである。

　有名なモムゼンの抗議文書『大学教育と宗派』は，政府が神学部以外の学部で宗派を考慮して人事を行うことはまさしく「教職の自由の侵害」であり，「すべての学問研究の無前提性」こそ大学人が目指すべき「理想的目標」であって，悪しき宗派主義は「大学の不倶戴天の敵」であると述べ，更に続けて「我々の生命線は無前提な研究であり，それは学問以外の他の実際的目的に役立つことを発見することではなく，論理的に，歴史的に，良心的な研究者に正しいものと考えられることを発見することであって，このことは換言すれば『誠実さ（Wahrhaftigkeit）』である」と主張して異常な反響を呼んだのである。

　ヴェーバーは以上の「無前提」論に触れて，次のような批判的な見解を述べている。

　「ところで，人は近頃よく『無前提な』学問という言葉を口にする。だが，一体そんなものがあるであろうか。この場合問題となるのは，ここにいう『前提』が何を意味するかということである。もとより，論理や方法論上の諸規則の妥当性，つまり我々が世界について知る上の一般的諸原則がもつ妥当性は，すべての学問研究において常に前提とされている。だが，このような前提は，少なくとも当面の問題にとっては何ら議論を要しない。ところが，一般に学問研究は更に次のことをも前提する。それから出てくる結果が何か「知るに値する」という意味で重要な事柄である，という前提がそれである。そして明らかにこの前提の内にこそ我々の全問題は潜んでいるのである。けだし，ある研究の成果が重要であるかどうかは，学問上の手段によっては論証しえないからである。それはただ，人々が各自その生活上の究極の立場からその研究の成果がもつ意味を拒否するか，あるい

は承認するかによって解釈されうるだけである」[10]。

このように，ヴェーバーは無前提論を明瞭に否定するが，しかし彼は「この無前提論の克服を資本主義の政治体制の変革を通じてではなく，法則論の価値を否定して，目的合理主義に立った行為論の方法で行おうとした。ヴェーバーにとってたんなる『価値判断の排除』は括弧つきの客観性であった。これこそ無前提論の境位に安住する者の態度であった。その意味で，資本家の利益の代弁という政治的意図を隠しながら，講壇社会主義者に対して政策からの倫理の排除を唱えたにせ価値自由論者こそ，ヴェーバーとは逆に無前提論を自己の武器にしたことは銘記さるべきだろう」[11]。

おわりに ―ヴェーバーの根本思想―

結局のところ，ヴェーバーは『職業としての学問』を通してミュンヘンの青年・学生たちに何を伝えたかったのであろうか。1913年社会政策学会委員会における価値判断についての討論のための意見書を下敷きにして仕上げた重要な著作『社会学および経済学の『価値自由』の意味』(1917年)の中で，ヴェーバーは「職業（Beruf）」についての根本的な考えを吐露している。

> 「いかなる職業的な課題においても，事柄（Sache）そのものが自らの権利を要求するのであり，事柄は事柄それ自体の法則に従って解決されることを欲するのである。いかなる職業的な課題においても，それが課せられている人は自らの分を知り，厳密には事柄に属していないもの，とりわけ自己の愛と憎しみを排除しなければならない。……
> （中略）まさに現在成長しつつある世代は何よりも先ず次のような考え方にふたたび慣れることが望ましい。すなわち『人格であること』は，人が意図して欲することのできないようなものであり，（おそらく）人格となるには，事柄と事柄から発する『日々の要求（Forderung des Tages）』が個々の場合どのような様相を呈しようと『事柄』への全面的な献身という唯一の道しかないという考え方である。即物的（sachliche）な専門的論究に個人的な関心事を混ぜ合わせるのは道理に反する。そしてもし人が『職業』

の要求しているあの特殊な種類の自己限定（Selbstbegrenzung）を遂行しないとすれば，そのことは，『職業』から今日もなおそれが現実に有している唯一の意味を剥奪することになるのである」[12]。

講演『職業としての学問』の数ヵ月前，当時の錚々たる学者，芸術家，政治評論家それにE．トラーなどの青年活動家たちが一堂に会したラウエンシュタイン城の集会（1917年）において，ヴェーバーは旧態依然たる国家ロマン主義者と論戦する一方で，まったく新しい世代の青年たちと厳しく対峙した（「神々の闘争」）。戦争体験に酔いしれ，革命期の子をもって任ずる若い世代，しかも自分の心情倫理的格率にのみ従おうとする若い世代に対して，彼は専門家としてザッヘに仕えることを熱心に説いた。上記の引用文は，預言と説教を欲し，「直観的に捉えること」を願う青年や文筆家たちと対立するなかで主張されたところの，ヴェーバーの理解社会学に裏づけられた職業倫理の開陳であった。

同じ論調が『職業としての学問』にも見られる。現実のかわりに理想を，認識のかわりに体験を，教師のかわりに預言者を求める時代風潮に対して，流れに抗する形で学問の職分を説いたヴェーバーの講演は，レーヴィットも認めているように，聴衆の大半を苛立たせ，彼らの反感を招くこととなった。確かに，講演を特徴づけるものは実にとっつきにくい味気なさであるが，しかしそれは明らかにパトスで満ちあふれていた。「ヴェーバーは，申し出のあったテーマを原則的なものへ振り替えて，浅薄な時事性からこれを解き放ち，まさにそうすることによって，そのテーマを現代の位置規定に利用している。時事問題に距離をおくこと，歴史的な比較によってそれを異化することが，こうして，ヴェーバーの目論見に資することになる。すなわち，彼は，現代の原則的な問題に向かって進撃し，そしてこの問題を背景に，日々の政治上の難問の意義を完全に見通せるようにしようと考えていたのである」[13]。

職業（Beruf）と自己限定，自己限定としてのベルーフ，そしてこの二つの概念を統合する鍵概念としての人格性（Persönlichkeit）概念，これらこそが若い世代の青年・学生たちに贈られたヴェーバーのメッセージであった。ここでヴェーバーのいう人格性は，当時流行したロマン主義・耽美的人格性ではなく，禁欲主義を基調とした倫理概念である点は看過されてはならない。

「さて，お集まりの諸君！ 学問の領域で『人格性（Persönlichkeit）』をもつのは唯ひたすらザッヘに仕える者だけである。しかも，このことは学問の領域に限ったことではない。芸術家でも自分のザッヘに仕えるかわりに何か他のことに手を出した人には，我々の知るかぎり偉大な芸術家は存在しないのである。いやしくもその仕事に関するかぎり，例えゲーテほどの偉大な人物でも，もし自分の『生活（Leben）』そのものを芸術作品にしようと敢えて試みるとき，必ずその報いを受けなければならない。……（中略）これは政治家の場合も同様である。だが，今はこの点について立ち入らない[詳細はのちに『職業としての政治』で論じられる─筆者注]。兎に角，自己を滅して専心すべき仕事を，逆になにか自分の名を売るための手段のように考え，自分がどんな人間であるかを『体験』で示してやろうと思っているような人……（中略）こうした人々は学問の世界では間違いなく『人格性』をもつ人ではない。こうした人々の出現は今日広く見られる現象であるが，しかしその結果は，彼らがいたずらに自己の名を汚すのみであって，なんら大局には関係しないのである。むしろ反対に，自己を滅しておのれの課題に専心する者こそ，かえってその仕事の価値の増大とともにその名を高める結果となるであろう」[14]。

ヴェーバーの最も重要な二つの著作『プロテスタンティズムの倫理と資本主義の精神』と『職業としての学問』が共通して終わりの箇所で，ゲーテの晩年の作品『ヴィルヘルム・マイスターの遍歴時代──あるいは，諦念のひとびと──』（1829年)及び『ファウスト・第二部』（1832年)に言及している点は，ヴェーバーの根本思想を知る上で極めて重要である。すなわち，彼の職業倫理の中核となる『人格性』概念は，その源をニーチェのエリート主義にではなく，ゲーテの市民精神のなかに有するのである。

「専門の仕事への専念と，それに伴うファウスト的な人間の全面性からの断念は，現今の世界ではすべて価値ある行為の前提であって，したがって『業績（Tat）』と『断念・克己（Entsagung）』は今日ではどうしても切り離しえないものとなっている。そのこと，つまり，市民的な生活のスタイルがもつ──それがスタイルのないものでなくて，まさしく一つのスタイル

であろうとするなら——こうした禁欲的基調を,ゲーテもまたその人生知の高みから『ヴィルヘルム・マイスターの遍歴時代』と,ファウストの生涯の終幕によって,われわれに教えようとしたのだった」[15]。

注

1) Max Weber, *Der Nationalstaat und die Volkswirtschaftspolitik* (1895), in: Ders., *Gesamtausgabe* I/4, 2. Halbband, S. 568.
2) Marianne Weber, *Ein Lebensbild*, 3. Aufl., 1984, S. 260ff.
3) マックス・ヴェーバー,中村貞夫他訳『政治論集1』(みすず書房,1982年) 177頁以下参照。
4) Marianne Weber, *op. cit.*, S. 604f.
5) ヴォルフガング・J. モムゼン,安世舟他訳『マックス・ヴェーバーとドイツ政治II』(未来社,1994年) 601頁参照。
6) Wolfgang Schluchter, *Rationalismus der Weltbeherrschung*, 1980, S. 41ff. なお邦訳は,シュルフター,米沢和彦・嘉目克彦訳『現世支配の合理主義』(未来社,1984年)を参照させて頂いて多大の便宜を得た。特に記して深甚の謝意を表したい。
7) Karl Löwith, *Max Webers Stellung zur Wissenschaft* (1964), in: Ders., *Sämtliche Schriften* 5, S. 423f.
8) Schluchter, *op. cit.*, S. 41.
9) Max Weber, *Gesamtausgabe* I/17, S. 59f.
10) Max Weber, *Wissenschaft als Beruf* (1919), in: Ders., *Gesamtausgabe* I/17, S.93.
11) 上山安敏『ウェーバーとその社会』(ミネルヴァ書房,1978年) 178頁参照。
12) Max Weber, *Der Sinn der »Wertfreiheit« der soziologischen und ökonomischen Wissenschaften* (1917), in: Ders., *Gesammelte Aufsätze zur Wissenschaftslehre*, 4. Aufl., 1973, S. 494.
13) Schluchter, *op. cit.*, S. 44f.
14) Max Weber, *Wissenschaft als Beruf* (1919), S. 84f.
15) Max Weber, *Die protestantische Ethik und der Geist des Kapitalismus, Gesammelte Aufsätze zur Religionssoziologie*, Bd.1, 1920, S. 203.

コミュニティの「自治と組織」の再構築
―ローカル・ガバナンスへの実践的アプローチ―

今 川　　晃

1. 住民自治の制度設計への課題
2. 新しい地域コミュニティ団体の成長が意味するもの
3. 住民組織と自治体政治・行政との関係における課題
4. 地域社会の変革の兆し
5. 「新しい地域コミュニティ団体(コミュニティ縁団体)」の自立化への道と行政対応
6. 「新しい地域コミュニティ団体(コミュニティ縁団体)」による変革の可能性

1. 住民自治の制度設計への課題

　本稿は学術的なアプローチと言うよりは，体験(参与観察)的アプローチである。したがって，筆者自身にとっては試論的位置付けのものである。このような未成熟な段階で，「総合管理学部創立10周年記念論集」への投稿に筆者を駆り立てた要因は，近年における市町村合併議論において，とりわけ「住民自治」の議論がほとんどなされていない点にある。基本的には，行政，議会，住民のすべてにおいて「体質改善」ができなければ，市町村合併によって自立した自治体形成はできないと考えているからである。

　合併後周辺化して寂れるのを防止する一つの手段として地域審議会が市町村の合併の特例に関する法律において規定されていること，あるいは第27次地方制度調査会の『今後の地方自治制度のあり方に関する答申』(平成15年11月13日)で合併しても旧市町村等の一定範囲の自立化を保証する地域自治組織なるものの制度化提言がなされ，これを受けて平成16年3月には，地域自治区を盛り込んだ「地方自治法の一部を改正する法律案」が発表されているように，国の

レベルで合併後の自治体内のシステムにまでも制度的アプローチを行うようになってきている。この国の地方自治への介入の妥当性の検討も必要であるが，国で描かれた青写真が現実に市町村で運用されたとき，実態上の運用が制度の理念に近づくのには時間を要する地域がかなりあるのではないだろうか，という心配もある。あるいは，このことと共通する議論として，合併しても旧市町村の一定の自立性，独自性を保証するため自治体内分権化の議論も各地で展開されつつある。成熟化した市町村で自治体内分権化の仕組みが構築されるところはあるが，市町村合併と同時に旧市町村単位を前提に考える自治体内分権化の議論にはいくつかの克服すべき課題が立ちはだかっている。

このように展望される制度化は住民自治の成熟化と同時に進行しない限り，自立型というよりは要望型の「高度成長型自治体形成」，あるいは合併による一体感の醸成と言うよりは我田引水的な「分裂型自治体形成」となる可能性が高いと考えられる。そうなれば，自己決定，自己責任による自立型の自治体形成とは逆行することにもなりかねない。

そこで，筆者自身の基本的な問題関心は，住民自治の成熟化と制度設計との関係をどのように整理すべきか，という点にある。一方では，上記の制度化議論の中で時々強調される「補完性の原理」に基づいて，住民レベルからの制度設計とはどのような領域で，どのような段階を踏んで成立するものであるのか，という課題がある。他方では，「上からの」制度設計によって，住民自治の実態がどのように変化するのか，という問題である。

本稿は，これらの課題解決に向けてのひとつの試論として，住民自治を活性化させつつ制度設計を考える道を模索することとする。したがって，筆者は，冒頭で触れた一つの参与観察的アプローチの方法も，この観点からは無駄にはならないと考えると同時に，この参与観察的な事例の蓄積が緊急に必要であると感じているところである。

また，本稿の公表時点では地域自治区等の点に関して新たな国の制度化への動きが本格化していることと思われるが，住民自治の成熟化の観点からの整理は，いずれの制度設計がなされた場合においても，その基盤として不可欠であるはずである。

2. 新しい地域コミュニティ団体の成長が意味するもの

　住民組織が徐々に自律化する方向に変動しつつある。地縁組織の行政への依存的体質が新しい体質に変わろうとする時期に差し掛かっている。この転換に成功すれば，住民活動内容や住民と行政との関係は大きく変動することになる。

　ところで，我が国のコミュニティ行政のきっかけとなった国民生活審議会調査部会・コミュニティ問題小委員会報告『コミュニティ—生活の場における人間性の回復—』(昭和45年9月29日)では，コミュニティを「生産の場において，市民として自主性と責任と自覚した個人および家庭を構成主体として，地域性と各種の共通目標をもった，開放的でしかも構成員相互に信頼感のある集団」と定義する。さらに，同報告では，「自治会・町内会は住民の不満を組織化し解決するのが第一の任務」というよりは「自治会・町内会は近隣の親睦や区域の連絡が第一の任務」に比重が置かれ，「市民的感覚に基づいたコミュニティ意識の芽生えが見られるものの，自治会や町内会は，いまだこれに対応した新しい適応態勢になりきれていない姿がうかがえる」と指摘する。この指摘は，現在でも十分に通用する指摘である。

　自治会・町内会をこのようなコミュニティの体質に変化させようと，いろいろな試みが展開されてきた。変化せざるを得ない理由をいくつか指摘することができよう。

　第1に，市町村行政各部局から自治会・町内会への委託業務が増えつづけたため，自治会・町内会の下請け機能が限界にきているという点である。行政の自治会・町内会への甘えの関係とその裏返しとしての自治会・町内会の行政への依存関係に，ひずみが生じつつある。

　第2に，高齢化の進展等コミュニティから発生する新たな課題解決に対応するためにも，自治会・町内会の活性化が求められるようになってきた，ということを指摘することができる。

　しかしながら，自治会・町内会ですべての課題解決に対応できるわけではなく，何らかのネットワークや仕掛けが，自治会・町内会の方からも必要とされるようになってきたことが第3の理由である。神戸市須磨区の月見山連合自治会のように，NPOの立ち上げを自治会が支援し，NPOと自治会が連携する

地域も見られるようになってきた。

　さらには，課題解決のためには，地域の調査・分析を行い課題を発見し，それの解決に向けた計画づくりが求められるのであるが，住民の生活に密着した些細な課題解決を得意分野とする自治会・町内会には不慣れな領域が増えてきたことも理由としてあげることが出来よう。

　ここでの変化は，自治会・町内会を否定し新たなコミュニティ組織が形成されるのではなく，自治会・町内会と連携しつつコミュニティを活性化させようとする「新しい地域コミュニティ団体」が噴出しつつある点である。市町村の下請的団体として根付き一定のコミュニティ範囲を「総合的に管轄する」という伝統的プライドが未だに強いこと，動員力では自治会・町内会に勝る団体が存在しないというあたりに，直接自治会・町内会否定へと向かわない理由があると思う。

　以下では，まず，この「新しい地域コミュニティ団体」に焦点を当て，筆者の体験を中心に参与的に観察しつつ「新しい地域コミュニティ団体」の特色を整理することとする。そしてこのことを通じて，住民の「自治と組織」の再構築にチャレンジしていくこととする。

3. 住民組織と自治体政治・行政との関係における課題

　地方分権が要請することは，自治体は地域特性に応じた豊かさを自立して形成し，そのことに責任を負うことである。また，住民は自立的に地域づくりに積極的に関わることによって自らの役割領域を拡大していく必要がある。消極的には結果としての財政難対応のため住民も役割を担うという意味があるが，積極的には住民自身の力で「まちづくり」を行った方が地域特性に応じた豊かさを追求できるということである。したがって，地方分権の推進と財政難時代への対応という両者の課題を同時に解決していくためには，住民組織とその運営のあり方の方向性を見定めた，的確な行政対応が不可欠である。行政の体質改善が求められるということである。

　自治体行政は情報公開，住民参加・参画，さらには民間への業務委託促進等いくつかの点でかなり改善が行われてきた。しかしながら，住民団体との関係

では，自治体行政の運営上，依然として自治会・町内会といった伝統的な地縁団体との相互依存関係を温存し，新しい地域社会変動への対応を遅らせてしまっている側面がある。NPOとの関係においても，業務委託などを通じて安く下請的に使おうとする傾向が見え隠れしている場合が多い。住民団体の行政部局への依存関係の改善やNPOとの関係のあり方を課題として認識することはあっても，行政部局自らが地縁的な団体との「しがらみ」から脱却できないことや相互依存しつつ運営する行政システムに慣れているため，自らが改善・改革することへの歯止めになっているという側面には気づかないことがある。

　自治会・町内会との関係は大切にするが，NPOや新たな住民活動団体からの提言を検討の俎上に載せるシステムは構築されていないこと，あるいは施設建設等の時，自治会・町内会役員の同意を取り付ける手法には慣れているが一般地域住民の合意形成システムを考案しようとはしないなどは，典型的な例と言えよう。さらには，市町村合併によって求められている主要な効果のひとつは効率的な行政運営であるが，これも行政の領域だけで効率化を推進する発想が強く，住民活動団体は行政領域においては下請的位置付けしかないのではと思える地域も少なくない。したがって，自立した住民組織活動基盤形成，住民の役割領域の拡大，行政との協働の推進が必要であるということが真剣に考えられていない地域が多い。もちろん高齢化率の高い地域等で住民パワーに期待できない場合には，行政の支援が今以上に必要になることは言うまでもないが，合併後住民のパワーを引き出し，活力ある地域社会を導くことを合併検討の中で行っている地域は少ない。

　また，市町村議会議員と自治会・町内会等の既存の地縁団体との関係は，極めて密接であるのが一般的である。地方選挙で，自治会，町内会の「ボス」的グループを中心に特定の議員候補を自治会，町内会推薦と決め，この方針に沿って当該地域の住民，とりわけ自治会の組長以上に対しては，後援会参加等の応援活動参加へ「半強制的」圧力を加えるようなことが見られる地区もある。自らの地区から議員を輩出してこなかったことが，道路や側溝の整備を遅らせていると考える地区もあろう。このような事例は，利益誘導型構造の維持そのものであり，このことに歯止めがかからない限り，良き地方自治の展望すら出来なくなるであろう。

もちろん，議員候補者の自治会，町内会推薦を止め，依存型から自立型へ向けて歩みだす地域も増えつつある。ここでは，小選挙区制の是非を議論しているわけではなく，かつて北海道の恵庭市や秋田県の若美町などが広報紙で訴えたように「組織や地域の決定にしたがう投票はしない。お年寄りや女性，若者も世帯主から自立した自己の考えを最優先する」(『広報わかみ』No. 375)自治の基盤づくりを課題としているのである。

　ところで，確かに基本的には大きな課題が残されている。それは，住民の経済的負担が拡大しても「大きな政府」を選択するのか，住民自治の促進と協働領域の拡大によって「小さな政府」を目指すかの選択の問題である。我が国においては，国，都道府県，市町村すべてが，基本的に「小さな政府」を目指しているのであり，この観点からも住民組織の自立化，住民組織と自治体政治・行政との関係の新たな転換が求められよう。近年ローカル・ガバナンスという言葉も，このような住民を主人公とした自治再構築の「運動」の中で語られることが多くなった。筆者はローカル・ガバナンスを「公共の領域を担う主役はむしろ住民の側にあり，その前提として議会や執行部との関係を作り直し，自治の新しい運用秩序をめざしているもの」(佐藤竺監修，今川晃編『市民のための地方自治入門』実務教育出版，2002年，5頁)ととらえ，新しい自治を追求する方向性を示しているものと考えている。したがって，実態をこのローカル・ガバナンスの方向性に向けて，住民あるいは住民団体と行政や政治との関係を変えていけるかが大きなポイントであると考える。

4. 地域社会の変革の兆し

　現在，いくつかの地域で住民も組織も変わろうとしている。どのような変化が見られるのか，筆者の体験を中心に具体的に説明しておこう。

　私達は，何かを創りあげた時に味わう満足感は最高のものであろう。四日市市八郷地区の八郷まちづくり委員会は連合自治会と共催して，同地区にある伊坂ダムで桜の植樹を行った。公募で希望する住民が参加費千円で植樹を行うイベントである。各々の桜の木の下には，住民の思いをこめた記念プレートも設置した。筆者は八郷まちづくり委員会のメンバーのひとりであるが，応募し抽

選で当たったので,「熊本から四日市へ転居3周年記念」のプレートを付け,家族全員で植樹を行った。さらに,この桜は植樹をした住民自身によって管理していくという約束で植樹したものである。このような住民の記念植樹は,全国いくつかの地域で行われていることであろう。その上,自ら管理する桜が成長すれば,美しい地域形成に貢献したことにもなり,私のような新参者には地域への愛着心も生まれ,桜の木が成長すれば,満足感はひとしおであるに違いない。

このように,住民による負担と管理の仕組みを入れつつ,地域形成のあり方を模索するのもひとつの手法である。量的な整備から質的な整備へ転換し,地域特性に応じた豊かさを創造することによって,住民自治が構築されていくのである。

また,地域にはさまざまな課題があり,これまではそのすべてを行政に期待し,依存してきたわけである。住民による自治力を高めていくためには,住民が関心を示し,自主的に活動できる領域から,住民の役割領域を拡大していく必要があろう。ここにひとつの重要な原則が生まれる。それは,行政が一方的に住民活動の方向性を導くのではなく,住民の自主的な活動の方向にあわせて背後から行政支援を行っていく方が,住民活動領域が拡大し,豊かな地域形成が可能となるということである。この住民活動領域が拡大していけば,将来は行政の役割領域の縮小と連動していくものと考えられる。従来は行政の役割を前提に,下請的に住民や住民団体を位置づけていたために,行政部局のきめ細やかな「指導」が必要となり,一定の領域から行政の役割が撤退する発想がなかなか出てこなかったと言えよう。

したがって,これからは住民や住民団体が役割領域を決め,拡大していけば,行政の役割は縮小すると共に,補完性の原理にしたがって,住民の力では十分対応できない領域に行政の役割をシフトさせていくというシステムを可能にしていくのではないだろうか。

(1) 行政設置から自主的団体へ変わった「まちづくり会」

ところで,前述の八郷まちづくり委員会は,四日市市内の23地区に設置されている地区市民センターの館長の諮問機関(正式名称「地域社会づくり推進委員会」)

と位置づけられてきたが，住民自身による自立的な地域活性化を望んでいる館長と熱意ある住民の思いが重なり，同委員会は充て職中心のメンバーから公募による改革意欲のある住民を中心にメンバーの入れ替えが行われてきた。他の地区の委員会構成は，館長の指名か連合自治会長などの充て職がほとんどであり，八郷地区はいち早く委員会活性化のための改革に乗り出していた。充て職の場合は，選出された住民団体の組織の長としての業務との関係もあって，同委員会のために熱意を持って運営するのは困難である場合が多い。なお，この地区市民センターとは，1978年に出張所と公民館の機能を一体化し，「地域社会づくりの拠点」「住民の学習の場」として生まれたものである。

　2003年3月31日で，「各地域の自主・自立に向けた取り組み」を促進させるため，四日市市は各地区に設置してきた前述の地域社会づくり推進委員会を廃止することとした。したがって，八郷まちづくり委員会は，今年の4月に行政設置の委員会から任意の委員会に突然変わったことになる。しかしながら，八郷地区の同委員会は昨年来自主的な体質に転換してきたのであり，同委員会のメンバーには四日市市の制度変更に対する動揺もなく，任意の自主的な委員会へスムーズに移行することが出来たと同時に，地区のコーディネータ的組織としても期待されている。なお，四日市市では，連合自治会等の地縁団体の事務局を地区市民センターの職員が担ってきたが，住民団体の自主性を高めるために，2003年度より住民団体が自主的に運営する団体事務局へと転換させる方針で一定限度の団体事務局職員の雇用等の経費支援を行っている。

　ところで，同委員会では，昨年7月に，地区課題解決のため「高齢者の意識調査」「女性の意識調査」「こどもの意識調査」を自力で行い，かなり詳細な分析も実施した。この調査結果に基づき，委員会の行動方針も決められていくのである。住民自身によって地区の課題を分析し，政策，施策，事業の体系を考えつつ，行動していくのである。

(2)　既存の地縁団体から独立する「まちづくり会」の取り組み

　当然，同委員会のように自主性を高めようとすれば，伝統的組織である自治会との関係をどのように構築するかが課題となる。自治会は住民から行政への要望のパイプ役を果たすとともに，行政の下請けとしての役割も果たしてきた。

自治会と行政とは，長い間もちつもたれつの関係にあり，自治会の自立化は困難である場合が多い。しかしながら，自治会との連携なしに，地域活動を展開するのも難しいのが現実である。

　そこで，同委員会は自治会の理解を得るために，双方の話し合いの場を積極的に設けていくこととしたのである。同委員会の活動が直ぐに自治会に受け入れられたわけではない。

　ところが，連合自治会の役員等の中にも，自治会を活性化させる必要性を感じている人々は少なくない。行政への強い依頼心，消化行事の見直し・改善が出来ない，地域の人間関係もあって地域活動の自主的な評価は困難等の理由で，閉塞化した自治会活動に悩み，活性化への糸口を求める人にとっては，同委員会のような組織との連携への必要性を強く感じていたはずである。

　ともあれ，同委員会と連合自治会との対等の協議の結果，連携が徐々に進みつつあるし，両者の主催で地区内の老人会，子供会等多様な団体との定期的な意見交換の場も設けられるところまできたのである。

　従来であれば，個々の団体と行政との関係という「垂直的関係」によって公共領域における活動が成り立っていたものが，住民活動団体相互のネットワークによる水平的関係によって住民のパワーの自立的な活動領域を総合的に構築する糸口が見え出してきたのである。

　自治会との関係で言えば，同委員会は地域の活性化のために，伝統的な自治会の組織風土に風穴を開ける役割を果たしていると言えよう。

　ところで，四日市市に隣接する朝日町にある朝日まちづくり会は，町の総合計画づくりに参加した住民が中心となって，総合計画策定後も活動をしようと結成した任意団体である。その後，会員数は徐々に増え，活動内容も福祉，環境，地域活性化と多彩である。ここでも，住民自らの力でビジョンづくりを行った。

　ここのビジョンづくりのポイントは次の点にある。

　まずメンバーが朝日町の課題解決のために必要でかつ自主的に行えると考えられる個々の事業を提案しあい，何回も議論を積み重ねて，事業を絞ると同時に，その後，政策，施策，事業という政策体系に纏め上げていったのである。事業から組み立てたものであるが，住民の意欲を基盤として政策体系を作り上

げていったところにひとつのポイントがある。筆者は，このビジョンづくりの調整役を担ったが，ほとんど住民の熱意で完成したものと言ってよい。

第2のポイントは，事業を計画し，その内容をシートを記述していく段階で，事業の目的を達成するためには短期，中期，長期と段階を踏んで事業の進行を考えていった点である。

第3には，短期，中期，長期のそれぞれの段階で，住民はどのような役割を果たせばよいのか，行政はそのためのどのような支援を行ったらよいのかについて，役割分担と協働関係を整理していったことである。

第4に，したがって住民の役割を果たすためには，各種住民団体とのネットワークや場合によっては，広域的な連携の必要性も認識され，シートに具体的に書き込まれるようになっていった点である。自治会等の諸団体との連携も必要であり，現在狭域的にも広域的にもネットワーク構築に努めているところである。

広域的な連携の事例として，朝日まちづくり会は，熊本県宮原町，大分県湯布院町，愛媛県三瓶町，長野県小布施町などを結ぶ，「わらしべ長者便」に参加している。この「わらしべ長者便」の目的は，タウンシャトル便を走らせて物々交換による独自の流通システムを模索することにある。物々交換によって得た物産は，それぞれの地でイベントなどの機会に販売し，そこから得られた収益を，まちづくり活動に活用することが目的である。さらに，まちづくり活動の熱心な地区をつなぐことによって，人的な交流ネットワークが広がり，ますます「まちづくり」へのエンパワーメントになることによる効果は大きい。この「わらしべ長者便」は宮原町と小布施町との交流がきっかけではじまり，まだ緒に就いたばかりであるが，広域的な人的交流による刺激は，まちづくりの活性化に役立っている。民間活動を原則としながらも，それぞれの当該自治体の行政職員が背後支援をしていることで，この活動を発展させていく重要な役割を果たしている。

また，朝日まちづくり会では，前述のビジョンに基づいて，毎月1回遊楽市場というイベントの実施や歴史・文化・自然をつなぎ歩いて楽しめる道づくりとしての朝日回廊づくりへ着手しつつある。もちろん，さまざまな住民団体とのネットワークによって，成り立っていくものであることは言うまでもない。

遊楽市場は既に10回を超え，各種フリーマーケットなどの出展に加えて，音楽演奏，環境啓発の劇など，多様なイベントが実施されてきた。毎月継続して実施することで，フリーマーケットでの僅かながらの収益と，地域住民のコミュニケーションの輪が拡大しつつあることが貴重な成果として生まれつつある。ところで，朝日町では近鉄朝日町駅前公園を住民の手づくりで建設した経緯もあり，前述の遊歩道としての朝日回廊も時間はかかるものの住民パワーによって実現するであろう。

(3) 地縁団体のもとにある「まちづくり会」の自立化

このように，連合自治会の外に自主的ないわゆる「まちづくり会」を設置する形態とは逆の対応を図る地域もある。四日市市の橋北地区では，二つの連合自治会の統合後，連合自治会からビジョンづくりの諮問を受けた諮問委員会として橋北地区まちづくり委員会を設置した。同委員会には熱意のある人々が参加すると同時に橋北地区市民センターの職員も加わり住民と行政職員との協働で，ビジョンの検討作業が精力的に行われた。この委員会は連合自治会の諮問機関に過ぎないが，住民の活動方針と共に，地区の将来について話し合っていくうちに，この委員会を発展させて，ビジョンで示す事業を進めるため，橋北まちづくり推進委員会をNPOとして立ち上げる計画も立てられていくこととなった。ここでも，伝統的な自治会だけでは活性化は進まず，連合自治会から独立した推進役設置の必要性が高まってきたのである。次第に，住民がつくりあげたビジョンを体系的（政策，施策，事業）に自らが管理，運営していこうとする方向に整理されていったのである。

平成14年10月の同委員会のビジョン『橋北地区の未来のための提言書』には，次のような事業が載せられている。

まず最初に，「新しいまちづくりの推進と地域を支える人材育成をめざし，自分たちの住むまちは自分たちでつくるというコンセプトに基づき，各事業を統括する橋北まちづくり推進委員会を設立し運営する」という趣旨にしたがって「橋北まちづくり推進委員会の設立・運営」という事業が提起されている。もちろん，ここでも事業進行を短期，中期，長期にわけ，時期区分それぞれについて住民の役割，行政の役割を認識しつつシナリオが形成されている。その他，

「橋北地区コミュニティセンターの設立・運営」,「萬古焼のイメージのあるまち」等19事業が記載されている。

　住民が,地域の課題を発見し,自らチャレンジする熱意に支えられた事業を優先化させることによって,地域の活性化の輪は広がっていくはずである。前掲の橋北地区の提言の中の一つの事業である「一芸道場」は徐々に具体化しつつある。この一芸道場の趣旨は「様々な特性を持った人材を発掘し,地域の文化を豊かにすることをめざし,地域住民が指導者となる道場を開設し運営する」ということである。多様な能力を持った人材はどの地域でも十分に活用されていないのが実態であろう。この一芸道場の看板によって,多くの人材が発信され,地域住民の交流と活性化に向かうはずである。さらには,四日市市内の他地区と比較して高齢化が進行している橋北地区にとっては,一芸道場は高齢者の生き甲斐対策としても重要な役割を果たすはずである。

(4) 新しい地域コミュニティ団体に注目

　上記のような地域の活性化のための地縁的な住民活動団体誕生の契機は,伝統的な地縁団体である自治会のような組織では,地域活性化対策,環境対策,高齢化対策等の重大な地域課題に対応できない状況に至ってきたことにある。ところがこのような団体は近年のより広域的に活動するNPOの脚光の影に隠れ,それほど注目されてこなかったように思う。もちろん新しく誕生する地縁的活動団体もNPO法人化を目指すところもでてきたように,地縁的であっても開放的であればNPO法人として問題ない。

　しかしながら,志が特定の地域に向けられる新しい地縁的団体と特定の専門領域でより広域的に活動するNPOとでは,その活動方針などいくつかの点で,両者に違いが見られる。

　新しい地縁的活動団体は,あくまでも活動の舞台は,当該のコミュニティが中心である。

　自治会などの地縁団体の場合には,明確な「境界設定」が行われるが,この新しい地縁的活動団体の場合は,ゆるやかな「境界設定」を前提とした地域(したがって地域よりもコミュニティと呼ぶ方が妥当であろう)を範囲とする。しかもメンバーは自主的に参加したもので構成される。メンバーは一定のコミュニ

ティの範囲からの参加であるが，他の地域からの参加を拒むものではない。このような団体を「コミュニティ縁団体」と呼ぶことにしよう。町内会・自治会のように，活動範囲は特定の地区に限定され，会員も世帯単位でかつ全世帯加入が当然のように認識されているのとは異なるのである。ちなみに，筆者は四日市市の住民であるが，四日市市に隣接する朝日町の朝日まちづくり会の会員としても受け入れてもらい，活動している。

　志がコミュニティにあるということは，活動領域は特定の領域に限定されているわけではない。当該地域で課題となっている領域であれば，その領域全般がコミュニティ縁団体の射程範囲となり，地域課題状況の変化に応じてその範囲も変わることになる。たとえ広域的なネットワークを形成していったとしても，他地域の自治領域に踏み込むことはなく，自らの地域の活性化に役立つがゆえに広域的な連携を展開するのである。

　逆にその他のNPOは，福祉や環境など特定の専門領域に志があり，地縁とは関係なくその志を遂げるためには広域的にネットワークを形成しつつ，いろいろな地域に踏み込んでいくことも可能である。

　志と政治との関係でも両者に違いが出てきているように思われる。前者のコミュニティ縁団体は，開放的な地縁組織をつくるために朝日まちづくり会のように，特定の政治団体を支援する活動は一切行わないことをルールの中で宣言しておく必要があろう。その方が特定の地域に限定した活動はしやすいし，地域内の各種団体とのネットワークも容易となる。他方，特定の専門領域に志を有するNPOは，その志を遂げるためには特定の政治団体と連携する可能性は，新しい地縁的活動団体に比して，はるかに高いと言える。

　政治との関係では，住民活動団体の活動地域が限定的であればあるほど，特定の地域を基盤とする議員との結びつきも深くなる可能性がある。地域によっては自治会・町内会による特定の地方議員の支援も見受けられ，自治会・町内会との連携によって問題解決を考えるコミュニティ縁団体にとっては，このような地域の政治環境と向かいあわなければならず，個人単位の民主的地域環境の形成が基盤として求められることになる。

5. 「新しい地域コミュニティ団体(コミュニティ縁団体)」の自立化への道と行政対応

　数年前に東京都三鷹市では、「みたか21世紀市民プラン」をつくるにあたって、公募による市民主体の会議を運営するため参加者全員で「会議運営の基本ルール」を確認し、さらに市民会議と三鷹市との間では対等な関係を維持するために、「パートナーシップ協定」を結んだ。このパートナーシップ協定項目の中には、「市民プランの構成：市民プランは三鷹市への提言、関係機関への提言、市民自らの行動計画の3つの要素を含む」という協定項目があるように、市民自らが責任を持って公共の役割を果たすための計画も立てられるのである。

　本稿で先に紹介した朝日まちづくり会でも、橋北まちづくり会でも、ビジョン作成において、行政の役割に対応して、住民の役割も設定し、住民の地域形成への責任と義務の自覚を高めると同時に、住民自らの行動方針も定めていくことになった。さらに、この両者の「まちづくり会」は、イベントを通じて萬古焼の物産販売の連携を行いつつある。八郷まちづくり委員会でも、方式は異なるものの、行政に頼るのではなく、まず市民の自立を第一にすえ活動を展開している。

　ところで、市民主役のまちづくりを目指す滋賀県長浜市では、平成15年2月に市民主役懇話会が『長浜市市民主役懇話会平成14年度提言書～市民主役の実現に向けて～』を公表した。この提言書の中での提言それぞれを、「市民が行うこと」「行政が行うこと」「協働して行うこと」に分類し、市民自らの意思で動くことを大前提に、市民主役のまちづくりを推進する。また、提言書の中で「(前略)環境や福祉などをテーマとするボランティアやNPOなどの新たな動きも始まっています。さらには、従来の自治会の枠を越えた、学区や公民館単位の広域的なまちづくり団体の活動も展開されてきています」と指摘しているように、NPOの成長以外にコミュニティ縁団体も活動しだしているのである。

　このような共通する動向からわかるように、地域住民の役割を抜きに行政の役割を設定する時代は過ぎさろうとしていること、住民の役割を推進するためには、特定の専門領域で活動するNPOだけではなく、コミュニティ縁的組織への期待が高まることは、間違いなく進みつつある現象である。さらに、市町

村合併においても，合併後のまちづくりが成功するか否かは，住民一人ひとりの「まちづくり」への熱意にかかっているといっても過言ではない。

そこで，以下では，自治体行政もこのようなコミュニティ縁団体の成長と共に，自治体内各地区との関係を改革していく必要がある。以下，それに向けての具体的な住民と行政関係の改革案を提示し論を閉じたい。もちろん，各自治体の状況によって，多様な改革のあり方が考えられるのであり，ここで示すものは一例として参考にしていただければ，幸いである。

① 自治会，老人会，コミュニティ縁団体，NPO 等，相互に活動内容を発表し，ネットワークの接点を模索できるような，会議の場を定期的に設ける。活動する範囲によって，地区ごとに，あるいは自治体の全域を単位に場の設定が必要となる。

　近年，活動の範囲を特定の地域に限定して活動する NPO の呼びかけで，各種住民活動団体とのネットワークを形成し，特定の地域課題を総合的に解決していこうとする動きも見られるようになってきた。このネットワーク団体と先に解説したコミュニティ縁団体とはほぼ同様の性格を有することになる。コミュニティ縁団体も現実の活動等においては，自治会・町内会をはじめ各種地縁団体や NPO と連携していく必要もあり，地域に根ざしたネットワーク形成がこれからのコミュニティの方向性として位置付けることができよう。

② 自治会等各種団体への助成金，補助金は，事業助成，事業補助を大原則に，公開の場で，前年度活動報告，次年度活動計画発表，そして審査ができるようなシステムを考案すること。自治体全域と，自治体内各地区を単位とするもの，との 2 種類の審査システムを設けることが考えられる。このことによって，有効な助成金，補助金の使い方，財政削減にもつながる。何にも増して，元気な住民活動団体への支援を促進できることになる。各地区に権限と予算を配分し，住民自らの力で運用するという時代を展望しつつ，地域づくりに関わることで住民が満足感を得，「元気の輪」が拡大するような支援が行政に求められるであろう。

　このような公開による審査システムは，団体間のネットワーク形成を促進させ，地域課題の総合的解決に向けて，市民活動団体間で専門的連携，

総合調整などの役割を高めることになろう。さらには，公開の場での活動報告は，住民相互の住民の手による政策の進行管理の場にもなるのである。
③　各地区が自立できるような自治体内分権化の推進と自治体内全域にわたる民主的システムの構築の両者に取り組むこと。自治体内分権化の推進は，自治体全体の民主的なシステムの中に位置づけていかないと，地区単位の我田引水的な状況を導く可能性がある。

　新しい地域コミュニティ団体は，特定地域の課題解決に総合的に取り組むことが目的であるが，ネットワークを基本としているわけであるし，前述の公開による審査システムなどの開かれた手法を導入していけば，自治体全体の調整手法も開発されるものと考えられる。

6.「新しい地域コミュニティ団体（コミュニティ縁団体）」による変革の可能性

　これまで説明してきたコミュニティ縁団体は，次の点で既存の地方自治の体質改善に大きな役割を果たすものと期待されるのである。

　特定のコミュニティの範囲を対象に，他団体とのネットワークによって総合的に問題解決にチャレンジするため，住民の公共領域における役割を徐々に拡大していくものと考えられる。住民の行政への依存関係で支えられてきたこれまでの住民対行政関係における大きな変革が始まろうとしているのである。従来のNPOとは異なり，コミュニティ縁団体は，自治会・町内会といった地縁団体とのネットワークも大切にしつつ，既存の体質の風穴を開ける役割を果たすのである。さらには，住民団体相互の水平的調整能力を高めるという点から，行政の伝統的な垂直的な対応に改革を迫るものと考えられる。

主要参考文献

木佐茂男監修，今川晃編『自治体の創造と市町村合併』2003年，第一法規。
佐藤竺監修，今川晃編『市民のための地方自治入門（第2版）』2003年，実務教育出版。
木佐茂男・五十嵐敬喜，保母武彦編著『分権の光　集権の影』2003年，日本評論社。
今川晃・田嶋義介監修『合併する自治体　しない自治体』2002年，公職研。
今川晃・高橋秀行・田島平伸『地域政策と自治』1999年，公人社。

企業統治と商法改正

丹生谷　龍

はじめに
1. 日本の監査役制度の独自性
2. 取締役制度の米国型改革
3. 米国での社外取締役の実情
4. 日本での社外取締役の実情
5. 多様化する企業統治と課題
おわりに

はじめに

　21世紀に入り，我が国商法[1]は2度にわたり注目すべき改正がおこなわれた。平成13年12月に成立公布された，監査役の機能と監査体制の強化に関する改正[2]と，平成14年5月に成立公布された取締役会機構と運営に関する改正[3]と二つある。いずれも，立法の趣旨は制度面から企業統治（Corporate Governance）の実効性を高めるところにある。ここに企業統治[4]とは，企業を健全なる発展に導く最高経営意思の決定と執行，その監督と監査の実効をあげる監視[5]の仕組みとその運営のあり方をいう。その決定と結果が社会に大きな影響を及ぼす，一部上場の公開大企業が，その主たる対象となる。株式会社の所有と経営の分離が問題とされて以来，既に強大になってきた経営者権力行使に対する，的確なるチェック・アンド・バランス，その社会的責任を遂行することが，厳しく問われる時代である。大きな権力は当然重い責任を伴う。

　所有者としての株主のためだけではない。何よりも，顧客，従業員，仕入先，競争者，地域社会，そして機関投資家，債権者，政府，NGO，NPO等に至る

まで，大企業を取り囲む多様な利害関係者（Stakeholders）との適正な対応が追及される。地域や地球環境も含め供給資源の長期存続可能な活用，社会との共生が企業存立の基本前提となる。当然，経営収支結果の公開性だけでなく，大企業の決定と活動の社会，環境に及ぼす影響も情報開示（Disclose）を求められてゆく。意思決定プロセスの透明性も課題となる。いわゆる説明責任（Accountability）を果たす[6]ことが，社会からの信頼性確保の重大な要件となってきた。特にこれからは，企業と社会との対話型，参加型コミュニケーションが活発になってくる。

これまで度重なる大企業の不祥事件は，経営最高権力者の長期政権に伴う独善と独裁化が，組織の閉鎖化を歪め，自らの地位保全にからむ粉飾の危険と信頼の喪失を招く傾向を示している。今世紀初頭，米国巨大企業のエンロン，ワールドコムなどのスキャンダルも，未だ記憶に新しい。経済のグローバリゼーションで世界をリードしてきた米国といえども，その企業統治制度必ずしも万能ではない。そもそも，いかなる制度もそれぞれ一長一短あり，その優劣は基盤となる組織風土との関連なしには空論になり易い。また，制度の適応力があっても，その運用に欠陥あれば現実に機能しない。

特に，企業統治の制度は，最高経営層が主役であり，経営執行のマネジメントとこれを監視するアドミニストレーション[7]における，トップの人間性と指導力如何で，その成果が左右される。社会に役立つ事業を創造し，企業価値を高め，その公正な活動を通し社会に貢献する使命感，経営倫理・法規の遵守，社会的良識をふまえた内外へのコミュニケーション，働き甲斐を高める人材の育成とモティベーションに点火してゆく，地道な日常活動を通じて，社会の信頼を得られる。企業本位の身勝手でなく，多様な利害関係者との取引を通じて，それぞれの利益と満足を与えると共に，環境の保全と社会の活性化に貢献する。良い会社とは，その事業・商品だけでなく，日常の経営活動の接触を通して，企業の行動とそのトップ，社員の態度が社会の共感を得られる会社である。良き企業統治とは，社会の役に立ち社会から信頼される，顔の見える会社に仕上げることである。21世紀は，供給本位の時代ではない。需要本位の市民の時代である。世界第一級の大企業は，すべて世界の良き企業市民であることを理念としている。

ロイヤル・ダッチ・シェルの代表取締役が，北海深海底への油井投棄問題等の経営危機を回顧して，「当社は世界中が見つめる，金魚鉢の中で仕事をしているやり方を，学ばねばならない」と述べ，欧州主要都市で，「ステークホールダー対話」を開催した[8]。企業統治とは，ガラス張りの中で社会と共感共生できる道筋である。

1. 日本の監査役制度の独自性

今回商法改正の核心は，企業最高経営における閉鎖的独善化を防止すべく，経営監視の仕組みを改正し，社外役員の機能を強化し監視に対する影響力強化を図り，以って経営意思決定の透明性，客観性，公正性を期したところにある。更に，企業統治自己責任の原則に基づき，社外役員の拠点を監査役に置くか，取締役に設定するかは，法の強制によらず各企業の自己選択に任せている。経営監視の主役を監査役とするのが従来方式であり，取締役とするのが新規方式となる。新規方式は，明らかに経済グローバリゼーションを意識した米国型企業統治[9]に近い。しかも，これにシフトするには従来の監査役制度を廃止することが条件づけられている。従って，平成15年4月以降各企業は，従来の日本型である監査役の監査(以下，監査役型という)方式を踏襲するか，新しく米国型に近い取締役会の監督(以下，取締役型という)に切り替えるかの決断に迫られることになる。

ここで，まず従来の日本型と米国型の相違を比較しよう。日米とも，経営と監視の制度に共通の要素は五つある。経営を執行する取締役(Director)，その長である最高経営者(Chief Executive Officer)，会計を監査する有資格専門職(公認会計士)である会計監査人(Accounting Auditor)，経営の決定と執行を監督する取締役会(Board of Directors)，経営の決定を承認する最高機関としての株主総会(General Meeting)の存在である。相異している要素は，会計監査人の監査結果をレビューして役員の立場から経営を監査する監査役(Corporate Auditor)の在り方だけである。日本の監査役は，取締役と並んで株主総会で選出される。米国では，株主総会が選出するのは取締役だけである。従って，監査を担当する取締役は取締役会(以下，ボードという)で選出され，監査委員とな

る。監査委員は,ボードの内部組織(Subcommittee)である監査委員会(Audit Committee)を構成するメンバーとなる。つまり,制度上は,日本が監督するボードと対等に,監査する監査役会が並列する,二元制としているのに対し,米国は,ボードによる監視の一元制とした点が異なる。

因みに,ドイツは監査役会と訳されている Aufsichtrat が取締役(Vorstand)から独立した機関として存在し,制度上は我が国と同様二元制に分類される。かつて欧州共同体(European Community)事務局も,ドイツを二元制(Two-Tier System)と把え,米国と同じ英国のボードだけの一元制(One-Tier System)と対比し,そのいずれを採択するかは各国各企業の実情に任せることにした[10]。確かに,制度の形式面では,ドイツは日本同様二元制である。しかし,実質は一元制に近い。即ち,株主総会が選任するのは監査役だけであり,監査役が取締役を選出し,取締役の執行を監督(überbach)する。この点,ドイツの監査役は,米国の取締役に近い。しかも,ドイツの大企業では,監査役の半数は株主代表,残りは従業員代表であり,いずれも監査役としては非常勤である[11]。株主代表は,銀行や別の大企業の経営者で複数の会社の監査役兼務が多い。米国の監査委員が非常勤の社外取締役[12]で,他社の社外取締役兼務が少なくない事情とよく似ている。この点,社内出身で常勤が主力をなす日本の監査役は,日常からの実査積上げによる「オンライン・リアルタイム」[13]の予防監査に適した,世界でも勝れてユニークな制度である。

歴史的には,明治23年の商法草案で我が国はドイツに学び[14],その経営審査(Betrieb Prüfung)に着目した。明治32年の商法で,立法(決定・監督)の株主総会,行政(執行)の取締役会,司法(監視)の監査役による三者均衡体制を採った。大正期産業資本家優位の時代の財閥企業では,総本社の役員が大株主の立場も反映して分系会社の監査役となり,経営監視の役割を果たす。第2次大戦後の昭和25年には米国の影響を受け,経営監視の責任を株主総会よりも機動力のあるボードの方に託し,監査役は会計監査に限定された。その後,昭和40年山陽特殊鋼の粉飾決算事件を契機とし,昭和49年の商法改正により,取締役の経営執行の適法性に対する業務監査が復活し,常勤して日常経営からチェックしてゆく監査役となる(Statutory Auditor)。その後も,予防監査対策がなされる。昭和56年には,これまで普及してきた常勤監査を法制化して義務づけた。

(複数の監査役の中から互選で常勤を定める)。続いて平成5年は監査役の任期延長(2年→3年)，監査役の増員(3人以上へ)，そして初めて独立性の高い社外監査役の導入に踏み切ると共にボードと対等に新しく監査役会を制度化して，監査情報の評価，協議，演練による監査の質向上を期した。

以上，昭和49年から平成5年まで20年間，取締役会の制度改革よりも，これを監査すべき監査機能の充実強化に向けた法改正が行われてきた。特に注目すべきは，平成5年の社外監査役の設置であろう。当時，衆議院法務委員会が「第三者の中立的人物を社外監査役に選任するような運用がなされるように努めるべき」付帯決議をした。経営者との親和的な馴れ合いを防ぎ，監査の偏向を差し止める決意が窺われる。監査の独立性を高める社会の強い要請を反映している。したがって，社外の要件を「その就任の前5年間，会社またはその子会社の取締役または支配人その他の使用人でなかった者」と法定している。この定義は，当時米国の独立した社外取締役である監査委員の要件に関するSECの提案[15]を参考にしたと思われる。

それでも，平成7年大和銀行ニューヨーク支店，平成9年山一証券いずれも粉飾決算など，その後も違法行為が絶えない。そこで，当時の学界・産業界の議論もふまえ，敢えて「企業統治に関する」と銘打った，平成13年の議員立法による商法改正案が可決成立した(以下，13年立法という)。それは，ボードにおける監査役の出席と意見陳述の義務化[16]，会社の訴訟参加，取締役の責任軽減に監査役の同意を要件としたことの他にも，重要な改正がある。第1に，ボードの提出する監査役選任議案に対する同意権と提案権を監査役会に付与し，また，任期を4年に延長し，監査役辞任に関する株主総会における意見陳述権を監査役に付与して，取締役に対する監査役人事の独立性を強化したこと[17]。第2に，社外監査役の員数を半数以上に増員し，その資格要件を厳格化(5年ルール撤廃)して，監査の独立性，客観性，公正性の貫徹を期したこと[18]。特に改正の目玉となる社外監査役の強化は，準備に慎重を期し3年間の施行猶予期間が設けられた。

この13年立法は，長年にわたる監査役活動段階的改善の実績をふまえ，更にその経営監査力の質の向上を期している。正に，監査役が企業統治における監視の中核責任を担うべき，従来型の総仕上げを狙ったものと思われる。

2. 取締役制度の米国型改革

　これに対し，法務省による平成14年法改正(以下，14年立法という)は，監査役側ではなく取締役側の制度にメスを入れた画期的な選択肢を提示した。監査役制の廃止と米国型統治への切り替えである。経営者に対する解任権を社外取締役に付与し，その圧力を以って経営の健全なる発展を迫る。この伝家の宝刀を秘めたボード付属の新しい舞台が，14年立法「委員会等設置会社制度」の核心となる。即ち，執行役でない社外取締役が過半数を占める指名委員会を新設して，取締役の選任，解任の議案(株主総会提出)を決定する。会計監査人の人事議案と，取締役及び執行役の職務執行についての監査を決定する監査委員会，取締役及び執行役の個人別報酬を決定する報酬委員会も新設し，その構成は監査，報酬とも社外取締役を過半数とする[19]。

　指名，報酬，監査の3委員会は，いずれもボードの内部組織(Sub Committee)に位置づけられるから，その委員会メンバーはボードで選任される。従って，元祖の米国では委員会に決定権はなく，最終決定権はボードが掌握している。しかし，我が国は各委員会に決定権を持たせたので，その決議はボードの決議で覆すことができない。この点，米国以上に委員会のボードからの独立性が確保されたことになる。経営の監督はボードに一元化したが，経営者の人事と報酬と監査という成績評価は，実質的に委員会の手に委ねられる。特に，指名委員会の過半数を占める社外取締役が，企業統治の成果が期待に反するときに，経営者を解任する切り札を握れる制度となっている。1992年，GMの最高経営者ステンペル氏(社長兼ボード議長)解任劇[20]の主役は，非常勤社外取締役のスメール氏であり巨大な機関投資家カルパースであった。正に，我が国の企業風土には未だ珍しい，米国型企業統治へのラディカルな制度的接近である。

　何故，法務省がここまで踏み切ったのか。監査役側を強化しても，経営側が自らを追い込む体制にもっていかないと実効がないとの判断か。確かに監査の機能は，業務と財産の調査，会計の監査，利益処分や損失処理の経営的審査，取締役職務執行とボード決議の適法性の判断である。勿論，会計監査人に義務違反や非行などあったときには，商法所定により，監査役会の決議を以って会計監査人を解任できる。しかし，取締役に対しては，違法差止請求権は行使で

きても，人事権は行使できない。これに対し，ボードの取締役に対する監督権には人事権も含まれている。従って，取締役に対する実効支配は，権力なき権威の監査役よりも，権威なくとも権力の代表取締役社長，ボード議長の方が有効に働き易い，という見方もあろう。このトップ役員をすら任免できる切り札を手にした指名委員会，その過半数を占める独立性の高い社外取締役の方が，取締役任免権の伴わない過半数の社外監査役よりも，経営監視に睨みが利くと，法務省は考えたのだろうか。

しかし，企業人の行動は，単に権力への距離感に利害の絡んだ打算意識だけに左右されるものではない。職業倫理としてルールを守る良心，遵法精神，節度ある良識，公開かつ公正への規範意識も作用している。この点，14年立法も留意した形跡はある。第1に，今回新設した執行役にも取締役同様，商法上の善管注意義務と会社に対する忠実義務を適用し，従って当然，株主代表訴訟の対象とした[21]。第2に，取締役はもとより3委員会の委員，執行役もすべてその氏名は登記事項とした。第3に，経営自己規律の基軸となる内部統制システムに関するボードの決議概要も営業報告書の記載事項となる。監査委員会を補佐する使用人，その執行役からの独立性の確保はもとより，会社に著しい損害を及ぼすおそれのあるリスク管理も含まれる。経営の透明性のため，報酬委員会の定める取締役及び執行役の報酬内容の決定に関する方針も営業報告書の記載事項としている。

以上3点，いずれも経営の独善性，閉鎖性に風穴を開け，天下に公開する透明性の中での主体的経営責任を迫っている。この点，従来型踏襲の場合でも，法定によらない執行役員の職責，内部統制システムの構築責任の明確化に役立つと思われる。しかし，監査体制については，任期1年で常勤制も義務付けられず，独任制もない新しい監査委員よりは，任期4年で常勤制も独任制もある従来型の監査役の方が，実効性が高いであろう。従って，監査委員(会)制が監査役(会)制に学ぶ実益がある[22]。13年立法，14年立法，それぞれ制度論としては一長一短はある。しかし，共通の目的は透明度の高い公正かつ実質合理的な企業統治の中身の充実である。まずは，これを支える主体的な経営責任の確立が基本となる。

これまで，我が国大企業の取締役は，しばしばサラリーマン重役と呼ばれて

きた。ボードの構成員ではあるが，本来の任務である経営の決定と監督には形式参加にとどまり，その実態は業務執行の上級管理職に近い。更に，執行トップの社長がボード議長を兼任し，ボードは伝達と承認の儀式場となる。実質的な決定と監督は，常務会や経営会議に期待されるが，全権を掌握する社長の意向に沿ったものになり易い。むしろ，実質的審議は，会議の前に根回しと稟議で済んでいる。また，取締役，監査役とも従業員出身でその会社に長期忠勤を励んだキャリア組であり，もと社長の部下が少なくない。社外取締役や社外監査役も，主力銀行や大口取引先，相互持合大株主からの派遣役員が就任し，友好クラブ仲間内の調和で，辛口の監視役は期待し難い。株主総会も，相互持合大株主間の協力で儀式に終り易い。かくてボード，監査，株主総会とも不完全燃焼となる。

　この結果としての形骸化現象は，欧米主要国にも多かれ少なかれ共通であり，企業統治論が登場した背景でもあるが，我が国独特の企業風土の反映もある。
　即ち，戦後高度成長期に形成された，平等な仲間集団で成り立つ企業人主権型企業[23]の長期雇用，年功序列，集団参加の帰属型雇用政策[24]の延長線上にある。会社による企業人長期育成と集団競争で勝ち残った実力者への功労報償としての役員待遇となる。従業員とは異質の経営責任の職位というより，企業共同体における従業員立身出世の終着駅に着いて得られる名誉と待遇に近い。取締役だけではない。監査役も，取締役との振合上役員処遇の一環として任命されるケースが多い。いずれも，従業員時代から先輩である社長に対する忠誠心と親和的助言が期待され易い[25]。この庇護と依存の同質集団が，環境の激変で脱皮を迫られる。オイルショック，共産圏崩壊による大価格革命，バブルの崩壊，情報革命，グローバリゼーション下のデフレ長期化で，否応なしに弱肉強食の実力競争市場に突入する。プロの経営者主導の時代となる。取締役は経営者の自覚を，ボードは監督責任を追及される。前述の執行役制はその一端である。

3. 米国での社外取締役の実情

　14年立法の原則は，執行と監督を分離して経営責任を確立するところにある。

執行役が業務を執行し，取締役がこれを監督し方針の決定を下す。監督と決定の場はボードにある。取締役はボードの構成員となり，執行役は執行役会の構成員となる。ボードには更に重要な決定権がある。経営現場に立つ執行役に大幅な決定権限を委譲し，かつ執行役の選任・解任，並びに最高執行権限を担う代表執行役の任命だけではない。全取締役の人事を掌握する指名，取締役と執行役の報酬と監査をそれぞれ専管決定する報酬，監査，以上三つの委員会のメンバーを，ボードの決議により任命できる。

この強大なボードを司会する議長の権限は，法は特定せず企業内組織規程に任される。従って，代表執行役が取締役を兼務しかつボード議長も兼ねるとすれば，米国大企業の運命を一手に握る帝王，CEO に匹敵する権限を行使できる巨大な存在となる。

14年立法は，当初の原則にもかかわらず特例法により「取締役は執行役を兼ねることができる」と定めた。執行とその監督を分離することは権力を牽制する組織論の常道である。同時に，実行者が自己責任を負うのも，自治の現実論として有効である。今回の兼務受入れは，組織論と現実論の妥協とみてよい。だからこそ，監督の切り札として，経営権力の執行から独立した社外取締役過半数を占める指名委員会による取締役の選任・解任権を，株主総会提出議案決定権限として認めたのであろう。この切り札を持つ，社外取締役の元祖である，米国の歴史的背景と現状を要約する。

それには，1960年代後半から1970年代にかけての社会的背景がある。公民権運動，環境汚染防止運動，欠陥商品反対消費者運動，粉飾決算，官民癒着，海外での贈賄等企業不祥事件，製造業の国際競争力低下等。これに対し，大企業経営者の経営倫理，社会的責任追及の動きが始まる。巨大な CEO に対して無気力となり形骸化したボードにいかにして活を入れ，経営を健全かつ発展への軌道に乗せ得るか。このため，株主，投資家，消費者，市民の声を代表して，ボードの中に公正かつ客観的な良識を反映させられる存在は何か。それが，常勤重役（Managing Director）から独立した社外取締役（Independent Outside Director）ではないか。その監視能力（Monitoring）を強化する仕組み作りが始まる。これが米国らしい発想である。

まず1973年，NY 証券取引所がすべての上場会社に3名以上の社外取締役

をボードの中に設置することを提唱。1978年には，広く証券取引所（SEC）が，その社外取締役による監査委員会を義務付け，新しい上場基準とした。同時に，経営監視をめぐる企業統治のあり方構築の研究に，米国の法律協会（American Law Institute）自ら着手する。これに対し，株主側も年金基金を中心とする機関投資家（Institutional Investor）が大企業株主の50%を超す保有者となり，大株主としての発言権も増大してきた。この間，製造業のボードに占める社外取締役が過半数を占める企業の割合が増加し，1977年には83%に達する[26]。1992年には，業績低迷の責任を問い，あの巨大なGMのCEOが社外取締役により解任されるに至る。

そして，過去10年研究を重ね，産業界の実勢と各界で論議された結果もふまえての，「企業統治の原則——その分析と助言」（Principles of Corporate Governance — Analysis and Recommendations）が米国法律協会から発表された。1992年のことである。即ち，ボードの過半数は，上級執行役と重要な関係をもたない，いわゆる独立社外取締役により構成され，かつ，ボードには，監査（Audit），報酬（Compensation），指名（Nomination）の3委員会の設置が望ましいこと。特に，監査委員会は設置を義務付け，独立した3名以上の社外取締役で構成すべきこと。その大前提として，マネジメントの執行責任を監督するボードの責任がある。経営に対し，法令と倫理の遵守，適正な献金等社会貢献に対応，説明責任の履行，長期的挙益，公正な配分へ誠実かつ合理的な注意義務を果たすことを求める。この米国の統治モデル[27]は，1990年代に英国，ドイツ，フランスにも影響を与え[28]，その流れの中で，我が国14年立法も決定されたとみてよい。その中核となる社外取締役の実情について，我が国より30年先行する米国の調査結果[29]から何を学べるか，要約したい。

社外取締役は，同業以外のマネジメント上級幹部出身が一番多い。その選任は事実上，CEOの指名またはリードが支配的である。ボードの人事交替や辞任も，ルールはあるがCEOの影響が大きい。従って，別途社外取締役だけの幹部会を開き，また，独立性が危惧されるときは公開を求める。当然，ボードや委員会は社外取締役が大多数を占めるべきであり，核となる能力として特に危機対応のリーダーシップを求めている。監視の任務遂行に必要な時間と努力を注入すべきだが，責任が変化し任に負えぬときは敢えて辞表を提出する。逆

に，CEOからは社外取締役の他社兼務数の制限を求められる。

この調査結果は，執行のCEOと監視の社外取締役との緊張関係を示唆している。勿論，執行部が提供する膨大な社内情報を，その会社の内部体験もなく業界専門知識もなかった社外取締役が，的確に分析，評価することは容易ではない。非常勤ではその充分な時間もとり難い。お互いに大企業上級執行キャリアの経営プロとしての礼節と配慮も働く。まして，自分を推薦してくれたCEOに対する敵対的批判は期待し難い。結局，CEOの明白な非行，失政でもない限り，CEOの意向を全く無視した提言は出来ない。従って，「社外取締役は，平時は礼儀正しく危機ではCEOを解任できる人数が必要」という意見が出てくる[30]。しかし，数さえあれば事足りるだろうか。CEOに影響力を行使できる実力，器量，人物の質こそ第一ではないか。勿論，適材を採用できかつその活躍を支援できることが，大前提として不可欠であろう。

米国では，経営者も含めて労働市場は流動性が高く，ヘッドハンティングの専門会社も多い。それでも，的確な社外取締役の調達は容易でなく，適材には需要が集中し現実には多くの会社を兼務せざるを得ない。しかし，監査委員だけは最低1名以上の資格ある財務専門家（Financial Expert）を選任すべしと規定された[31]。我が国では，14年立法でもその規定がなく，問題を残している。一方，米国の裁判所は，法律の専門知識ではなく独立性を担保する社外取締役だけからなる訴訟委員会（Litigation Committee）をもつ企業であれば，株主からの代表訴訟が提起されたときに，当委員会の判断を尊重するという[32]。勿論，委員会やボードに必要な資料は事前に社内から社外取締役に配布される。なお，英国では，社外取締役に会社の負担で外部から独立した助言を得られる権限を，自主ルールとして支援している[33]。英国版企業統治モデルとしてキャドベリー委員会か発表(1992年)した最善行動規範（Code of Best Practice）の中に示されている。

4. 日本での社外取締役の実情

我が国でも，社外取締役に対する支援は，前述の通り14年立法で規定された。ただし，間接的に「監査委員会の職務を補助すべき使用人，その使用人の

執行役からの独立性確保」をボードの決定事項としている。監査委員は，その過半数を社外取締役が占めねばならない。社内事情に詳しくない社外取締役に対し，情報の的確な支援は，監査業務の性格からも当然のことであろう。法の趣旨は，監査室など公正中立の監査スタッフによる専門的支援にある。ベースとなる社内関連情報は，別途社外取締役に対するオリエンテーションとして必要となる。監査委員に限らない。取締役と執行役の成績評価につながる，指名，報酬委員についても同様である。しかし，これについては，14年立法では触れていない。

　では，法定される以前の我が国企業で実在している社外取締役は，どのように位置づけられ，評価されてきたのか。法定されて10年たった社外監査役と対比して特性が見られるか。過去3年以内の実態調査[34]によると，社外取締役不在が64%，設置が35%，設置のうち40%が平成元年からの導入だから，米国に比し未だかなり新しい。その人数も，取締役人数8〜16名の中で1, 2名レベルであり，米国の過半数レベルとは同列に論じられない。少ない理由を人材不足としたのは未だ潜在的な積極評価も期待できる。しかし，社外の見識は別の方法(諮問，助言など)でも可能，社外監査役で足りる，社外取締役に教える手間がかかるなどの回答は，消極評価と見てよい。もっとも，最近1年で複数選任も始まってきた。

　問題は，その出身である。親会社47%，取引先27%，同一グループ21%，以上で95%を占めており，学者と法曹家は2%にとどまる。取引の縁による庇護と依存の密度を示しているのだろうか。従って，社外取締役への期待は，取引の継続，増加の実益に収斂されよう。回答を見よう。「社外取締役に何を期待するか」に対しては，「一般的な経営判断の合理性の確保」が70%で圧倒的に多い。これは，いわゆる「大所高所」の御卓説承わる「床の間の飾りもの」ではないか。ところが，「社外取締役としてどのような人材を期待するか」については，親会社27%，取引先18%，グループ12%を抜いて「会社取引と全く関係のない経済人」が40%でトップに躍り出る。これは，将来に対する設問であるから，今の取引にしばられない，新しい事業展開への可能性，あるいは，今の取引でも既定路線を超えた新しい展開への道を，広く経済，景気，産業動向の中からヒントとなる有益な助言を期待している，とも考えられる。もっとも，助

言だけなら諮問委員でもよい。

いずれにしても，現状の社外取締役については，その助言が期待されていないので，当然，「社内経営情報を伝える配慮工夫を特にはしていない」が65%で，「している」の35%を遥かに上回っている。これに対し，社外監査役の実態はどうか。まず全体の構成は，社内監査役40%に対し社外監査役は60%と多く，社外監査役でも，常勤者が20%を占めている。その出身は，親会社25%,株主10%, 銀行10%, 取引先5%など，世話をいただく先が50%占めるが，弁護士9%, 税理士4%, 公認会計士4%など専門職も17%となる。これを，社外取締役のそれぞれ95%, 2%と比較すると，取引だけではなく監査実務への実益期待が見られる。勿論，この他に，その企業出身で5年以上経過したので社外監査役に位置づけられる者も5%あり，これは，社内経験豊富であるから，それなりに経営監査へ寄与できる。

更に，売上高上位50社の大企業に絞って，社外監査役のキャリア調査の結果から，何を把めるか。まず，「他の企業の会長，社長等の出身で企業経営の経験が深い人」が57%と多く，ついで「弁護士，公認会計士」19%,「官庁OBと学者」が14%であり，経営者または専門職のキャリアが多い。ところが，この大物経営者は，社内会議の出席も少なく発言も控え目であり，いわゆる「大所高所」の卓見が役に立つ助言に結びつきにくい。一方，職業専門家とかつての社内キャリア監査役は，出席頻度も高く発言も多い。社内情報も，常勤監査役から補完提供を受けているとの回答は69%に達し，監査役会での交流成果の一端を示していると思われる。別途，社長と非常勤社外監査役との個別面談は，不定期も含め51%が実施しているが，特に，大学教授出身が63%と高い。相談役63%, 副社長59%と略々並んでいる。学識経験者の助言か，高い肩書への敬意か，内実は不明だが，経営トップレベルと社外監査役との意見交換の機会が現実化してきた点は注目してよい[35]。

以上，社外取締役と社外監査役につき，我が国の現状を見ると，10年前に法定された社外監査役の方が当然のことながら，今まで法定されていない社外取締役よりも，企業内レーゾンデートルは高いと思われる。従って，14年立法が迫る，監査役型の従来統治方式を続けるか，取締役型の米国式統治にシフトするかの決断は，現時点では，従来型を踏襲する企業が多いであろう。事実，日

本監査役協会が調査した平成15年7月9日時点では，米国型を選択した企業は68社で[36]，東証一部上場会社3月期決算企業1,263社の6%弱となる。そのうち，日立と野村は傘下グループ一体シフトであり，親会社だけに絞ると半減して34社，全体の3%にとどまる。97%が従来型を選んだことになる。なお，移行を検討中が100社で東証一部上場全社の5%に過ぎない。

　今回，監査役制を廃止して米国に近い取締役型にシフトする決断をした企業は，ソニー，日立，大和，野村，コニカ，オリックス，HOYA，三菱電機など，外国人持株比率20%以上の高い大企業が目につく。しかし，この比率が高くても，富士写真フィルム，花王，武田薬品，資生堂などは入っていない。のみならず，名実共に世界第一級の業績と企業力を誇るトヨタが入っていない。日本経済新聞の解説[37]によれば，トヨタは，「社外から有力経営者を招く形態が現場重視の社風になじまない。社内を知り尽くした人材でなければ経営できない」というトヨタ流伝統をふまえている。しかし，取締役を半減し（58→27人），海外法人トップを長年つとめる外国人3人を含む常務役員という名の執行経営者39人を就任させ，これをボードメンバーでもある14人の専務が本部長として監督する。監督と執行の機能を分離しない現実主義は米国GMにも似ている[38]。

　これに対し，米国型への移行を決断したソニーは，監視の取締役と執行専念の執行役を明確に分け，ボード17人に8人の社外取締役を入れ，指名，報酬，監査及びボードのトップ4人はすべて社外取締役とした。その中に日産自動車を再建した実力社長カルロス・ゴーンが座る。正に，華麗な透明性の演出とも見られる[39]。しかし，トヨタ，ソニーともそれぞれ自社最適の制度を選択したものであり，自信のある決断であろう。

5. 多様化する企業統治と課題

　今や，グローバルな実力競争下，横並びで企業が成り立つ時代ではない。自社の競争力は自力で勝ち取り，企業統治も自己責任で自社最適の選択を迫られている。今回米国型を選択した企業でも，立脚点が異なる。ソニーは，株主に近い立場から経営を監視するが，戦前からの東芝は，顧客，株主，従業員，地域社会の4者を原点に置く[40]。また，野村は，米国型の監査委員だけでは問題

とみて，非常勤取締役7名のうち2名を監査特命取締役に任命し，重要な日常経営監査権限を付与している[41]。

　逆に，従来型を選択したが，米国型の報酬と指名を助言機関とした花王の例がある。即ち，代表取締役の諮問機関として，取締役と執行役員の報酬水準につき社外取締役の助言を仰ぎ，更に，会長と社長を選任する諮問委員会を新設し，社外取締役と社外監査役の審査を仰いだ上でボードへ具申させる[42]。これに対し，同じ監査役型を採った住商の諮問委員会は，指名や報酬ではなく経営方針と重要課題の経営会議としている。もっとも，花王，住商とも共通点はある。ボード会長と社長の兼務は行わず，トップレベルでの監督と執行を分離している[43]。一方，米国型を否定する企業でも，観点は必ずしも同じではない。新日鉄は，経営目的である企業価値増大の中身が器より大事，社内取締役だけのボードで業績をあげているのに，社外取締役の人数と業績に相関関係が実証されていないにもかかわらず，社外取締役教なる宗教に浮かれていては，日本も駄目になると手厳しい[44]。他方キャノンは，人間尊重の長期雇用で人材育成する我が国企業の長所は，今後とも活かすべきとの組織風土論に立つ。勿論，従来の平等ルールから，グローバルな公正競争ルールに切り替える方向は定めているが，米国流弱肉強食市場の行き過ぎには批判的である[45]。

　更に，積極的な監査役型優位論もある。日本監査役協会長の意見である[46]。要約しよう。企業不祥事を防ぐのは予防監査であり，それに最適の制度はオンラインリアルタイム性を発揮できる常勤監査である。我が国の商法は常勤を義務付けており，日本の監査役制度は予防監査に適した仕組みと考えられる。この仕組みに魂を吹き込むのが監査役の使命であり，監査役のベストプラクティスを構築する。これに，執行役員制，経営助言機関を設け，ボードの意思決定迅速化，監督機能強化と併せて経営の透明化，説明責任を果たそうとする，監査役型企業が多数ある。これが，今後の主流となり，日本的企業統治を構築してゆくと判断している[47]。

　14年立法が施行されて第1回の株主総会が終了した時点で，前述の通り94%という大多数の上場企業が監査役型を踏襲した事実は，この監査役協会の現実的見解が広く受け入れられているとも考えられる。これと対照的な意見即ち米国型シフト論を代表する機関が，日本コーポレート・ガバナンス・フォーラム

である[48]）。大企業株式の巨大な保有者である機関投資家，厚生年金連合会も，株主主権の立場で[49]，フォーラムの見解に近い。一方，ステークホルダー管理論に立つ経団連は，日本監査役協会に近い。理念論もふまえた経済同友会は，両者の中間に位置する。いずれも，社外取締役の効用についての判断が，より現実的か理念的かの相異による[50]）。個別企業としては，収益行詰まり，単なる改善では再建の目途がつかず革命的改革を要する非常時は，敢えて米国型へ切り替える対応もあり得よう(りそなグループ)。今は少数ではあるが，長期的には，経営者横断市場も形成されてゆくので，米国型への移行も増加するであろう。しかし，理念型ではなく，米国型と日本型の混合型など，現実的な多様化へ向かうと思われる。勿論，経営プロの逸材を調達できるかは，企業の実力次第。魅力ある企業価値力形成への経営が先行する。

　どの型の制度を採るにせよ，企業統治の実効をあげる共通の課題がある[51]）。第1はボードの決定と監督能力の質を高めること。第2は，企業の不祥事件を予防できる監査の質を高めること。第3は，企業と社会との対話を活性化し魅力ある信頼関係を築くこと。第1は，まず権限の下部委譲を進め，全社的重要案件の決定に絞り込み，ボードとして少数精鋭の効率運営とする。その構成は，執行重役，非執行の社内取締役，社外取締役の混成による監督の実効アップを図る。審議における経営判断の原則，議決のルール，役割による取締役の成績評価の尺度，人選の基準など客観化する。ボード議長(会長)と執行最高責任者(社長)兼務の場合は，役割責任の混交を来さぬ運営とする。経営は監査の承認を経て正統化される命題を，ボードが内外に明確にする。

　第2は，まず取締役日常の職務執行における善管注意義務と会社への忠実義務履行並びにボードの審議における経営判断の原則適合性を監査するルールを確立する。経営の行う内部統制，これをチェックする内部監査の有効性，客観性の尺度をきめる。会計監査人の会計監査，内部監査人の業務監査，監査役による経営監査の三様監査それぞれの独立性と相互の協力性のシステムを確立する。監査役または監査委員の成績評価基準，人選の基準，監査役会または監査委員会での審議のルール，役割分担，非常勤監査役に対する情報支援，グループ会社監査役とのネットワークを設定する。社内の経営倫理委員会，遵法委員会などは監査役または監査委員会へ，社外専門家の諮問委員会や助言機関は

ボードへなど帰属関係を明確にする。

　以上，第1と第2の大前提として，企業価値の長期的向上へ，資本と人材と情報をフルに活用できる戦略の構築が基本要件となる。第3に，株主総会運営，機関投資家，大株主，消費者，顧客，地域社会，政府，報道機関，NPO，NGOとの対話，情報開示など，説明責任を果たすシステムを創る。第1，第2，第3の課題とも，その検討に取り組む視点，方法，順位，分担，スケジュールなど全社的見地に立って推進する。結論が出れば，最善行動規範として承認し，要旨を内外に開示する。目的は，制度づくりでなく統治の機構が有効に機能し，経営が健全な発展へ業績をあげ，社会に貢献して社会の信頼と共感を維持できることにある。勿論，資本と情報の投入は不可欠だが，これを活かす人材の育成と活用，経営トップの指導力，責任ある会社トータルの活力が問われている。14年立法が提示した個別的制度のパーツに徒らに囚われる必要はない。

　たとえば，重要財産委員会は，取締役が10人以上で内1人以上が社外取締役であれば，ボードの決議により「重要な財産の処分及び譲り受けと多額の借財」に限り決定できる。ボードから別に分けて設置するほどの実益がなく，採用する企業も少ないと思われる。それよりも，ボードが執行役に委任する決定権のレベルと範囲を検討することの方が，遥かに明日の経営創造へダイナミックな布石になり得る。

おわりに

　企業統治に関する筆者の所見は，5年前に熊本県立大学総合管理学会誌に掲載(注4参照)された。これは，同学在勤中に講義した「経営責任論，監査論，労務管理論」を踏まえ，筆者の最終講義となった「コーポレート・ガバナンス」につき，その後の内外動向も検討し，企業統治の本質と課題を論じたものである。当時から，議論されていた関連の商法改正案が，平成15年4月に施行されたので，この機会に法改正の意味する本質とその対応につき取りまとめたのが本論説である。

　関連する5年前の筆者の提言に「取締役の指名，報酬委員会の設立は各企業の任意に任せるが，取締役会の活性化，即ち構成する取締役の人数を絞り，辛

口の監督ができる機能集団とすることが先決。監査役と監査役会も，その活性化を優先すべきで，監査委員会を重複させる必要はない。また，問題の社外取締役と社外監査役は，独立性の質が大切であり，量の過半化は当面の課題とはしない」[52)]との所見がある。これに対し，今回の商法改正は，よりラディカルな新制度を提示したが，従来の監査役型活用か，新制度へシフトかの選択は各企業の自己責任としている。その結果が，前述の通り現段階では，監査役型を基本として，更に経営監視力の質を高めてゆく企業が圧倒的に多かった。その意味では，5年前に述べた「巨大な現代公開大企業の経営権力の行使が，革新創造による競争性優位の Dynamism と適正基準による健全性確保の Accountability のバランスある戦略実現を通して，窮極的に公益増進に寄与することで，その正統性を保証され，我が国独自の取締役と監査役の両輪に支えられたトップ・アドミニストレーションの企業統治が成就する」[53)]見方が，今のところ大勢を占めていると思われる。

今後の方向として，OECD の企業統治に関する民間企業諮問グループ（BSAD）の提言が示唆的である。まず，「企業統治に唯一普遍的モデルはなく，多様化してゆくものであり，他国の経験に学ぶことが多い」[54)]という基本認識がある。その上で，「公正性（Fairness），透明性（Transparency），受託説明責任（Accountability），社会的責任（Responsibility）を促進する，企業統治の国際的ミニマム・スタンダードの策定」と並んで，「企業の自発的ベスト・プラクティス（最善行動規範）」のコード策定を提言している[55)]。今後は，正に良き企業統治への国際競争の時代となる。企業統治の最善行動規範は，企業の業績，社会への貢献，社会からの信頼と共感に結びつく。企業の成績評価は，企業の自己本位ではなく，社会への貢献度と社会からの信頼度で，そのレベルが決定されるであろう。

この点，我が国の経営倫理学会が，消費者，従業員，投資家・株主，地域社会の，ステークホルダー・マネジメントの責任ある企業として，傾聴，対話，情報開示，最善行動及び公正分配の5原則を掲げ，21世紀における，社会からの企業評価の新基軸づくり[56)]に乗り出したことが注目される。財界の総帥，経団連も，その最新の「企業行動憲章」（2002.10.15）に関する「実行の手引」の中で表明している。要約しよう。「大企業は，社会の公器であるとの自覚の下

に，トップ・リーダーシップを発揮して法令遵守と企業倫理を軸とする行動規範を徹底し，企業市民として社会と共に歩み，企業の公正・透明性を確保し，社会から信頼と共感を得られるような，広く社会にとって有用な存在でなければならない」。世界市場における商品と株式の評価だけではない。社会から見た企業行動の評価が向上することが，品格のある企業価値の増大に寄与してゆく。

そのために，企業統治の最善行動規範の構築とその実践が，我が国大企業の基本課題となる。世界の良き企業市民への道もそこにある。しかも，情報革命の今日，決断は迅速化を要する。米国主導の経済グローバリゼーションは，弱肉強食の市場競争を通して，価値観の変革を迫る。内向きの「庇護と依存」の風土に，外向きの「監視と挑戦」の気風を導入する。企業の意識と行動を，内から外へ，供給から需要へ，同質から異質へ，定着から流動へ，安定から挑戦へ，従属から開拓へ，横並びから独創へと促す。年功の帰属型閉鎖性の壁に風穴を開け，実力の契約型開放性を引き入れる。つまり，市場の論理を組織の体質の中に浸透させる。加えて，過当競争の後始末から挑戦の危機管理へ布石する。その結果，企業行動の公正性，客観性，透明性を高め，同時に，企業内外に公正自由競争の活力を促す。しかも，スピードが速い。根回しボトムアップでは間に合わない。トップダウンのイニシアティヴが求められる。制度の14年立法の背後に流れる，この時代の潮流をよく見極め，企業統治の舵を取らねばならない。

最後に，本稿執筆に当たり，主題に関する最新の情報を寄せて頂いた，日本監査役協会理事伊藤智文氏に，厚く感謝申し上げる。

注

1) 「商法」(明治32年6月施行)の他に，大会社に対する特例を定めた「株式会社の監査等に関する商法の特例に関する法律」(昭和49年10月施行)を含む。
2) 大田誠一他，議員立法による「企業統治に関する商法等改正」。
3) 法務省による「経営手段の多様化及び経営の合理化を図るため等」の「商法」改正。通常，「委員会等設置会社制度の商法改正」と言われる。
4) 参照，丹生谷龍「コーポレート・ガバナンスについて——企業統治の国際比較」熊本県立大学総合管理学会「アドミニストレーション」第5巻第3号，1999.3.25.発行，25頁。
5) 参照，貫井陵雄『企業経営と倫理監査』同文舘，平成14.3.5.発行，85頁。経営行

動力(マネジメント)に対する経営監視力(モニタリング)が，統治(ガバナンス)における監視・監督の総称とみている。一般的には執行組織体から離れた独立した立場で経営者行動を調査・評価することをモニタリングと称する。

6) ① 参照，出見世信之『企業統治問題の経営学的研究―説明責任関係からの考察』1997.9.25. 発行，文眞堂，45–48 頁。② 前掲注 4, 53 頁。

7) ① 前掲注 4, 24 頁，62–64 頁，丹生谷龍「アドミニストレーションと共に」「アドミニストレーション」第 4 巻 3–4 合併号，1998.3, 224 頁。② 参照，丹生谷龍「EC 主要国の経営体制と監査制度」監査役 No. 284, 日本監査役協会，1991.2.25. 発行，24 頁。

8) 水野順一他 9 名「21 世紀における企業評価の新基軸」(SMIX 21) 日本経営倫理学会・ステークホルダー・マネジメント研究部会，2003.5. 発行，12 頁。

9) 前掲注 4, 38–41 頁。

10) 前掲注 7 ② 参照，20 頁，24 頁。

11) 同上，20–21 頁。

12) 参照，山本一範『社外取締役および社外監査役のモニタリング機能に関する研究』蒼文社，2002.2.22. 発行，34–35 頁。

13) 吉井毅「わが国独自の監査役制度の課題と展望―コーポレート・ガバナンス改革の渦中で」経理情報（No. 1020），2003.6.20. 発行。

14) 前掲注 4, 57 頁。

15) 前掲注 12, 38–40 頁。

16) 条文の表現が従来の「……を得」から「……を要す」に改正された。

17) 監査役が在任中に，本人の意に反して社長から不相当に辞任を求められて辞任させられることのないように牽制の狙いがこめられる。

18) 今回の改正で，その会社及び子会社に勤務していた者はすべて，社外取締役にはなれないこととなった。この要件は米国より厳格である。

19) 米国は，監査委員会だけが設置を義務づけられており，しかも，構成員全員が独立した社外取締役でなければならない――サーベンス・オクスリー法の規定に基づいた SEC の上場規制による。日本は指名と報酬の委員会も法定されたが，監査も含めて，社外取締役は過半数でよいとされる。

20) 前掲注 6, 98–101 頁，なお，カルパースはカリフォルニア州公務員退職年金基金。

21) 14 年立法以前のいわゆる「執行役員」は取締役のリストラ，ボードのスリム化を狙った「従業員であるオフィサーへの降格」と見られる面あり，経営者としての法的自覚も不充分とされていた。

22) 14 年立法による「使用人スタッフによる支援」だけでなく現行の常勤監査役を新しい監査委員に任命することも含め，常勤化も必要。

23) 丹生谷龍「いわゆる終身雇用制度の変遷について―日本型経営雇用政策の論理とその歴史思想」熊本県立大学総合管理学会「アドミニストレーション」第 1 巻 1–2 合併号，1994.12.27. 発行，34 頁。

24) 同上，33–36 頁，59–60 頁。

25) 監査役になると，日本監査役協会が商法を含め監査役研修を広く実施しているが，取締役にはその機関がない。また，就任しても従業員の上級管理職意識が残っている。商法を研修しなくても実務はこなせる。

26) 高橋浩夫「日米におけるコーポレート・ガバナンス問題の背景と本質」中央大学企業研究所年報第 22 号，2001.9.30. 発行，176–182 頁。
27) 前掲注 9 と同じ，なお法規遵守と経営倫理の米国企業事情は同 54–56 頁。
28) 同上，36–38 頁。
29) 同上，43–46 頁。全米企業取締役協会の '97 年「企業統治調査」。
30) 前掲注 6，78–79 頁。
31) 日本監査役協会-監査法規委員会「監査役からみた平成 14 年商法・商法特例法改正の把え方」平成 15.4.10. 発行，12–13 頁。
32) 前掲注 4，68 頁(注 70)。
33) 前掲注 6，151 頁。
34) 前掲注 12，92–124 頁。なお，調査資料原典は，主として東京弁護士会，会社法部「執行役員，社外取締役の実態調査」2000.2. 及び日本監査役協会「2001 年における監査役制度の運用実態に関する調査報告書」監査役 454 号，2002 年。
35) 同上，社長と監査役の面談は，特に 115–119 頁。
36) 日本監査役協会「委員会等設置会社移行に関する情報」平成 15.7.9。
37) 同上，日本経済新聞 2003.6.27. 記事。
38) 前掲注 4，41–43 頁。なお，GM の「企業統治に関する取締役会のガイドライン」1994 の内容は，CEO の社外取締役に対する自信を示唆する面あり，非常に興味深い。
39) 前掲注 36，日本経済新聞は注 37。
40) 東芝は日本経済新聞 2003.7.15. 記事(岡村正社長)。
41) 野村は日経金融新聞 2003.7.15. 記事(古賀信行社長)。
42) ① 花王は経理情報 2003.7.20.（No. 1023）記事，12 頁。② 参照注 12，146–148 頁。山本一範氏の社外役員による選任役会。
43) 同上，① 12–13 頁。
44) 日経ビジネス 2003.5.19. 号，134 頁(新日鉄取締役西川元啓)。
45) キヤノンは日本経済新聞 2003.7.15，朝日新聞 2003.6.15. 記事(御手洗冨士夫社長)。
46) 経理情報 2003.6.20.（No. 1020）（日本監査役協会会長吉井毅)。
47) 同上。なお，米国でも，監査委員会の責任は年と共に重くなり，従来の「監査させる」から「監査する」へ日本的監査役に近づく説あり(前掲注 12，72–73 頁)。
48) 前掲注 4，66 頁(注 30)，94.11. 創立，米国型企業統治論を主張。前掲注 12，49–50 頁。
49) 厚生年金基金連合会株主議決権行使基準(平成 15.2.20. 制定)。米国型企業統治への移行を積極的に評価している。
50) 社外取締役の効用について現実論が，日本監査役協会，経団連，理想論が，日本コーポレート・ガバナンス・フォーラムと年金基金ファンド，経済同友会がその中間に位置づけられる。
51) 参照，前掲注 31，6–17 頁。同協会監査法規委員会が，監査役会型及び取締役会型それぞれについて監査実務上の見地から運用上の検討課題を具体的に発表している。
52) 前掲注 4，61 頁。
53) 同上，62 頁。

54) 前掲注 4, 36 頁。
55) 同上, 51 頁。
56) 前掲注 8, 21 頁。

総合管理論 Comprehensive Administration / Management の抬頭について
―組織理論的基礎づけを中心にして―

今 野　登

はじめに ―問題提起―
1. 「作業関係論」の展開(その1) ―「作業分割論」として―
2. 「作業関係論」の展開(その2) ―「作業調整論」として―
3. 「組織構造論」の発展(その1) ―「組織類型論」として―
4. 「組織構造論」の発展(その2) ―「組織調整論」として―
5. むすびにかえて ―いわゆるポスドコルブ POSDCORB を巡って―

はじめに ―問題提起―

　なによりもまず，本稿「総合管理論 Comprehensive Administration / Management の抬頭について―組織理論的基礎づけを中心にして―」は，前稿としては「行政管理論 Public Management の系譜について―伝統的公共管理論 Public Administration をめぐって―」を引き継ぐものであることを，予めお断りしておかなければならない[1]。というのは，本稿と前稿は(前稿の表題が明白に示しているように)，「行政管理論 Public Management の系譜について」ということでは，共通の問題を取り扱っているのであり，本稿は(それの表題がまた示しているように)，行政管理論そのものをも経営管理論 Business Management の発展と密接に関連するものとして強調している。すでに明らかであるように，ここでは(われわれにおいては)，行政学と経営学とは同じく「管理論」Administration / Management と呼ばれ，両者が相まって一つの(一般的)管理学を形成するものとされるのであるが，さらに管理学の中でも相互に独自的な研究諸領

域をなすもの(「総合管理論」Comprehensive Administration / Management)として位置づけられる。もちろんそのような経緯は，学説史的な研究を通してのみ実証的に明らかにされるのであり，それが当面の課題をなしている[2]。

しかしまたここでは管理論研究のわれわれの分析視角についても述べておかなければならないのであり，それは管理そのものを発議 Initiation と執行 Implementation に区別する接近方法(アプローチ)である。すなわち，発議は政策 Policy または戦略 Strategy の決定であり，執行はそれらの実施 Execution (管理諸過程)を意味する。そしてそのような区別が公共行政と企業経営を対比して位置づけるさいに重要であり，公共行政では前者(発議)が中心であるのに対して，企業経営では後者(執行)が中心である(同様の区別が「政治」では政治と行政のそれであることは言うまでもない)。

1. 「作業関係論」の展開(その 1) ―「作業分割論」として―

はじめに(イントロダクションとして)述べたように，本稿の研究対象は伝統的公共管理論の抬頭であり，しかも経営管理論の発展とも密接に関連するものとしてである。したがって本稿で取り上げる(学説史的)文献としても，前稿「行政管理論 Public Management の系譜について」におけると同じギューリック L. Gulick とアーウィック L. Urwick の編著『管理科学論集』*The papers on the science of administration*, 1937 に依拠するのであるが，そのなかでもわれわれの注意を惹くものは，前稿ではアンリー・ファヨール Henri Fayol の論文 "The administrative theory of state" であったが，本稿においては編著の最初の論文であるギューリック「組織理論注解」L. Gulick, "Note on the theory of organization" に他ならない，ということである。そしてそのさいの筆者の分析視角の相違に関連して，若干の説明を付け加えるならば，前稿では，H. ファヨールの原点に立ち返って，かれの主著『産業および一般の管理』*Administration Industriell et Générale*, 1916 から始められたのであり，それは，管理問題に対する(公共行政と企業経営の共通面を強調する)，一般的な接近方法を意味している(本来的には企業経営において展開された，管理過程論の公共行政への適用である)。それに対して本稿ではギューリック / アーウィックの編著そのもの

総合管理論 Comprehensive Administration / Management の抬頭について　　　165

の問題提起的な論文「組織理論注解」が真正面から取り上げられるのであり，そのさいには，管理諸過程の問題に対する(公共行政と企業経営の相違面にも注意を向ける)いわば具体的な接近方法が取られている，ということができるであろう。

　そのようにしてまず伝統的な公共管理論の抬頭を意味する『管理科学論集』の最初の論文(ギューリック「組織理論注解」)がいかなる意味で問題提起的なものであったか(管理論的研究ではなく，組織理論的な研究であったのか)，われわれなりの率直な疑問もまた解消されたことと思われるが，それはまさに公共行政と企業経営の顕著な相違が発議(政策または戦略の決定)段階に続いて，執行(それらの実施)段階(管理諸過程)でも，とりわけ組織化 Organizing において見られる，ということであろう[3]。

　さらに続いてギューリック「組織理論注解」の編別構成を示すことから始めるならば，つぎの通りになっている。すなわち，1節「作業の分割」The division of work, 2節「作業の調整」The Co-ordination of work, 3節「組織的諸類型」Organizational Patterns, 4節「部門化システムの相互関連」Interrelation of System of Departmentalization, 5節「諸理念による調整」Co-ordination by Ideas, 6節「調整と変化」Co-ordination and Change というのであり，全体としても1節(作業分割論)および2節(作業調整論)がいわば序論であり，3節(組織類型論)から最後(4節，5節，6節)までが本論ということができる。ここでは本稿そのものが，うえの編別構成に従い，それに準拠しており，前半の「作業関係論」が「序論」，そして後半の「組織構造論」が「本論」に当たるものである。そればかりではなく，前半，後半の全体を通して，「調整」Co-ordination が前面に現れてくることに，注意して貰いたいのであり，いわゆるポスドコルブ POSDCORB を巡って，というのがそれである[4]。

　そこで，ギューリック「組織理論注解」の前置きの全文を示すことから始めるならば，つぎの通りである。「すべての大規模な，または複雑な企業 enterprise は，多くの人びとをしてそれを前進させることを要求する。そして多くの人びとはどこで一緒に働くのであれ，最良の結果はかれらの間で作業の分割が，存在するときに確保される。したがって組織の理論は，企業の作業分割諸単位 work-division units に課された調整の構造 structure of co-ordination に関係が

ある。それゆえ活動 activity がいかに組織されなければならないかを決定することは、同時に問題の作業が、いかに分割されなければならないかを考えることなしには不可能である。作業分割は組織の基礎であり、実際に組織の理由である」[5]。見られるように、ギューリックは、一般組織理論的な研究をもって始めるのであり、公共行政と企業経営の両者を組織として捉えている。すなわち、それらはまず活動のシステム(組織体)としては、同じものであり、そのうえで最後に両者の相違面にも注意を向ける、という接近方法である。なによりも「活動」は、さらなる諸単位に分割される諸作業の総体を意味しており、その際の総括が組織化そのものに他ならない。そればかりではなく、作業分割 work-division と作業の調整 co-ordination of work は相互に密接な関係にあり――いわば裏腹の関係にあり――、そのようなものとして組織化の前提になっている(そのようにしてまた本稿が、序論としては「作業関係論」をもって始まり、そして本論としては「組織構造論」へと進むことも容易に理解して貰えるところであろう)。

そしてここでは「作業関係論」の展開としても、その1「作業分割論」から始まって、その2「作業調整論」へと進むのであり、そうした順序で立ち入って見ることにする。ギューリックが述べているように、もちろん作業の分割は(経済学でいうところの分業 division of labor と異なるものではなく)、活動の組織化(組織そのもの)の前提であり、人びとがどこで一緒に働くのであれ(民族または国家においてであれ)、作業調整(分割諸単位のそれ)へと導くのであって、まさに実態に迫ることになろう。

なによりも作業分割論の手始めとして作業分割の理由と効果を考察することが、適切であり、当面の目的にとっては、作業分割の理由 Why Divide Work、分割の諸限界 The Limits of Division、全体と部分 The Whole and the Parts という諸要因に注意することで十分であるとされる[6]。したがってそうした諸要因の詳細にまで立ち入る必要はないであろうが、作業分割の諸要因は比較的によく知られている。すなわち、作業分割の理由は、① 人びとが性質、能力、熟練において異なり、専門化によって機敏さを獲得する、② 同じ人間が同じ時間に、二つの場所で働くことができない、③ 一人の人間が同時に二つのものを行うことが出来ない、そして ④ 知識と熟練の範囲は、人がかれの寿命の範囲内

でそれの小さな断片以上に知ることができないほど大きい，ということである[7]。そして作業分割の理由に続く，それの効果に当る分割の限界，全体と部分等が，作業調整に関連することも容易に理解されるであろう。さらに立ち入るならば，ギューリックによれば，分割の限界は，① 人間の時間 man-hours に含まれる作業の量から生じる。すなわち，作業の再分割が，一人の時間全部よりも少ない課業を要求するに過ぎないのであれば，なにものをも得るところがない。② 分割の限界は与えられた時間と場所での技術と慣習から生じる。そして ③ 分割の限界は作業の再分割が物理的限界を超えて，有機的な限界に適合しなければならないということはない[8]。しかしここでは全体と部分という要因も重要であり，すなわち，「異なった熟練的専門家たちの間での作業の分割においては計画と調整での専門家もまた同様に求められなければならない。もしそうでなければ，大量の時間が失われる，作業者はそれぞれ違った方法で得られる，材料も必要とされるとき得られず，物事が間違った順序でなされて，意見の相違すら生じることになろう」[9] というのである。

2. 「作業関係論」の展開(その 2) ―「作業調整論」として―

そのようにしてわれわれの「作業関係論」は，その 1「作業分割論」から，直接的にその 2「作業調整論」へと進むのであり，それもまた計画と調整という管理諸機能が初めから前面に現れる，といった関連においてである。L. ギューリックによれば，組織の理論は，企業の作業分割諸単位に課された「調整構造」に関係があり，組織はそうした調整構造そのものに他ならない，ということになろう。すでにこれまでにも(とくに作業の再分割との関連において，またそれの二つの諸原則を含めて)，作業調整論の諸要因が取り扱われており，本格的にそれへ進むことにするが，やはりここでも二つの諸原則に関連する，組織を通した調整と理念の支配によるそれとが，中心である。作業調整論の諸要因としては，まず規模と時間が調整の展開における大きな制限的要因になり(「権威の構造」が必要とされる)，つぎに時間と慣習が関連した要素が調整において極端に重要になる(人間が慣習の産物になる)，というのである[10]。もちろん「作業分割論」と「作業調整論」の両者に共通する，二つの(管理)諸原則という

のは，一つは組織を通した調整(権威の構造)であり，もう一つは理念の支配による調整であり，それらはまたそれぞれの(異なる)諸要因(諸要素)と呼ばれる，両者が対応すべき諸問題に関連している，ということを確認しなければならない。

「作業調整論」は組織を通した調整 Co-ordination through Organization をもって始まり，統制範囲，一人の親方，技術的能率，警告専門家 Caveamus Expertum という諸要因に注意するが，作業の再分割 subdivision of work が逃れられないのであれば，調整が義務的になり，そのさい調整は，一つは組織によって，すなわち作業再分割を「権威の構造」に位置づけられている人びとに割り当てることによって(上司の部下に対する命令によって)，もう一つは，理念の支配によって，すなわち，集団として一緒に働いている人びとの精神と意志とにおける，目的の知的な単一性 Intelligent singleness of purpose の展開によって(作業者の自分の仕事の全体への適合により)そうした二つの主要な方法において達成される(調整の二つの諸原則は相互に排他的ではない)[11]。そのようにして，いずれもが組織の中での人間の関係の問題であって，したがって「それ故，調整の問題は，小企業と大企業において，単純な状況と複雑な状況において，安定的な組織と新しい変化する組織とにおいて異なった強調をもって接近されなければならない」，とされるのである[12]。要するに，調整の方法としては理念の支配によるものよりも，組織を通した(権威の構造による)それが中心であり，ここまで来れば「作業調整論」は「組織類型論」に直接的に結びつくものとなる。

ともあれ組織を通した調整は，既に明らかではあるが(それを総括することにして)，調整の方法としての組織は，それによって企業の中心的目的または目標が(それぞれ自分の特殊的時間と場所において働いている)多くの専門家たちの結合された努力を通して現実に転換される，権威のシステム the system of authority の確立を要求するのであり，かくして組織の問題は，中央での執行者 executive と周辺での作業の再分割との間に，伝達と統制 communication and control の有効な網の目を確立する問題である。そしてまたギューリックによれば，権威の構造の確立が，組織の理論の中心的な関心事であり，組織(第4段階)が作業再分割のすべてを調整し，作動させ(第3段階)，主要な目標が有効に

達成される(第1段階)ことを指揮者directerに可能にさせる(第2段階)，というのである(四つの諸段階を，図式的に示すならば，組織構造→作業再分割→指揮者[伝達と統制]→目標達成ということになろう)[13]。

ところで，これまでにも調整を中心にして，計画，指揮，統制等関連して述べられてきた，管理諸過程の全体像を予め示しておくことにして，しかも資料ということではギューリックの論文そのものからの原文として引用するならば，つぎの通りになろう。すなわち，「POSDCORBは『アドミニストレーション』と『マネジメント』がすべての特殊的内容を失ったものであるから，最高執行者たちの業務の多様な機能的諸要素に注意を呼ぶために，設計されて，つくり上げられた言葉である。POSDCORBは，頭文字からなり，つぎのような諸活動を意味している。すなわち，Planningは企業にとって設定された諸目的を達成するために，行われる必要がある物事と，それらを行う方法とを全く大まかに案出することである。Organizingはそれを通して業務再分割が定義された目標のために整序され，定義され，調整される権威の形式的な構造の確立である。Staffingは，人員staffを導入し，訓練し，業務の良好な諸条件を維持する，全体的な人事的機能である。Directingは，意思諸決定を行って，それらを特殊的および一般的な秩序と教示において具体化し，企業の指導者として役に立つ継続的な課題である。Co-ordinatingは，業務の様々な諸部分を関連づける，すべての重要な義務である。Reportingは，進行中の事柄に関して，執行者が通報される責任がある人びとを確保することであり，かくして記録，探索，精査を通して通報されるかれら自身とかれの部下とを確保することを含んでいる。そして Budgeting は，財務的な計画，会計，そして統制の形態における予算に伴うところのすべてである」[14]。

3.「組織構造論」の発展(その1)―「組織類型論」として―

そこで漸くギューリック「組織理論注解」の本論といえる，組織構造論へ進むことになり，なによりもそれ(構造論)の編別構成を示すことから，始めなければならない。というのは，「組織理論注解」の3節「組織的諸類型」，4節「部門化システムの相互関連」，5節「諸理念による調整」，そして6節「調整と

進化」がそれであるが，これまでの序論(作業関係論)におけると同様に，ここでも調整 Co-ordination が前面に立ち現れてくることが見逃されえない。もちろんこれまでには，それは作業(分割諸単位)の調整であったが，次には(組織)諸部門 Departments のそれであり，部門化 Departmentalization (組織構造そのもの)が問われることになる。しかしまた，これまでに見た(作業関係論での)調整と組織諸部門のそれとの相違についても，予め注意しておいてよいように思われる。すなわち，それは管理諸機能のなかでの「調整」の位置づけの問題であり，いわば調整の目指す方向が異なっているといえよう。例えばこれまでの作業分割(再分割)では，組織(権威の構造)を通した調整が，理念の支配によるそれよりも優越していたのであり，組織そのものが調整の方法として位置づけられていた。それに対して(組織)諸部門の形成(部門化)では，同様の調整方法が継続されるにもかかわらず，権威の形式的構造(組織構造そのもの)の確立が問題(目的)であり，管理諸機能としても Co-ordinating にとって代わって Organizing が中心になる(それらは段階的に循環されるばかりではなく，同時的にも反復される)[15]。

なによりもまず3節「組織類型論」ではギューリックは組織問題の取り扱いにおける理論と実践の相違から出発しており，組織の理論の討議における混乱の源泉の一つを権威(執行者)たちが一方では上から，他方では下から考察することのうちに見ている。組織の上からの考察 Top down は，それを最高執行者のもとでの企業の再分割のシステムと見なし，下からの考察 Bottom up は，結果的には最高執行者に従わせることになる，作業の個別的な諸単位の集合体 Aggregates への結合システムと見なしており，どちらの接近方法も全体的な問題の考察へと導いている。それに対して実践的な状況においては組織問題は，つねに上からと，下からとの両方から接近されなければならない。そうした実践的な必要性は，理論的にも同様に健全な過程ではないであろうか，問題になるが，もちろん実践，とりわけ組織(再組織)の計画では，人びとは(中心において at the center) 二つを融和させようとするのであり，最高執行者のもとでの最初の再分割の計画では統制範囲の限界の原則，そして専門化された諸機能の最初の集合体の形成では同質性の原則が適用されなければならない，というのである[16]。

総合管理論 Comprehensive Administration / Management の抬頭について　　　171

　そのようにして予め確認しておいてよいであろうが，組織構造論ではギューリックは理論的討議よりは，むしろ実践的必要性を重要視しているように思われる，ということである。しかしまたここでより一層重要なことはうえの組織問題への二つの方向からする接近方法(アプローチ)が，ギューリック自身の提案でもあり，さらにかれが定義するポスドコルブ POSDCORB にも導くということであろう。例えばまず，組織の上からの考察(再分割の計画)では，統制範囲 span of control の限界の原則が強調されるのに対して(それは階層化の問題であろう)，下からの考察(集合体の形成)では，警告専門家との関連等において同質性 homogeneity の原則の適用が述べられている(それはまさに部門化の問題である)。そしてそれらが，一方での最高執行者と他方での(現場の)執行者(専門家)の役割の相違を含み，かれ自身も述べているが，うえに提示された提案の効果は，複雑な状況において，より一層適切にもなるように，執行者の諸機能を組織化し，制度化することにある。それは実際には，なんら新しいアイデアでもなく，例えばかれに私的な秘書を与えるなどのように，まさにそうした方法で，たとえ違った次元においてではあれ，最高執行者の仕事 job の他の諸局面が組織化されることである。もちろん，そうしたことを行うまえに，仕事そのものの明確な図式を持つことが必要であり，それはわれわれに，「最高執行者の作業 work は何であり，かれは何を行うのか？」という問題を齎すのであり (Organizing the Executive)，そしてそれに対する答えが，ポスドコルブである，というのである[17]。

　いわゆるポスドコルブ POSDCORB そのものは，周知のところであり，説明する必要もないであろうが，ギューリックもまた最高執行者の作業のうえの叙述が，ファヨール H.Fayol の『産業および一般の管理』において精緻化された，機能的な分析から採用されたものであることを，承認している。もちろんポスドコルブは，執行者の主要な諸活動および諸義務についての理論的分析の成果であり(かれはそれを七つの要素と呼んでいる)，さらにそれらの実態的分析へ進まなければならない。ギューリックによれば，最高執行者の主要な諸義務は執行者の再分割 subdivisions として分離的に組織されることも出来るであろう(最高執行者の分離的取り扱いである)。そうした再分割の必要性は，完全に企業の規模と複雑さに依存するのであり，「大きな諸企業においては，とく

に最高執行者が，実際にかれに投げ掛けられた作業を行い得ないところでは，ポスドコルブの一つまたは多くの部分が再分割されることが推奨されるであろう。そうしたことはわれわれの大きな政府諸単位の多くにおいて，承認されてきたのであり，それに注意することは興味あるところである」，というのである[18]。

すでに明らかであるように，「作業関係論」に続く「組織構造論」の中心的な問題は，執行者たちの諸機能を組織化，制度化することであり，それの最終的な結果が組織の多様な諸類型(パターン)に示される，組織構造そのものに他ならない。したがってギューリックにおいては，理論的分析に続いて実態的分析が重要視されるのであり，ここでもわれわれはそれに従っていくことにする(しかし具体的な事例は省略させて貰いたい)。ただしかれにおいては，大きな諸企業と並んで(むしろそれらよりも)政府的諸単位の分離的な制度化に関心が持たれており，それにも注意しなければならない(総合管理論の研究としては，避けられないところである)。かれによればまず，(アメリカ合衆国)連邦政府においては，つぎのような分離的な制度化が確認される。すなわち，「たとえまだ展開においては未発達であるけれども，National Resources Committee のもとでの Planning，たとえその建設的な役割を見逃したけれども，Civil Service Commission のもとでの Staffing，初歩的な形態における National Emergency Council と Central Statistics Board のもとでの Reporting，そして Budget Bureau のもとでの Budgeting がそれであり，それらの執行諸機関は事実上 Budgeting と Planning において最高執行者の管理的な腕として役立っている」[19]。

ところで，うえのような同時に政府的諸単位の分離的制度化である，執行者の機能の組織化，制度化の実態的分析は理解されるとして(管理の研究者たちにより，興味をもって注目された)，いまだに理論的な諸問題が残されており，そしてまた詳しくは業務諸部門の組織化と，執行者たちの諸機能の組織化，制度化とは区分して取り扱わなければならない。むしろ業務諸部門の組織化(部門化そのもの)こそが問題の焦点であり，いわば底辺からの分析が必要になる(企業の組織化ではなおさらであろう)。ギューリックは続けて述べているが，「底辺からの組織の形成において，われわれは遂行されなければならないすべてのものを分析し，またそれらが同質性の原則を侵害することなしにいかなる集合体に位置づけられ得るかを決定する，という課題に当面することになる。……す

べての作業者はそれぞれの位置において，つぎのものによって特徴づけられなければならない。すなわち，① 水の供給，犯罪の統制，教育の運営のような，かれが役立つ主要な目的 purpose，② 工業，医療，大工，速記，統計，会計のような，かれが用いる過程 process，③ 移民，退役軍人，インディアン，森林，鉱山，公園，孤児，農民，自動車，貧民のような取り扱う，または役立つ人びとまたは物事 persons or things，④ ハワイ，ボストン，ワシントン，乾燥平原地帯，アラバマ，中央高等学校のような，かれがかれの用役を与える場所 place がそれである」[20]。

見られるように，うえの作業者が特徴づけられる諸要因が公共管理(行政)に関わるものであることは明らかであり，さらに二人の人が同じ方法で，同じ人びとのために，同じ場所で，正確に同じ作業を行うところでは，かれらの仕事の明細は ①，②，③，④ のもとで同じになるであろう。そうした作業者はすべて容易に単一の集合体で結合され，一緒に監督される。しかしかれらの作業は同質的ではあるが，うえの四つの諸項目のいずれかが異なるとき，なにが結合可能であるかの決定において，与えられた前提になるものを決定するため諸項目の間で選択がなければならない。すなわち，作業者の位置づけとの諸関連において，作業諸単位の統合が提起されているのであり，第1に，目的の基礎のうえで，また過程の基礎のうえで組織される諸部門の相互関連の性質は前者を垂直的，そして後者を水平的諸部門として考察することによりよく説明される。第2に，それらの諸部門のいずれの一つも，重要な用役を遂行するために設置されて，それが内包する主要な目的の達成のために必要とされる，すべての人員で十分に装備された部門として考えられる。そして第3に，地理的な分割，すなわち場所の基礎のうえでの部門化は，組織の類似した，代替的計画を提示している。そのようにキューリックにおいては部門化の三つの諸計画が示され，三つの図も挙げられている[21]。

うえの部門化(業務諸部門の組織化)の理論的な説明は，つぎの三つの図式によって継続されるのであり，それらのうち第1図(組織における目的および過程再分割)と第2図(組織における地理的再分割)とは，それぞれが垂直的ネットワークと水平的ネットワークとの組み合わせを示している。第1図では目的諸部門(医療部門，教育部門，警察部門，公園部門)が垂直的ネットワークであり，

過程的諸部門(書記的・秘書的用役，財務部門，技術部門，動力化用役)が水平的ネットワークである。また第2図では，目的諸部門(医療，教育，警察，公園)が垂直的ネットワーク，地域的諸部門(ダウンタウン，ノースサイド，サウスサイド，ウェストサイド地区の指揮者，スタッフ)が水平的ネットワークになっている。そして第3図(組織的相互諸関連の基礎構造)は，第1図と第2図とを一つにする図式であり，目的諸部門は実線ネットワーク solid network，過程諸部門は星型ネットワーク star network，そして地域的諸部門はダッシュ・ネットワークという三つの枠組みの組み合わせになっている[22]。それらはまた垂直的，水平的な諸部門 Departments Vertical and Horizontal として総括されているのであり，それがかれの「組織類型論」の帰結をなすものである。

　先へ進むことにして，「組織類型論」そのものの各論に当たる以下の諸論議は，主要目的による組織化，そして主要過程による組織化などの考察であり，しかも主として図式的な説明になっている(そうした意味では「組織類型論」の総括であり，図式的にもうえの図1から図3に従っている――したがってここでは簡潔に取り扱いたい――)。それらはうえの垂直的，水平的な諸部門に関する論議の延長線上にあり，なによりもまず主要目的による組織化が見られるが，それは水の供給，犯罪の統制，教育の運営などといった主要目的に関連する。ギューリックによれば，そのような目的諸部門は垂直的ネットワークとして示されるのであり，結局，ここでも特殊的な用役を与える，業務にある人びととをいかにして単一の部門に編成するか，ということが問題であるが，組織化のそうしたタイプの利益は，三つあるとしている。すなわち，第1に，指揮者への責任の集中であり，第2に，公衆による承認または不承認であり，そして第3に，職員の活動への集中である(それは組織化の政策または原則の効果の検討である)[23]。つぎに主要過程による組織化が問題になるが，これまでの目的の支配と過程のそれが重複し，葛藤する諸事例が多く見られる(そうした組織化の効果もまた同様である)。すなわち，そのさい過程というのは，うえで主要目的と言われた，工業，医療，大工，速記，統計，会計などに関連し(ただし表現としては水の供給，犯罪の統制，教育の運営などと言われた)，それらの業務そのものを指している(したがって図式的にはこれまでの垂直的ネットワークに対して，水平的なそれとして示される)。ともあれ，主要過程による組織化は業務におい

て与えられた熟練や技術の使用を行う，または職業を行う構成員である，すべての人びとを単一の部門へと齎らす傾向がある[24]。

さらにうえの目的による，そして過程による組織化に続いて，つぎの二つの組織化があり，依頼人または原材料による組織化，場所による組織化，というのがそれである。

依頼人または原材料による組織化は，さきの「作業調整論」でも見られたものであり，それは業務者が役に立ち，取り扱う人びとの，または取り扱う物事の基礎のうえでの組織化である。そして最後に場所による組織化があり，それもまた既に言われた組織での地理的な再分割に当たるものである。すなわち，用役が遂行される場所の基礎のうえでの組織化は働くすべての人びとをかれらが行っている用役，または代表する技術を顧慮することなく，ある制限された領域に集合させる組織化に他ならない[25]。

4．「組織構造論」の発展（その2）―「組織調整論」として―

そのようにして，われわれは漸く組織理論の中心である組織調整論へと進むのであり，ギューリック「組織理論注解」の総括を意味する，4節「部門化システムの相互関連」，5節「諸理念による調整」，そして6節「調整と変化」について概観することになる。そしてわれわれは既に前段階において組織類型論を経過しており（それを前提にすることが出来るのであり），組織調整論の主要な問題は部門化システム the system of departmentalization とも言われる，部門間調整 Interdepartmental co ordination の諸手段に関するそれである。しかしながら業務諸部門の組織化（部門化）の十分な理論的説明もまだ終わっておらず，かれはここでは（図式的な分析の総括に続いて），それなりの纏めを目指すことになり，これまでにも組織の実践と理論と言われてきた。というのは，既に作業調整論などで見られたように，一方での組織を通した（権威の構造とも言われた）調整，他方での，理念の支配による（目的の知的な単一性の展開とも言われた）調整という二つの主要な諸方法の関連の取り扱い（管理または組織の諸原則のそれでもある）などの問題が残されているからであろうが，図式的な分析は，組織の実践と理論において生じる主要な疑問や考察などを明らかにするために

役立つのであり，たとえそれらが他の場所でより体系的に述べられるとしても，そのような関連において，それらを確認することを見誤ってはならない，というのである[26]。

なによりも4節「部門化システムの相互関連—部門間調整の諸手段」から見ることにして，ギューリックによれば，管理の研究者たちは，効果的な部門化の単一の原則を長い間探してきたが，どうやら無益に終わり，部門化主義の一つの有効なシステムは存在しないようである。というのは，組織の四つの基礎的システムのいずれも，他の三つに関連しているからであり，そのことが再考されなければならない(基礎的システムは，既に見た部門化そのものの諸手段を意味し，部門間調整の諸手段とは明確に区別されなければならない)。すなわち，いかなる企業においても，四つの諸要素のすべては業務を行うことに現れて，すべての個人的な業務者に具体化されているからである。企業のいずれの構成員も，① なんらか主要な目的のために働いており，② なんらかの過程を用い，③ なんらか人びとを相手にして，そして ④ なんらかの場所で役立つか，働いている。もしも組織がそれらの四つの業務の諸特質のなんらか一つで建設されるとしても，それは業務の二次的または三次的諸部門を構築するとき，他の諸特質をも認識することが直接に必要になる(それが調整の出発点である)[27]。

そしてここでは——部門化システムの相互関連では——，うえの全般的な論議に続いて，以下の四つの諸問題が取り扱われている。すなわち，「方策と組織」，「構造と調整」，「持株会社の理念」，そして「部門間調整の他の諸手段」，という問題がそれである。そのような立ち入った論議——詳論——のすべてに触れることは出来ないが，少なくとも「構造と調整」は避けられないであろう(それに対して，部門間調整の他の諸手段は，主として公共管理に関するものである)。ギューリックによれば，組織の主要目的は調整そのものであり，既に述べた(主要目的による，主要過程による，依頼人または原材料による，そして場所による組織化という)部門化の四つの諸原則のいずれもが調整において異なった役割を演じるということに注意しなければならない。いずれの場合においても最高度の調整が設置された諸部門の内部で生じ，そして調整の最大の欠如と摩擦の危機が諸部門の間，または諸部門が重複する諸点において現れる[28]。

総合管理論 Comprehensive Administration / Management の抬頭について　　　177

　そのように「部門化システムの相互関連—部門間調整の諸手段」においては，調整の二つの主要な方法(一方での組織を通した調整，他方での理念の支配によるそれ)に対して，それに伴う四つの具体的な諸手段(四つの諸要素，諸原則とも呼ばれる)が示されたのであり，次には，5節「諸理念による調整」が見られなければならない。しかしまたそこでは，繰り返し提起されている二つの諸原則(政策)について，既に解決された，組織を通した調整(権威の構造が必要とされた)に続いて，理念の支配によるそれ(人間が慣習の産物になっている)が取り扱われる。残された問題の解決へと進むのであり，「組織調整論」の最後の核心的問題をなしている。ギューリックによれば，なんらか大きな，そして複雑な企業 enterprise はもしも調整への依存が組織にのみ位置しているのであれば，有効な活動はできないであろう。組織は必要であり，大きな企業ではそれは本質的であるが，企業のすべての部分の日常的な諸活動での行動の基礎，そして自己調整 self-co-ordination としては，支配的で中心的な理念の位置を占めることは出来ない。そして最高執行者の最も困難な仕事は命令ではなく，リーダーシップである。すなわち，なんらかの諸活動において結合されている，人びとの心の内にある，一つの目的のために一緒に働く願望と意志の展開である[29]。

　そして先にも(部門間調整の諸手段でも)，はじめの全般的な論議に続き，より立ち入った論議がなされていたが，ここでも含意 Implications，支配的な理想 Dominant Ideals，雇用と叱責 Hire and Fire という諸問題が取り扱われており，それらのうち，少なくとも含意については触れていくことにする。というのは，結局それ(含意)は戦争と作業での志気，集団努力の心理学，そしてリーダーシップの方法などについて書かれており，それらを詳述する必要はないが，調整の問題に直接的に関わる，次のような特殊的な諸要素には注意することが適切であろう(それは諸理念による調整の核心的な問題である)。すなわち，① 人事管理 personnel administration は特別に重要なものになるが，それはたんに各種の位置に資格づけられた受託者 appointee を見いだす観点からばかりでなく，それよりも諸個人の選択において，そして正統性と熱意の基礎を創り出すことで，役立つ諸条件の維持で援助するという観点からである。② 努力 effort は，組織の構造が権威による調整を生み出すため整序されるところで，調

整的な努力と妥協によって，動機的な諸理念を開発するためになされるであろうし，そのようにして企画の理解，それ(企画)の形成，実現への参加の感覚，熱意が存在することになる。そして ③ 報告と評価 reporting and appreciation は，公衆 public への，そして立法的な団体の統制に対する正当なる報告と，公共的な雇用者によって与えられた良き用役についての公的な評価とであり，そうした民主的な統制の過程の部分としてのみならず，用役志気の展開のための手段としてもまた本質的である[30]。

　最後に，6節「調整と変化」について見ることにして，それはそれでギューリックの「組織理論注解」の総括を意味し，そしてアーウィックとかれの『管理科学論集』の問題提起的な位置を占めることになる(「組織理論注解」は編著の最初の論文である)。しかしそれはこれまでの「組織調整論」の纏めであり，なによりも「調整の諸限界」から始められる。すなわち，人間はたとえ相互に関連してであれ，体系的調整という人間の力を超えて出る諸活動を引き受けることが出来るであろうか，問題にしている。それは元来大経営 big business において提起されたのであるが，それに対して政府においては，規模と複雑性のために，われわれがまさに対面している問題なのである。例えば，そうした努力は，政府がたんに社会的統制ばかりではなく，生産や分配をも調整しているイタリア，ドイツ，ロシアでは余り励みにならないが，より少ない程度で，そして規制の広範な枠組みの内部でイギリス，フランス，合衆国は公共的統制の大きな賦課をもって，同じ目的のために努力している。もちろんそうした問題には経済学や政治学では，簡単に答えることができないのではないが，差し当たりギューリックは，明らかにそうした努力への限界は存在しないのであり，人類は，社会的に強制された調整を通して，より確実で豊富な生活のために，それを行う用意があるとしている。それに対して調整の限界は知識および管理的熟練の欠如に見いだされなければならず，① 研究と改良された技術の採用との両方を通して，公共諸課題および行政における研究を通して前進させる。② 必要とされる熟練が，試行錯誤を通して得られるように，未完成の調整の諸領域を前進させることが，健全な政策になる，というのである[31]。

　そのようにギューリックは諸機能の自然的な増加へ進むのであり，組織が遂行された諸機能に順応しなければならないという事実から見るならば，注意は

新しい諸機能が政府的諸単位によって取られる諸過程に向けられなければならない。すなわち，まず［1. 2. 3.］顕著に新しい諸活動は一般的に，それらが政府により引き継がれ，それの通常の用役の部分になる前に，政府の外部で，私的な集団や組織により発展させられ，そうした場合はとくに高度に分権化した政府，職業化した市民用役を持たない政府で設置された。そして［4. 5. 6.］重要な諸活動もまず与えられた部局の内部で特殊的用役として生じ，ついで一般的になり，独立的な足場のうえで設定された。少数の新しい用役は，それらの他の諸用役に対する関係において，また究極的な費用または便益の考慮の後に引き受けられた。さらに［7. 8. 9.］私的な連合，圧力団体，支払われた秘書，そして市民団体の強力な新しい役員達は，政府をして新しい用役を引き受けるように仕向けることで重要な役割を演じる。共同社会または公的な用役のいずれかにおける，単一の有力で，独自的な個人は，新しい政府活動の展開においてなんらか環境的要因よりも一層影響的でありうる，といった諸仮説である。それに対してギューリックは，かれ自身の積極的仮説の提起を試みるのであり，「政府的諸機能の成長過程から見るならば，組織のメカニズムに関心ある人びとは，もしもかれらが基礎的問題を動態的なものと見ることがなければ，組織の満足的理論を展開することに失敗するであろう。政府の組織の考察においては，われわれは生きた人間のみならず，それ自身の生命をもつ有機体をも取り扱うことになる」。組織進化論（政府の進化）がそれである[32]。

5. むすびにかえて ――いわゆるポスドコルブ POSDCORB を巡って――

これまでに見られたように，ギューリック「組織理論注解」は前半の「作業関係論」と後半の「組織構造論」とに大きく二つに分かれる（ここでは前者を序論，後者を本論として取り扱ってきた）。というのは，「作業関係論」はそれ自体「組織構造論」の前提をなしており，避けて通ることができないが，それもまた全体を通して調整論が貫かれるからである。前半の「作業調整論」と後半の「組織調整論」とがそれであり，組織理論的研究としてはもちろん，管理論的分析としても（管理諸機能の一つである）調整 co-ordinating の問題が前面に現れている。ギューリックとアーウィックとの（七つの管理諸原則についての）

気の利いた文字の組み合わせとされる ポスドコルブ POSDCORB がそのことを明白に示しており，管理諸過程(諸機能)の(今日言われる)4段階である，計画→組織→指揮→統制のうち組織 Organizing が強調されるのである。

同様にして，組織理論的な分析としても(今日言われる)組織行動論 orgnizational behavior 等に見られるように，作業力 work force と並んで作業場所 work place が取り扱われるのであり(いわゆる人的資源管理 human resources management 等をも含む人事管理論である)，現代的な研究に受け継がれている，ということができる。

そればかりではなく「組織化」としての調整の二つの主要な方法をはじめ，それらの具体的な諸手段の差異に至るまで立ち入らねばならず，それはそれで公共管理と企業経営との相違に導くものに他ならない(それがここで目指す総合管理論の展開に至る経緯であることは言うまでもない)。すなわち，一方での組織を通した調整(権威の構造が必要とされる)，他方での理念の支配による調整(人間が慣習の産物になっている)がそれであり(前者は上からの，後者は上からと下からの両方を含む調整である)，具体的な諸手段との多様な関連(そして調整の諸限界)が問題になるが，やはり前者では政府が，後者では大経営が考察の中心になっている。しかし最後に公共管理論の提起としては，ギューリックは，政府諸機能の成長過程を強調するのであり，政府の進化(組織進化論)にまで到達しているが，基礎的問題を動態的に見た結果であろう(かれもまた政府という有機体がどの程度までダーウィン Darwin の生存法則に従うであろうか，自問しており，それの詳細にまで見ることは省略することにしたい)。

注

1) 前稿としては，今野登「行政管理論 Public Management の系譜について―伝統的公共管理論 Public Administration をめぐって―」，『武蔵大学論集』第48巻第2号，2000年(平成12年)12月，99-119頁を参照して貰いたい。
2) とりわけ行政学は，今日では「新公共管理論」New Public Management として強調され，学説史的に「政治学」Politics との関連とともに差異もまた問われている。たとえば，ニコラス・ヘンリー著『現代行政管理総論』Nicholas Henry, *Public Administration and Public Affaires*, 1975. は第Ⅰ部「行政管理論の学問的性格」，第1章「行政管理論の歴史―混迷の80年―」をもって始まり，その際の出発点は，ウィルソン W. Wilson の論文「管理論の研究」"The Study of Administration",

1889. ではあるが，パラダイム 1: 政治/管理二元論（1900 年～1926 年），パラダイム 2: 管理原則論（1927 年～1937 年），挑戦（1938 年～1947 年），挑戦への反動（1947 年～1950 年），パラダイム 3: 政治学としての行政管理論（1950 年～1970 年），パラダイム 4: 管理学としての行政管理論（1956 年～1970 年），パラダイム 5: 公共管理としての行政管理論（1970 年～?）という展開になっている。ここでの出発点はパラダイムとしては，うえの 1 に対する 2 であり，それが伝統的な公共管理論をなしている（中村瑞穂監訳本，N. ヘンリー『現代行政管理総論』1995 年，5–26 頁，参照）。

3) 後にも触れられるように，経営学の成立の当初から管理諸過程（諸機能）は個別的研究者によって様々な（段階的な）区分をもって取り扱われてきたが（そのために諸過程と呼ばれるのである），今日ではつぎのような 4 段階の区分が定着している。すなわち，計画 → 組織 → 指揮 → 統制 → というのがそれであり，それらがまた全体として戦略の決定を前提にして，矢印 → でもって示された一つの循環を形成

→ → → 計画 Planning → → →
↑　　　　　　⇓⇓　　　　　↓
統制 Controlling ⇓⇓ 組織 Organizing
↑　　　　　　⇓⇓　　　　　↓
← ← ← 指揮 Leading ← ← ←↓

している。そしてそれらの諸過程（諸機能）の直接的対象をなすものが，インプット・アウトプット・プロセスとも呼ばれる（⇓⇓の印で示した）実体的な経営諸活動であることも明らかであろう。

4) さきにも引用したヘンリー著『現代行政管理総論』では，ポスドコルブについて，つぎのように述べている。「ギューリックとアーウィックは，七つの管理諸原則を創り出し，そして POSDCORB という気の利いた文字の組み合わせを研究者に示した。それは管理諸原則の究極的表現であり，つぎのようなものを表していた。Planning（計画作成）Organizing（組織編成）Staffing（人員配置）Directing（指揮）Co-ordinating（調整）Reporting（報告）Budgeting（予算）これが 1937 年の行政管理論であった。」（中村瑞穂監訳『現代行政管理総論』12 頁）

5) L. Gulick, "Note on the Theory of Organization", in: L. Gulick / L. Urwick (ed.), *The papers on the science of administration*, 3. ed., 1954, p. 3.

6) L. Gulick, *Ibid.*, p. 3.

7) L. Gulick, *Ibid.*, p. 3.

8) L. Gulick, *Ibid.*, pp. 4–5.

9) L. Gulick, *Ibid.*, pp. 5–6.「作業が再分割されるほど，混乱の危険が大きくなり，全般的な監視と調整の必要もまた大きくなる。調整は，偶然によってではなく，知的な，一貫した，組織された努力によって得られる」。ここでは熟練的な専門家（管理者）たちとは異なった，作業者たちが区別されて出てくることが重要であり，そのさいの作業者たちが管理の対象になるのが，まさに計画と調整 planning and co-ordinating という管理諸機能においてである，ということも忘れられない。

10) L. Gulick, "Note on the Theory of Organization", p. 6.

11) L. Gulick, *Ibid.*, p. 6.

12) L. Gulick, *Ibid.*, p. 6.

13) L. Gulick, *Ibid.*, pp. 6–7. 統制範囲，一人の親方，技術的効率，警告専門家等については省略するが，しかし警告専門家というのは，同質性の原則の適用に関連し

(注意という言葉がむしろ適切であろう），高度に訓練された技術者が（政府により雇用されるとき），人びとが何を必要としているか，そしてそれをいかに供給するかについて，より正確に知っていることを意味する，というのである。

14) L. Gulick, *Ibid*., p. 13. うえの引用に見られる，「アドミニストレーション」と「マネジメント」がすべての特殊的な内容を失ったものであるから，ということは，もはや公共管理と企業管理とが（管理論としては）区別されるところがない，ということを意味しており，管理過程論の公共管理への適用の出発点になっている。

15) さきにも見た，ギューリックがいう管理諸機能の四つの諸段階（第1段階 目標達成，第2段階 指揮者［伝達と統制］，第3段階 作業再分割，第4段階 組織構造）は「作業関係論」ではいわば反対方向（組織構造 → 作業再分割 → 指揮者 → 目標達成）で示されたが，「組織構造論」では本来的な順序で進行する，ということになろう。

16) L. Gulick, "Note on the Theory of Organization", pp. 11–12. そのような問題の例証として，ニューヨーク市の再組織計画が挙げられているのが注目されるのであり，ギューリックは，それは底辺から形成された構造の頂点よりも，むしろ上部から拡大された構造の基盤を示し，そのさいの目標は，執行者と業務諸部門との間の効果的な接触点を増大させることであった，というのである（L. Gulick, *Ibid*., pp. 11–12.)。

17) L. Gulick, *Ibid*., pp. 11–12. ここで再び「組織理論注解」から引用するならば，「ポスドコルブは，『アドミニストレーション』と『マネジメント』とが，すべての特殊的な内容を失ったものであるから，最高執行者の多様な機能的諸要素に注意を呼ぶために設計されて，つくり上げられた言葉である」。ここでは，それがまさに最高執行者レベルでの作業調整論の問題であることも，言うまでもないであろう。

18) L. Gulick, *Ibid*., pp. 13–14.

19) L. Gulick, *Ibid*., p. 14. うえに見られるものは，政府的諸単位の分離的な制度化である（エイジェンシー agencies と言われる，執行諸機関の意味も明らかであろう）とともに（大統領の仕事が POSDCORB である），執行者の諸機能（七つの要素）のうち四つのものの組織化，制度化であり（Budgeting と Planning の位置が重要である），残された三つの諸要素はつぎの通り，「Directing, Co-ordinating, Organizing は制度化されないが，大統領の手の内に分化されず，実施されずに留まっている。」

20) L. Gulick, *Ibid*., p. 15.

21) L. Gulick, *Ibid*., pp. 15–16.

22) L. Gulick, *Ibid*., p. 17, p. 18, p. 19. ここでは，図式そのものを挙げることは省略したが，多様な諸原則の上で確立された諸部門が，いかに単一の基礎構造を形成するために，一緒に組み合わせられるかを示す努力は，第3図でなされているのである。しかしギューリックにおいても，依頼人 Clientele や施設 Materiel の基盤のうえで組織された諸部門については，いかなる図形も示されてはいない。依頼人の諸部門は，もしも依頼人が，地理的に制限されることがなければ，性質においては目的諸部門に類似しており，そのような場合それらは，第2図の類型に従う。そして施設諸部門は，水平的ネットワークにおける過程諸部門により近く，

動力化用役がそれである。
23) L. Gulick, *Ibid.*, pp. 22-23. そのような政策または原則の利益とともに不利益もまた問題になるが,省略させて貰った(それらは相互的に密接な諸関係にある)。
24) L. Gulick, *Ibid.*, p. 23.
25) L. Gulick, *Ibid.*, pp. 25-26, pp. 29-30.
26) L. Gulick, "Note on the Theory of Organization", p. 30.
27) L. Gulick, *Ibid.*, p. 31. なんらかの企業のはじめの,または主要な分割が極めて大きな重要性を持つであろうが,それらの独立的な諸原則の導入については優先性や秩序を決定するための如何なる最も有効な類型も存在しない,ということである。
28) L. Gulick, *Ibid.*, p. 33.
29) L. Gulick, *Ibid.*, p. 37.
30) L. Gulick, *Ibid.*, p. 38. さらにギューリックによっては,④ 公共政策 public policy, ⑤ 開発的組織 developing organization, ⑥ 名誉授与 honor awards, そして ⑦ 組織の構造が示されているが,他に関連する限りで顧慮することにした。
31) L. Gulick, *Ibid.*, pp. 39-40.
32) L. Gulick, *Ibid.*, pp. 41-42.

ドイツ経営学，アメリカ経営学および「日本的経営論」

松 本　　譲

はじめに
1. ドイツ経営学
2. アメリカ経営学
3. 経営経済学と経営管理論
4. 「日本的経営論」
おわりに

はじめに

　今日，21世紀を迎え，「経営学」は，生成以来おおよそ100年，その間，資本主義の市場原理のもとで，現実の企業経営との相互媒介と緊張関係において，めざましく発展したとされている。しかしながら，社会科学としての「経営学」の学問的性格については，「方法論争」をはじめとして，種々論議されてきたが，必ずしも明らかになっていないばかりか，その理論は多種多様化し，曖昧になっているといっても過言ではない。

　ところで，「経営学」は，19世紀末から20世紀の初頭にかけて，資本主義が独占段階に移行する時期に，当時，後進国であったドイツおよびアメリカにおいて典型的な生成発展をとげたとされている。

　わが国においては，第2次世界大戦前は，もっぱらドイツ経営学，大戦後はアメリカ経営学が輸入されたが，基本的に，ドイツ経営学は経営経済学であり，アメリカ経営学は経営管理論であり，それらは一応異質の「知識体系」に属するものとされている[1]。

さらに、わが国が、戦後、奇跡の高度経済成長をとげ、欧米の企業経営に対して国際競争力において、優位性をもつにいたり、欧米の研究者によって「日本的経営」が積極的に評価されるようになり、欧米型の「産業化」の動揺とあいまって、輸入経営学に対する違和感も増幅されるにいたっている。

その点、わが国においては、「経営学」研究の主要な関心事が、日本の企業経営の「問題状況」の解明であるとするならば、さしあたり、ドイツ経営学、アメリカ経営学および「日本的経営論」の関連性を明らかにすることが重要な課題になる。

ここでは、かかる課題に応え、「経営学」の学問的性格を明らかにするために、最近におけるドイツの経営学、アメリカ経営学および「日本的経営論」の基本的性格を究明するとともに、三者の関連性をめぐって問題提起を試みてみたいと思う。

1. ドイツ経営学

「経営学」の成立の契機が、資本主義の独占段階への移行にともなう実践的要請にもとづくものであり、ドイツにおいては、それが企業の固定資本の巨大化にともなう、資本蓄積の相対的な不足から生ずる資本調達問題であったとされ、したがって、ドイツ経営学は、企業経営に関する経済学的研究であり、経営経済学であるとされている。

ところで、ドイツ経営学の基本的性格をめぐっては、「方法論争」が展開されているが、「第3次方法論争」はまれにみるほど規模の大きなものであり、その中心はグーテンベルク (E. Gutenberg) に対するメレロヴィッツ (K. Mellerowitz) の批判にあったとされている。

グーテンベルクは、論争の発端となった『経営経済学原理(第1巻)』(*Grundlagen der Betriebswirtschaftslehre*)[2] の序文において、その立場をつぎのように述べている。

「経営経済学は、主として費用計算的問題および経営組織的問題の科学的取扱いによって生産の現象を把握する。依然として、このような問題の究明が経営経済学の主要関心事であろう。」

「しかしながら，他面に費用計算的，成果計算的および組織的な結合体の中には，このような計算的-組織的面から切り離しても，また経営経済的に問題となる諸事実，例えば労働給付，作業手段利用，原材料，計算技術上および組織上の細目が含まれているということが見逃されてはならない。すべての原価計算的あるいは成果計算的課題に，すべての組織的解決に，これらの事実は要素として存在する。これらはまさに，費用計算的または組織的研究の素材であり，この意味で経営経済的実践と研究の基礎を成す。このような現象の科学的研究の課題は，その内面的様相を明らかにし，見通し難い経験的所与の状態にある，その構造と秩序をば透明ならしめることにある。」

「近代経済理論，特に国民経済的研究は，いまや，一つの分析用具を発展せしめたが，これは，経済的諸過程，その多様性，その複雑性に関するわれわれの認識を非常に拡大したのである。しかし，これらの事実は，高度に抽象化されねばならないとするならば，必然的にその具体性を失わざるを得ないものである。」

「さて私は，本書の諸問題を豊富かつ多様な具象的所与から出発して展開しようと試みた。と同時に，近代理論の分析用具をば，研究対象の性質上妥当であり，合理的であると思われる範囲において，本書の問題にも利用しようと努めた。」[3]

このようなグーテンベルクの理論に対して反駁を試みたのがメレロヴィッツである。メレロヴィッツは，グーテンベルクの『経営経済学原理』で展開されている方法について，「この方法はそれ自体，何も新しいものではない。それは米英や最近のドイツの国民経済理論で適用されている，演繹的，孤立的，数学的方法である。グーテンベルクはこの方法を経営経済理論に転用したが，方法のみならず，しばしばこの方法の当面の成果をも転用したのである。それゆえに，グーテンベルクの学祖は，ウィクセル（Wicksel），カルドール（Kaldor），ナイト（Knigt），やまた，シュタッケルベルク（Stackelberg），シュナイダー（Schneider）であって，もはやシュマーレンバッハ（Schmalenbach），ニックリッシュ（Nicklish），シュミット（Schmitt）ではない」[4]とし，その方法の適用の帰結として，第1に，「経営の孤立的純粋理論の発展，したがって，理論と経営政策との分離であり」，第2に，「二つの経済理論（国民経済理論と経営経済

理論)の統一化である」[5]と指摘している。

そして，それらに反対する理由として，「(一)(同じ経験対象にもかかわらず)両経済科学の認識対象は異なるということ，(二)したがって，その方法もまた異ならざるをえないし，しかも率直にいって数学は精神科学（Geistwissenschaft）の決定的な方法たりえないということ，というのは，数学は経営の現実にないような，周知の仮定された前提を必要とし，その上，数学による組合せ論(それ自体，全く認められないような個々の可変要素と不変要素との組合せ)の原則はまさしく，現実の関連を明らかにするための正しい手段ではない」[6]ことをあげている。

さらに，メレロヴィッツは，経営経済学における数学的方法の適用および経営経済理論と国民経済理論の統一化が基本的に問題になるとして，つぎのようにも記述している。

まず，第1の点について，「すべての数学的経営学者がおかす欠陥は，彼らが経営的事実から出発するのではなくして，彼ら自身が設定する仮定から出発し，そこから数学的装置を動かして，その成果が経営経済法則であると考えるところにある」。「経営経済で大事なのは形成活動であり，これを実行するのは人間であり，動機をもった人間であり，彼は数学的公式に対応した活動をするものではない。もし強いてそうするならば「数学的」経営ができる。すなわち，蒸留器からの「小妖魔的経営」ができる」[7]と。

第2の点については，「経営経済学と国民経済学は相異なる認識対象をもち，それゆえに，二つの独立の経済科学である。それは共通の経験対象をもつから両学は密接な関係をもち相互補完的である。その間には分業がある。しかし共働はない。両学の統一性はそれに用いられる方法の同一性により基礎づけられるものではない」とし，ついで，「経営経済学は現実を熟考し現実に課せられた無限に多様な実践の任務を熟考する。斯学がそのようにして実践的経営に仕えるときには，常に蜃気楼――それが数学的なものであっても――によってごまかす試みには属することはないであろう」[8]と感情的な発言さえしている。

かかるメレロヴィッツの批判に対してグーテンベルクは，つぎのような回答をよせている。「メレロヴィッツが根拠なしに持ち出したスローガンを，メレロヴィッツならびに『経営経済雑誌』（Zeitschrift für Betriebswirtschaft）の編集

部があたかも私の有せし見解の如くすりかえたということに抗議する」[9] としながら，数学の適用の問題について，「自己の経営経済的概念が拠っている基本理念は……原則的には生産過程を一つの結合過程として把握することにある」[10] という前提から，生産要素の結合を取り上げ，その際，要素間の数量的関係が問題になるので，正確性を期するために数学が適用されると。また，統一化の問題については，自己の取り扱う事柄は，はたして個別的経済的・経営経済的なものであろうか，それとも国民経済的なものであろうかと問いながら，決して両科学の統一化を意図したおぼえはないことを明らかにするとともに，かかる議論が生まれたのは，国民経済学者の展開する方法を利用したことによると思われるが，「国民経済学者によって発展させられた方法の利用によって，個別経済的・経営経済的事実が国民経済的事実にかわるということはありえない」[11] とし，さらに，「日常の実践において十分明らかにしえない問題に科学的に没頭することが，「実践的」すなわち，実際に重要なのである」[12] という建前から，経営経済学の任務は経営的事象の内的関連を明らかにし，経営経済的に重要な個別的事実を思惟によって，その最終の必然的関連にまで追求することにあると。

このように，「方法論争」の問題点は，経営経済学における数学的方法の適用および経営経済学と国民経済学の統一化にあったかにみえるが，その争点は，もともと経営経済学における近代経済理論の適用それ自体の問題にあったのであり，その意味では，その背景をなすのは，経営経済学の基本的性格をめぐるいわゆる純粋科学と応用科学の対立であったといってもよいであろう。

シュヴァンターク (K. Schwantag) の「グーテンベルクの『経営経済学原理』は経済単位としての経営の没価値論である。(すなわち，純粋科学であって，応用科学ではない) それは，たとえその問題が (シュミットの場合のように) 直接，全経済的分析から導き出されていないにしても，近代経済理論の一部である」[13] という指摘に問題が残るにしても，グーテンベルクは，純粋科学の代表的論者とされ，メレロヴィッツは応用科学を確立せんとするものであると解されている。メレロヴィッツのいう科学の目的は，応用科学の目的であり，応用科学としての経営経済学は，経営実践への奉仕を目的としているとされるのである。

この純粋科学か応用科学かという問題[14] に一つの解決の方向を与えたのは，

モックスター（A. Moxter）の『経営経済学の方法論的基本問題』（*Methodologische Grundfragen der Betriebswirtschaftslehre*, 1957）であるとされている[15]。

　モックスターは，経営経済学を応用科学として論拠づけるとともに，純粋科学の必要性をも主張している。

　モックスターは，純粋科学は，「……存在，その本質，その関連または「法則」を得ようと努力し，そしてその際，存在しているものの「純粋な」描写に限定し，いいかえると，新しい方法とか目的を研究するというような形で，その形成になんら関係しようとはしないのである」。「この学問は「存在」の単なる記述にあるのではなくて，……「なぜそうあるのか」（Warum so sein）という問題を研究するのである」[16]と規定している。応用科学については，「現在あるものをただ単に叙述するのではなく，むしろその課題は，新しい手段や方法または目的を究明することこそ，いうならば（思考上の）現実を探求することにある」[17]と理解している。その際，規範論との区別が問題になるが，これについて，規範論においては「手段の合目的性や改良，または一定目的達成のための方法は……さして問題ではなく，むしろ，この目標または目的そのもの（この学問によって討論されるような）が問題である」とし，応用科学にあっては「追求される目的は問題としてとりあげられずに，「与件」として解され，前提とされるのである」[18]と主張している。

　それでは，純粋科学と応用科学との関係については，どのように説明されているのであろうか。この点について，モックスターは，「応用の際には，単なる変形が問題になる」として，「純粋科学がaまたはbによって引き起こされるというとき，これにふさわしい命題は応用科学において，次のようになるであろう。すなわち，aが目的とされるならば，bが投入されねばならない」[19]としながらも，現実においては，事柄は単純ではないとして，「純粋理論の命題はただちに実践に応用できるものではなく，応用科学はこの場合単なる変形に限定することはできない」[20]が，「理論は，応用科学にたいする不可欠の基準であって，そして応用科学は現実に存在している事実上の関連についての知識に基づいてはじめて実践上ふつうの処理を判断し，または新しい処理を得ることができるということを，確かめたのである」[21]と指摘している。

　このようにモックスターの所説によって，ドイツ経営経済学の基本的性格は

応用科学，なかんずく応用経済学として規定づけられ，それなりに純粋科学との関連性も明らかにされたといえるのであるが，それによって問題が解決されたわけではない。モックスターの見解に限っても，純粋科学の応用がいかにして可能になるのか，応用科学はどのようにして科学性を獲得しうるのかといったことについては，なんら解答が与えられていないに等しいといっても過言ではない。そのことが経営経済学の内実において，純粋科学と応用科学とが混在している状況のなかにあっては，かかる純粋科学か応用科学かという問題を提起すること自体が無意味であるという論議を生ずる[22]ことにもなるといってもよい。

その意味では，経営経済学を応用科学として確立するためには，なによりもまず，その応用のあり方が根本的に問われなければならないが，そのことは，純粋科学としての「経営経済学」を現実の企業経営との緊張関係において検討することをうながすであろうし，なぜ「応用」ということが問題にされなければならないかを考察することを要請することにもなるであろう。

2. アメリカ経営学

アメリカにおいて，「経営学」の成立をうながした実践的要請は，急激な産業化，工業化にともなう労働力の質的・量的な不足にこたえるための能率増進運動であり，アメリカ経営学は，企業経営に関する実用的研究であり，経営管理論であるとされている。

ところで，アメリカ経営学の基本的性格についての「方法的反省」[23]をめぐるシンポジウムは，アメリカで初めての試みといわれるものであるが，それはクーンツ（H. Koontz）の問題提起とそれをめぐる論議，とりわけ，サイモン（H. A. Simon）の批判にあったとされている。

クーンツは，議論の発端をなした「経営理論の解明」[24]において，つぎのように問題を提起している。

「経営管理論の形成期においては学究的な書物や研究がほとんどみあたらないのであるが，今では，研究や書物が象牙の塔から大量に流出しているので，償って余りあるほどである。興味のあることは（しかし，おそらく，経営管理論

の純粋な青年期の徴候以上のなにものでもないが），現代のこの洪水により，著しい差異や混乱の波がもたらされたということなのである。あらゆる方面からわき出るこの関心の泉は，知識の未開の分野を切り開き，実践の知的基礎を拡大しようとしている人たちをろうばいさせるべきものであってはならない。しかし，経営管理者，そして実際には，進歩した経営管理から生ずる偉大な潜在的社会的利益を理解しているすべての人たちを当惑させているものは，まさに，経営管理論へのさまざまなアプローチがある種の混乱した破壊的なジャングル戦へと導いているということなのである」[25] と。

そして，クーンツは，経営管理論にみられる種々の見解を「あえて過度の単純化を行い」六つの主要なグループに分類している[26]。すなわち，「経営管理過程学派」（The Management Process School），「経験学派」（The Empirical School），「人間行動学派」（The Human Behavior School），「社会体系学派」（The Social System School），「意思決定理論学派」（The Decision Theory School）および「数理学派」（The Mathematical School）である。

「経営管理過程学派」は，「経営を組織化された集団の中で働く人たちの仕事の過程として理解する。この過程を分析し，そのための概念的な枠組みをつくり，この過程の基礎をなす原理をみきわめることによって，このアプローチは，経営管理論を樹立する。」

「この学派によれば，経営管理論は，実践が改善されるように経験を要約し，組織する方法であると考えられるのである。」

「経験学派」は，「経営管理というものを経験の研究とみなすものである。そのなかから，ときには一般原則を引き出そうとすることもあるが，それは経験を実務家や研究者に伝達する手段としてなされるだけのことが多い。」

「人間行動学派」は，「経営管理活動は，人間を通じて仕事をしてもらうということを意味するから，経営管理の研究の中心は，人間相互間の関係におかれねばならないという命題である。この学派は，「人間関係論」「リーダーシップ論」あるいは「行動科学」といろいろによばれてはいるけれども，関連社会諸科学の既存の，また新しく発展した理論，方法，技術を，個人相互間の現象と個人内部の現象の研究に集中させようとするものである」。「この結果，この学派の支持者たちは，心理学や社会心理学を志向する」。

「社会体系学派」は，「経営を社会体系，すなわち，文化的相互関係の体系とみなしている研究者を含む(ので)，人間行動学派に密接に関連している。それゆえ，しばしば混同されている」。「この経営管理へのアプローチは，きわめて社会学的であり，本質的には，社会学の研究と同じ研究を行う。すなわち，このアプローチは，いろいろな社会集団の文化的関係の本質を明らかにし，これらの社会集団と関係のある，そして通常，統合化された一つの体系として示そうとする」。

「意思決定理論学派」は，「意思決定——いろいろな代替案の中から行動方針，あるいは，考え方を選択すること——への合理的アプローチを中心にしている」。「この学派は，このアプローチの中で，意思決定そのものを研究することもあり，意思決定を行う人間，または組織集団を研究することもあり，意思決定過程を研究することもある」。

「数理学派」は，「経営を数学的モデルおよび数学的過程の体系として理解する人たち」である。「このグループの信ずるところに従うなら，経営であれ，組織であれ，計画化活動であれ，意思決定であれ，それが論理的過程であるならば，すべて数学的記号と数学的関係によって表現されうるはずなのである」。

そして，このような経営管理理論の混乱のおもな原因として，「意味論のジャングル」，「経営についての異なった考え方」，「先験的仮定」，「原理の誤解」および「相互理解の嫌悪」をあげ，ついで，その混乱を収拾する対策として，つぎのような主張をしている。

「まず，第1に，われわれは，マネジメントを特殊な学問の領域として定義づけねばならない」。「つぎにわれわれは，経営学を他の学問と，統合せねばならない」。さらに，「われわれは……経営学の用語の多くを明確にしなければならない」。「最後に，われわれは，積極的に原則を蒸留し，テストしなければならない」[27] と。

かかるクーンツの見解に対して反論を加えたのがサイモンである[28]。サイモンは，クーンツのいう「経営管理論のジャングル」の事実を認めず，また，「学派」の存在も否定し，つぎのように述べている。このシンポジウムで，「私は，経営管理論への「マネジメント・システム」アプローチを明らかにするよう頼まれた。実のところ，私は，このマネジメント・システム・アプローチという

ことばが,何を意味するのかを知らない。もしそれがなんであれ,私のとるアプローチに対する一つのレッテルを意味するならば,私はデール教授,レスリスバーガー教授,シュライファー教授のアプローチとこのアプローチを区別するのが非常にむずかしいと思う。われわれはすべて,組織における人間行動に関心をもっている。したがって,われわれの研究は,われわれがどのようによぼうとも,これは行動科学なのである。われわれはとくに,経営管理行動,したがって,経営管理機能に関心をもっている。組織の中で生ずるほとんどの行動は,行動のコースの選択を含んでいるから,われわれは,すべて意思決定アプローチをとる。われわれのうちのいく人かは,もっぱらというわけではないが,ときには数量的技法を用いている。したがって,われわれは,数理的アプローチを代表する。組織における人間行動は,複雑な相互作用と間接的な結果を生み出す。したがって,われわれすべては,その行動を理解しようと努力して,マネジメント・システム・アプローチを代表する」。

「したがって,私は,この場合にわれわれの目標としてまじめに,これらのアプローチの「統合」を考えることはできない。これらのアプローチを統合しないで経営の領域における真剣な研究を行うことは不可能であるから,われわれの多くは——経営学の領域にいる多くの同僚たちといっしょになって——やむなくそうしてきたのである。経営管理機能,行動科学,意思決定,システム,数学,これらのものに,一度にかつ同時に関心をもつということについては,反対すべきはずはない。私は,経営の科学や技術を前進させるという重大な任務に参加したいと望んでいるいかなる人に対しても,このような関心の結合を推奨している。」

「私は,クーンツ教授が,『ハーバード・ビジネス・レビュー』誌上に掲載の最近の論文の中で,これと逆なケースを示したことを知っている。私には,経営管理理論の「意味論のジャングル」についてのクーンツ教授の記述が理解できない。」[29]

そして,サイモンは,研究分業論,経営科学の進歩の例証および新しい組織理論に言及しているが,そのなかで,つぎのような所説を展開している。

「この新しい進歩に有頂天になっている人たちは,経営学の任務が一般社会学,あるいは,心理学,経済学,数学と混同されることになるという心配——

クーンツ教授もこういった心配をする人の一人なのであるが——を述べている。私には，この危険は取るにたらないものに思われる。それは，私の知っている経営理論家たちの心の中に，あるいは，アメリカの雑誌の中にあらわれる研究発表の中には，こういった混乱をあまりみかけないという純粋に経験的な理由から，私には取るにたらないものに思われる。今日，経営管理論の進歩には，観察と実験の技術，社会学，心理学，経済学，数学の鋭敏な用具が解きほどくことができないほどしっかりと結び付けられて，織り込まれている。このことに関しては，その観察技術，その一般理論の体系，その分析用具をもっている科学的努力の他の領域において混乱が生じていないのと同様である。混乱の別の名は，進歩である。ただわれわれは，まだそれになれていないだけのことである。組織における行動についての経験的資料を収集すること，他の行動科学と共同研究して理論を組み立て，検証すること，意思決定分析の体系化の中心概念として用いること，計量的技法と数学的技法を採用すること——すべてこれらは，経営の科学に対する「アプローチ」ではないし，いわんや，クーンツ教授が強調しているような「学派」でもない。それらは，経営の真の科学とその科学にもとづいた技術とをつくり出すための，しかもしだいに成功しつつある努力のたて糸とよこ糸である。要求される唯一の統合とは，そのパターンに対するそれら各自の貢献を理解するということである。私は，統合は過去 30 年間にだいたい達成されてきたと考えている。」[30]

このように「方法的反省」[31] の問題点は，経営管理論の混乱および統一理論の確立にあったようであるが，そこには多くの関説すべき問題が伏在している。しかし，基本的には，その争点は伝統的管理論と近代的管理論の問題にあったのであり，その意味では，その背景をなすのは，規範的理論と記述的理論の対立，ひいては，その科学性に関する見解の相違にあったといってもよいであろう。

その点について，「伝統的管理論は，経営の実践目的からそれに役立つ管理原則を抽出したり，経営の実践目的に役立つ諸管理技術を体系化したものであり，それは多分に目的論ないし技術論の性格をもっている」。「これに対して近代管理学は，管理過程や組織において生起する行動現象について科学的な分析を加える点で，理論科学的志向を強くもっており，その意味で伝統的管理論に対し

て管理論の科学性を強く主張する点に基本的なちがいをみいだすことができる」[32]という記述的理論としての近代的管理論の科学性を強調する所説がみられる。そして，その指摘には，それなりに認めなければならない側面があることも否定できないが，それらが科学性を獲得したかにみえるのは，基本的には，それが活用する経済学，社会学，心理学，数学などの科学性であって，経営管理論自体のものとはいえないのではなかろうか。近代管理論といえども，経営者，管理者に実践上の指針を提供することを直接意図するものであり，一定の実践的目的を所与のものとして，それを達成するための手段または方法の研究をめざすものであり，また，現実の企業経営に関する経験的事実の抽象化に基礎をおく限りにおいて，技術論であることは否めないであろう。

しかしながら，経営管理論を技術論であると規定できたとしても，それによって問題が解明されたわけではない。けだし，技術論が経験的事実に立脚するものであっても，経験が科学性を与えない以上，経営管理論の理論性を明らかにするためには，それが活用する諸学との関連性を明確にしなければならないからである。

3. 経営経済学と経営管理論

ドイツの「方法論争」およびアメリカの「方法的反省」の検討を通じて，経営経済学は応用科学であり，経営管理論は技術論であると基本的な性格づけを行うことができたといってもよいであろう。それでは応用科学および技術論は，いかなるものであり，それらはどのように関連するのであろうか。

フェーブルマン（J. Feibleman）は，応用科学および技術論を定義づけて，つぎのように述べている。

「応用科学というのは，単に応用された純粋科学ということになろう。しかし科学的方法というものは，一つの目的だけのものではない。科学的方法は解明と応用へと導くものである。科学的方法は法則の発見で解明をやりとげ，そしてその法則が応用を可能にさせる」。「純粋科学は，結果として，応用科学の応用のための法則を提供するものである」[33]。「応用科学は……純粋理論の応用を発見することを仕事としている。技術論は実用にそれよりやや近い問題を扱っ

ている」。応用科学は,「理論から引き出された仮説で導かれるが」,技術論は,「具体的な経験から引き出された試行錯誤や熟練で上達をはかるやり方がとられている」。「歴史的にいうと,技術論の業績は,科学の恩恵なくして発達したものである。すなわち偶然か普通の経験上の事柄として,経験でなし遂げたのである」[34]。「技術論は理論的な法則よりも,経験的な規則をより以上に発達させやすい。この経験的規則は,直観的にとらえたものを実用にする規則であるというよりは,むしろ実際からの一般化で形成されるものである」[35] と。

このようにみてくると,「経営学」としての応用科学は,現実の企業経営の問題解決のために,法則追求を指向する純粋科学を適用するものであり,技術論は,企業経営における経験的事実を一般化することによって,現実の問題解決[36]に役立てることを意図するものであるといえるのではあるまいか。そうであるならば,経営経済学は,純粋科学の具体化であり,経営管理論は,経験的事実の抽象化であるにしても,それらは現実の企業経営における問題解決を指向する点において重なり合うといえる。その意味では,「経営学」は,問題解決的指向性をもつものであると規定することができる。しかし,その際,経営経済学においては純粋科学の応用の仕方が検討されなければならないであろうし,経営管理論にあっては経験的事実の理論化の方法が究明されねばならないであろう。そして,その問題は,つまるところ,「経営学」と諸科学との関係性,つまり,問題解決的指向と法則追求的指向との関連性に収斂するのである。それでは,かかる問題解決的指向と法則追求的指向との関連性の解明はどのようにして可能になるのであろうか。

大塚久雄は,この点について,マックス・ウェーバー (Max Weber) によりながら,経験科学の「専門化」には,大きく異なった二つの方向があるとして,「理論的専門化」,すなわち,理論研究のレヴェルにおける専門化と「実践的専門化」,つまり,実際的な問題解決のレヴェルにおける専門化をあげられている[37]。

「理論的専門化」として,経済,社会,政治,法,宗教などの「さまざまな文化諸領域は,それぞれ自律的に動き,したがって,それぞれに固有な運動法則をもっているわけですが,そうした文化諸領域のそれぞれに成立する独自な法則を純粋に理論的につかまえて,その独自な法則をそれぞれについて一般的な

形に定式化していこうとする営み」であるとし,「実践的専門化」は,「そういう生活の現実のなかで人々に解決を迫ってくるようなある具体的な問題をとり上げる。そして,それをいかに解決するかという課題を設定し,そういう角度から専門的に特定の対象に迫っていく」[38] ものであると定義づけられている。

つぎに,「理論的専門化」と「実践的専門化」の関連性については,「理論的専門化は実践的専門化に奉仕する限り生命をあたえられ,また逆に,実践的専門化は理論的専門化に支えられて,はじめてその形を整えることができる」として,「いまや,現実のなかからあることがらを選び出して問題を提起し,その研究にいわば実践的に専門化していこうとするばあい,従来のような形の理論的な専門化だけでは,もはや役に立たなくなってしまった。むしろ,逆に,現実のなかから具体的な問題を提起し,それを知的に解決しようとするためには,従来の専門諸分野,とりわけ専門化された諸理論がたがいに協力し合わなければならなくなっている」[39] と述べられている。

このように,「専門化」に二つの方向を認めるならば,「経営学」が,「実践的専門化」に属することはいうまでもない。それでは,かかる「実践的専門化」の科学性は,いかにして保証されるのであろうか。つまり,現実の企業経営の問題解決のために,射程距離内にはいる経済,社会などの諸分野のそれぞれにみられる固有の法則がどのように関連しあうことになるのかということである。

ウェーバーは,この問題を「適合的因果関係」[40] として,つぎのように方法論的に処理している。すなわち,いろいろな領域の固有の法則は,現実の社会過程のなかで,たがいに因果関連として関係しあうことはあっても,それは法則的,必然的な関係ではなく,ただたがいに促進し合ったり,阻止しあったりして,個性的な現実の諸過程をつくりだしていく適合的な関連にすぎないと。

しかしながら,筆者は,いろいろな領域における固有の法則の関連性について,「経営学」が企業経営を研究対象としていること,その因果関連の普遍性ないし抽象的次元を考慮に入れるならば,経済的必然性を基軸として,それに他の諸法則の必然性がプラスに適合したり,マイナスに作用したり,また強い適合度をもったり,弱い適合度を及ぼしたりすると解するのがより妥当性をもちうるのではないかと思う。そして,このように理解することによって,はじめて,「経営学」の理論性および「経済学」と「経営学」の関連性もより明確にな

るといえるのではあるまいか。

　ところで，かかる「経営学」によって，いかに現実の経営事象が解明されるかについても，ウェーバーの「客観的可能性」[41]という方法論的概念に注目する必要があるといえよう。

　ウェーバーによれば，現実の社会事象のなかには，どうしても法則化しえないという意味での偶然的な事情も介入してくるので，まったく同一の経済的基盤の上でも，そこから生じてくる結果の予測は，原理的に，さまざまな度合の可能性としてしか与えられない。現実の動きとして存在し，また，社会科学的に予測しうるものは，ある幅をもった可能性だけである。つまり，結果はこれだけの幅のなかで起こりうるといえるにすぎない。このことを「客観的可能性」として提唱しているのである。

　かくして，「経営学」が「実践的専門化」の方向において，応用科学(実践科学)として現実の「企業経営」を研究対象とするものであるならば，法則的必然性の抽象的次元にとどまることなく，「客観的可能性」の具体的次元において展開されることになるのである。

4. 「日本的経営論」

　最近，広く「日本的経営」[42]をめぐる論議が高まるとともに，「経営学」の土着性についての反省にもとづく「日本経営学」の主張が強まっているかにみえる。しかしながら，「日本経営学」の主張と「日本的経営」の究明が有機的な関連性のもとに問題にされないのみならず，「日本経営学」の意味内容にしても，「日本的経営」の概念規定さえも，必ずしも明確にされているとはいえない。

　一般に，「日本経営学」という場合，それがなにを意味するかは必ずしも明らかではなく，「日本的経営学」「日本経営論」ないし「日本的経営論」などと，いかなる関連にあるのかについても不明である。しかし，それが実際に使用されている意味内容をごく大雑把に整理すると，① 日本において展開されている「経営学」，② 日本に固有の「経営学」，③ 日本の企業経営を土壌として確立される「経営学」をあげうるであろう。

　そこで，「経営学」と現実の企業経営とのかかわり合いに留意するならば，わ

が国の企業経営にもとづく「日本経営学」の確立という主張が重視されなければならず，その肯定説である「国別特殊理論」としての「日本経営学」およびその否定説としての「一般経営学」の「日本学派」という基本的な見解を検討することが問題になる。

　従来，わが国の「経営学」は，ドイツやアメリカの「経営学」の輸入にもとづいて展開されてきているが，ドイツやアメリカの「経営学」は，それぞれの国の企業経営の実践的要請にもとづいて形成されてきたものであり，その実践的要請は各国の企業経営によって異なっているので，それらの妥当性もそれぞれの国の企業経営に限定された「特殊理論」にすぎない。それらのドイツ経営学やアメリカ経営学が，あたかもすべての国に普遍的に妥当する「一般理論」として導入されてきたことに問題があり，そのことが「経営学」の展開を日本の企業経営の実情から遊離せしめるという欠陥をもたらしている。したがって，このような弱点を克服するためには，「国別特殊理論」としての「日本経営学」の構築が必要であり，それはわが国の企業経営を土壌として樹立されねばならず，現実の企業経営が直面している問題状況の分析に有効でなければならないとされている[43]。

　しかし，かかる「国別特殊理論」としての「日本経営学」という所説にあっては，各国の企業経営の同一性が軽視され，その差異性のみが一方的に強調されることによって，それぞれの国ごとに異質的な「経営学」の成立を認めることになり，それらの相互の関連性も明らかではないので，各国の企業経営に妥当する「一般理論」としての「経営学」の存立が否定されることに致命的な問題がある。けだし，各国の「経営学」がこのような「国別特殊理論」の確立を指向するのであれば，現実の企業経営の「国際化」の流れに反して，それぞれ国別「経営学」は相互に交差することなしに独自の発展をとげることになるからである。

　ところで，ドイツ経営学やアメリカ経営学の理論がそれぞれの国の企業経営の問題状況を反映しているのは当然であるが，社会科学としての「経営学」が指向するのは，資本主義社会の企業経営についての「一般理論」であり，それらに普遍的妥当性をもつ基本的原理の樹立である。その点，各国の「経営学」の性格の相違は，それぞれの国の国民性を反映し，その歴史的・伝統的な思考

習慣に影響される思考方法の差異にほかならず,「一般経営学」についての「学派」の違いとして理解されている[44]。

しかしながら,わが国の企業経営を土壌とする「日本経営学」という主張は,たんなる研究方法の差異として「学派」に解消するには無理があり,研究対象そのものの相違にもよるものとしなければならず,日本の企業経営の特殊性にもとづくものと考えざるをえない。

このように「経営学」の研究対象である各国の企業経営は,それぞれ一般性,特殊性および個別性をもつものであるが,「日本経営学」をめぐる「一般経営学」の「日本学派」という見解は,各国の企業経営の一般性を重視し,「国別特殊理論」としての「日本経営学」という所説は,それぞれの企業経営の特殊性を強調するものであり,そのかぎりにおいて,いずれも一面的であることをまぬがれえない。

そこで,「経営学」が社会科学として成立するものであるならば,それが「一般理論」として,各国の企業経営に普遍的に妥当するものであることは争う余地はないが,それにもかかわらず,このような対立が生ずるのは,もっぱら,「経営学」の学問的性格についての理解の相違とともに,「経営学」の「一般理論」の未確立によるものと思われる。

その点,これまでもっとも典型的な生成発展をとげてきたドイツ経営学およびアメリカ経営学とわが国に固有の経営慣行としての「日本的経営」が論議されている日本の企業経営との緊張関係において,「経営学」の「一般理論」の確立とともに,その「一般理論」をふまえ,わが国の企業経営の「現状分析」[45]としての「日本的経営論」の展開を要請するものであり,それをまって,はじめて「日本的経営」を総合的に解明することが可能になるといえる。

いずれにせよ,「経営学」の「一般理論」の確立や「日本的経営論」の展開にとっては,各国の企業経営についての豊富な実証的研究とともに,企業経営の国際比較についての方法的自覚が必須になるのであるが,それへの接近のために,ここでは比較経営論[46]の本格的な展開を提唱しておきたいと思う。

かかる比較経営論の展開による各国の企業経営の相互比較を通じて,さまざまな企業経営に共通にみられる同一性を析出することによって,「経営学」の「一般理論」の確立をうながすとともに,他方,その「一般理論」にもとづい

て，それぞれの国の企業経営の特殊性を分析する「現状分析」としての「日本的経営論」の展開が可能になるのである。

おわりに

　以上，「経営学」の学問的性格を明らかにするために，ドイツ経営学，アメリカ経営学および「日本的経営論」の基本的性格を究明するとともに，その三者の関連性の考察を試みた。その行論から指摘されることは，さしあたり，ドイツ経営学は，経営経済学であり，応用科学(実践科学)として性格づけられるが，それは現実の企業経営の問題解決のために，法則追求を指向する純粋科学(理論科学)を応用するものであり，アメリカ経営学は経営管理論であり，技術論と規定されるが，これは企業経営における経験的事実を抽象化することによって，現実の問題解決に役立てようとするものであり，そのかぎりにおいて，「経営学」は問題解決的指向性をもつ「実践科学」として一義的に規定することができるということである。そして，かかる問題解決的指向性は，「実践的専門化」として，従来の「理論的専門化」に対して，新しい方向として提唱されるものであり，このような「実践的専門化」の科学性は，「理論的専門化」におけるそれぞれの固有の法則性とともに，経済的必然性を機軸に，それらの諸法則のからみ合いを明らかにする「適合的因果関連」によって付与されると考えられる。

　ついで，「経営学」の研究対象である各国の企業経営は，それぞれ一般性，特殊性および個別性をもつものであるが，これまで，もっとも典型的な生成発展をとげてきたドイツ経営学およびアメリカ経営学と，わが国に固有の経営慣行としての「日本的経営」が論議されている日本の企業経営との緊張関係において，「経営学」の「一般理論」の確立とともに，その「一般理論」をふまえ，わが国の企業経営の「現状分析」としての「日本的経営論」の展開を要請するものであり，そのためには，企業経営の国際比較についての方法の自覚が必須であり，比較経営論の本格的な展開が提唱されるのである。

　本稿では，ドイツ経営学，アメリカ経営学および「日本的経営論」の基本的性格とともに，三者の関連性に焦点を合わせて，きわめて大雑把な考察を試みたにすぎないので，なお，「一般理論」としての「実践科学」，「日本的経営論」

と「日本的経営」の問題など，多くの論点を残しているが，それらの点については，今後の課題にしたいと思う。

(なお本稿は，「経営経済学と経営管理論」鹿児島大学『経済学論集』第7号，1971年および日本経営学会の統一論題報告「「日本経営学」と「日本的経営」」『日本経営学と日本的経営』(経営学論集第49集)千倉書房，1979年をもとに，加筆，修正を加え，まとめたものである。)

注

1) 三戸公は，「経営経済学と経営管理学」の「課題解決の四つの方向」として，「経営経済学と経営管理学との並立・並存」，「経営経済学と経営管理学との綜合・融合」，「経営経済学への純化」および「経営管理学への転化」をあげ，それぞれの代表的見解について的確な論評を加えられている。しかし，三戸自身は，いずれの「方向」にも加担しない，のみならず，その解明については，悲観的なようである。
2) E. グーテンベルクの『経営経済学原理』Grundlagen der Betriebswirtschaftslehre は，1951年に『第1巻・生産論』，1955年に『第2巻・販売論』，1969年に『第3巻・財務論』が出版されている。
3) E. グーテンベルク，溝口一雄・高田馨訳『経営経済学原理 第1巻・生産論』千倉書房，1957年「第1版への序文」1頁。
4) K. Mellerowicz: "Eine neue Richtung in der Betriebswirtschaftslehre?" ZfB, 1952, Nr. 3, S. 146.
5) K. Mellerowicz: a.a.O., S. 154–155
6) K. Mellerowicz: a.a.O., S. 155
7) K. Mellerowicz: "Betribswirtschaftslehre am Scheidewege?" ZfB, 1953, Nr. 5, S. 272.
8) K. Mellerowicz: a.a.O., S.273
9) E. Gutenberg: Zum "Melhodenstreit", ZHF, Neue Folge, 5 Jg, 1953, S. 342.
10) E. Gutenberg: a.a.O., S. 334.
11) E. Gutenberg: a.a.O., S. 346.
12) E. Gutenberg: a.a.O., S. 339.
13) K. Schwantag: "Grundlagen der Betriebswirtschaftslehre" zu Erich Gutenbergs Buch, ZfB, 1952, Nr. 1, S. 18.
14) モックスターは，「われわれの学問の課題から，「純粋科学か応用科学か」という問題から出発することがこの目的にかなったものと考える。けだし，この問題が，上述の詳論が示すように，われわれの学問におけるすべての，これまで方法論争で最も重要な役割を果したというだけでなく，むしろ，あらゆる他の問題の解答はこの問題にたいする一応の解決に依存しているからである。学問の選択原理(考察方法)の問題や他の諸々の科学にたいする区分けの問題は，「純粋科学か応用科学か」という問題について意見の一致をみる場合にはじめて(このことはしばしば看過されているが)，有意義に語ることができるのである」(A. モックスター，池内信行・鈴木英壽訳『経営経済学の基本問題』森山書店，1967年，51–52頁)と述

べ，この問題を重視している。

15) 鈴木英壽は，モックスターの『経営経済学の方法論的基本問題』をきわめて高く評価され，つぎのように叙述されている。「今次方法論争を契機として，経営経済学の統一的理論の体系化という意図をいだきながら，グーテンベルクとは別の視点から方法論的に整理統合したのが，1957 年のモックスターによる『経営経済学の方法論的基本問題』である」。「この研究は，立場の相違をこえて，今次方法論争に一応の終止符を打ったものとみなされるのであるが，特にモックスターは，本書において，シュマーレンバッハの「技術論としての私経済学」，換言すれば，企業実践と直接のつながりをもつ「経営経済学」の本質を，より一層根本的に分析し，そして，その方法論的基準の研究を体系的に展開したのであった。その特徴は，あくまで，シュマーレンバッハの共同経済的経済性を選択原理としながら，シュマーレンバッハの学風に沿って「技術論から応用科学へ」という，方法論的発展に集約される」と（田杉競・鈴木英壽・山本安次郎・大島国雄『比較経営学』（経営学全書 7）丸善株式会社，1970 年，96-97 頁）。
16) A. モックスター，池内信行・鈴木英壽訳，前掲書，53 頁。
17) A. モックスター，池内信行・鈴木英壽訳，前掲書，55 頁。
18) A. モックスター，池内信行・鈴木英壽訳，前掲書，55 頁。
19) A. モックスター，池内信行・鈴木英壽訳，前掲書，56 頁。
20) A. モックスター，池内信行・鈴木英壽訳，前掲書，56-57 頁。
21) A. モックスター，池内信行・鈴木英壽訳，前掲書，80 頁。
22) 吉田和夫は，グーテンベルクの経営経済学を「いわゆる純粋科学としての理論的経営経済学」と規定し，メレロヴィッツのものを「応用科学としての実践的経営学」と分類することに対して，つぎのように問題を指摘されている。「実際，グーテンベルク経営経済学の内容（たとえば，費用理論など）に深く立入れば立入るほど，また主として，グーテンベルクとメレロヴィッツとの間に展開された今次の「方法論争」および「費用論争」の問題点に深く突入すればするほど，われわれはかえって，かかる科学論上の分類それ自体に疑問を抱かざるをえなくなる。というのは，グーテンベルク経営経済学は多分に，技術論的な色彩が含まれていることが明らかとなり，そのために，いわゆる応用科学としての実践的経営経済学と内容的に区別することが難しくなるからである」。「すでに明らかなように，わたくしは所与としての科学論上の分類ではなく，どこまでも歴史的・社会的背景から，グーテンベルクの経営経済学の性格をとらえようと努めた。その結果，わたくしは，この経営経済学を「現実科学」としての経営経済学という線にそって把握した」（吉田和夫『グーテンベルク経営経済学の研究』法律文化社，1962 年，43 頁）。
23) ここで「方法論的反省」というのは，クーンツの「経営理論のジャングル」に関する論文に端を発して，1962 年 11 月「経営理論と経営研究・経営改善におけるその役割」というテーマのもとに，研究者の相互理解，用語統一の可能性，種々の研究方法の検討，統一的経営理論の探求，経営教育の意義などの研究を目的として開かれたシンポジウムを意味している。このシンポジウムには，有名な経営学者，教育家，経営者など，61 名が出席している。ここで提出された論文 11 篇や討論の記録は，『統一的経営理論を求めて』（"Toward a Unified Theory of Manage-

ment" 1964) と題する報告書として刊行されている。
24) 「経営管理論の解明」("Making Sense of Management Theory") は，1962 年に *Harvard Business Review* に発表されたもので，1961 年に *Journal of Academy of Management* に発表された「経営管理論のジャングル」("The Management Theory Jungle") を書き改め加筆したものである。
25) H. クーンツ編，鈴木英壽訳『経営の統一理論』ダイヤモンド社，1967 年，3-4 頁。
26) H. クーンツ編，鈴木英壽訳，前掲書，4-12 頁。なお，クーンツは，約 20 年後に，このジャングルについて再論し，六つの学派を 11 の接近法に増加するとともに，ジャングル自体はますます混乱している状態を確認した。また，同時に，その混乱のなかからも，いくつかの経営管理論の統一化へのきざしがみられることを指摘している (Harold Koontz, "The Management Theory Jungle Revisited", *The Academy of Management Review*, vol. 5, No. 2, April, 1980, pp 175-185)。そこであげられている接近法は，経験あるいは事例研究接近法 (The Empirical or Case Approach)，対人行動接近法 (The Interpersonal Behavior Approach)，集団行動接近法 (The Group Behavior Approach)，協働社会システム接近法 (The Cooperative Social Systems Approach)，社会技術システム接近法 (The Sociotechnical Systems Approach)，意思決定理論接近法 (The Decision Theory Approach)，システムズ接近法 (The Systems Approach)，数理的あるいは「経営科学」接近法 (The Mathematical or "Management Science" Approach)，環境適応もしくは状況接近法 (The Contingency or Situational Approach)，経営者の役割接近法 (The Managerial Roles Approach) および操作的接近法 (The Operational Approach) である。
27) H. クーンツ編，鈴木英壽訳，前掲書，19-21 頁。山本安次郎は，このようなクーンツの所論に対して，つぎのように批判しておられる。「アメリカ経営学の方法的反省に道を開いたにもかかわらず，クーンツの主張する統一的経営理論は実は古典的，伝統的な管理理論を出るものではなかった。それは明らかに彼の管理学的立場の固執に帰因する。彼の立場の反省の不徹底，学史的研究の不十分さを指摘せざるを得ない」。「……そこでは共に経営経済学 (managerial economics) という大きな流れが見落とされている」。「管理のみにとらわれ，経営に到達し得なかったのもそれがためである。要するに，経営研究における新傾向の意義を十分理解し得ず，フェイヨルの伝統を今日においてもなお固く保守せんとするところに，クーンツの立場の特色とともに欠陥が見られる」(山本安次郎『経営学の基礎理論』ミネルヴァ書房，1967 年，72-73 頁)。
28) 馬場敬治は，「米国の経営学は特に実際的であり，今日も尚，方策論的色彩の極めて濃厚な書物が圧倒的に多く，而も，之等の書物——所謂経営管理上の述作及び其他方策論的色彩の濃厚な述作——は，大抵，次の二つの欠点を共通に持って居る。(1) 之等の書物には，一般に，理論的基礎が極めて乏しいこと。(2) 之等の書物の著者は，方策論に関する方法論的知識を殆ど全く欠いて居ること。米国経営学界は，従来，「価値判断論争」の洗礼を受けて居らず，又，此の方面の方法論的知識を持って居らぬので，(イ)方策論的認識に就いて科学者にふさわしい方法論的省察が殆ど無く，(ロ)従って，非科学的方策論と，正しい意味のクンスト・レーレとしての方策論との区別も知らない」としながらも，「米国経営学界で此の

（イ）の点に就き殆ど唯一の例外は，サイモンである」と指摘されている（馬場敬治他『米国経営学　上』東洋経済新報社，1956年，6-7頁）。
29) H. クーンツ編，鈴木英壽訳，前掲書，106-107頁。
30) H. クーンツ編，鈴木英壽訳，前掲書，112頁。
31) 一寸木俊昭は，この点について，「アメリカにおいて最初に方法論的な考察を行ったといわれるカリフォルニア大学シンポジウムの成果を検討した結果，われわれは，アメリカ経営管理理論にはみずからの理論を体系的に整序し，諸理論を理論的に関連づける基準が存在しないと結論することができる。アメリカの経営管理論者は，一番理論的と目されるサイモンを含めて，終極的には経営者・管理者の実践に役立つ理論の構成を目ざしながら，経営管理そのものの本質には全く盲目であったといっても過言ではない」（一寸木俊昭『経営管理論』法政大学出版局，1969年，17頁）と指摘されている。
32) 占部都美『近代管理学の展開』有斐閣，1966年，21頁。
33) J. フェーブルマン，竹田加壽雄訳『科学の哲学』法律文化社，1970年，95頁。
34) J. フェーブルマン，竹田加壽雄訳，前掲書，103頁。
35) J. フェーブルマン，竹田加壽雄訳，前掲書，104頁。
36) 土屋守章は，この点に関して，つぎのように指摘されている。「こうした各国の経営学の発展の歴史のなかでのアメリカ経営学の発達の過程のもっとも顕著な特色をあげれば，それが常に現実の問題に立脚し，極めてプラグマティックに，その問題解決を追求してきたということであろう」。「アメリカ経営学の第2の特色は，その対象の限定が明確になっていないということである。これは，観念的な方法論が先にあるのではなく，現実の問題に常に立脚しているという第1の特色とも関連している」。「現実の問題を解決するため，ないしはその現実の事態を正確に理解するためには，それに関連するさまざまの学問分野の知識ないし方法が動員され，多面的にその問題に接近していかざるをえない。そのために，アメリカ経営学の発展の過程において，ある時には工学的要因が強調され，ある時には心理学的方法，経済学的方法が用いられ，また，社会学的思考方法が必要とされるなど，さまざまの学問分野と関連をもってきたのである」（中村常次郎編『経営学』有斐閣，1970年，26-27頁）。
37) 大塚久雄「現代における社会科学の展望」『大塚久雄著作集，第九巻』岩波書店，1969年，183頁。
38) 大塚久雄，前掲書，183-184頁。
39) 大塚久雄，前掲書，193-194頁。
40) H. マイヤー・M. ウェーバー，森岡弘通訳『歴史は科学か』みすず書房，1965年，177-212頁。
41) 福井孝治は，ウェーバーの「客観的可能性」について，つぎのような説明を加えている。「ウェーバーのいわゆる「客観的可能性」は，主観的無知を表明するものではなくて，「客観的に妥当」な知識を支柱とするという意味において「客観的」であるけれども，真の実在的可能性ではなくて，認識の領域に属するという意味においては主観的である。真の実在的可能性は絶対的に一義的であって，確実性の度合いというものをもたない。そこにはAが可能であるが，同時にまた非Aも可能であるというような二重的性格は存しない。しかるに，いわゆる「客観的

可能性」は認識可能性であり、われわれの可能性認識はつねに条件の部分的な観察のうちに動いているがゆえに、当然、確実性の度合いをもたざるをえないのであり、A が可能であると同時に非 A もまた可能であるという離接的性質を何程かの程度においてもつものである。ウェーバーが「偶然的」に対して「必然的」という言葉を避けて「相当的」adäquat（「適合的」）という語を使用しているのも、これがためである。ウェーバーがいっているように、「この対立［偶然的と相対的（適合的）との対立］において問題となっているのは、決して歴史的諸事象の経過の客観的因果性及びこれらの事象の因果的諸連関の差異ではなくて、ただわれわれが、経験的規則によって生起の個々の部分の因果的意義を洞察するために、生起の素材中に存在する諸条件の一部を抽象的に遊離化して可能性判断の対象たらしめるということだけである」（『経済学の基礎にあるもの』東京出版（株）、1958年、218頁）。

42) 近年、「日本的経営」をめぐる論議が活発化しており、それがいかなる概念であるのかについても種々の所説がみられるが、① 日本の企業経営に固有の経営慣行、② 日本の企業経営の独自性、③ 日本の企業経営などに分けることができる。しかしながら、多くの論者によって、「日本的経営」として問題にされているのは、わが国の企業に固有の経営慣行であるといってもよい。それで、「日本的経営」としてあげられているのは、集団主義を機軸に、終身雇用制、年功序列制、年功賃金制、企業内福利厚生施設および稟議制度などであり、さらには、株式の相互持合い、下請企業システム、QC サークル、トヨタ・カンバン方式などもあげられているが、それらがどのように相互に関連するのか、それがはたして「日本的」といえるのかといった基本的な問題についてさえも理論的に解明されているとはいえず、総じていえば、それは経験的次元における「印象主義的」な把握の域をでるものとはいいがたい。

43) 山城章「日本経営学への途」『PR』第 9 巻第 1 号、1958 年、11 頁。

44) 藻利重隆「経営学と国籍」『経営学の基礎〔新訂版〕』森山書店、1973 年、550–551 頁（なお、初出は 1954 年）。

45) 一寸木俊昭は「経営学」を「現状分析学と規定し、その最終的な課題は社会学的問題としての企業経営問題の批判的解明にある」と主張している（「経営学と経営学方法論」『経営志林』第 34 巻 4 号、1998 年など参照）。なお、「企業経営の現状分析」については、拙稿「「企業経営」の現状分析に関する基本的考察」鹿児島大学『経済学論集』第 16 号、1979 年参照。

46) 比較経営論については、拙稿「最近のアメリカ経営学の 動向」鹿児島大学「経済学論集」第 15 号、1978 年および、「比較経営論の現実的意義」『組織化学』第 12 巻第 4 号、1979 年参照。

現代社会政策とアドミニストレーション

久 間 清 俊

はじめに
1. 社会政策を構成する三つの極(領域)
2. 三つの極(領域)における組織化の進展
3. 社会政策の進展とアドミニストレーションの必要性
4. 現代社会政策とアドミニストレーションの価値・政策基準

はじめに

　アドミニストレーション概念が，欧米において古くから行政組織や企業組織の機軸概念として使用されていることは，学術的には周知のところである。しかし，現代日本では日常的に流布している言葉ではない。むしろ，マネジメント概念が広く一般的に使用されている。マネジメント概念は20世紀，アメリカ合衆国において多用されるようになった経営学的概念である。このマネジメント概念が，企業経営のみならず，行政組織の管理においても多用されている。では，アドミニストレーションとマネジメントは同義語であろうか。アドミニストレーション概念は，英語辞書で，all the activities that are involved in managing and organizing the affaires of a company, institution etc., と表現されている[1]。他方，マネジメント概念は，英語の辞書では，the action or skill of directing and organizing the work of company or organization と表現されている[2]。アドミニストレーション概念と極めて類似しており，区別しにくい。

　ヘルベルト・ストゥルンツによると，アドミニストレーション概念はヨーロッパ社会の歴史的に古くから使用されてきた組織概念であるのに対して，マネジメント概念がアングロ・アメリカ社会で生まれ，世界的に広がった経営学

的概念であると述べている。マネジメント概念が，20世紀，アメリカ経営学において生み出されてきた新しい組織管理概念であるのに対して，アドミニストレーション概念は，使用されてきた歴史も古く，行動様式においても多様な内容を包含する行動様式であることをうかがい知ることができよう[3]。将来的にはともかく，現状では，アドミニストレーション概念は，企業組織のみならず，行政組織，非営利組織をも包含する，最も普遍的組織概念であると言えよう。

つぎに，現代経営学において，アドミニストレーション概念とマネジメント概念の関係について，どのように理解されているか一例を紹介しておこう。

まずは，パブリック・マネジメント研究者の理解を紹介する。ウォルター・J. M. キッカートは彼の編著である『西ヨーロッパにおけるパブリック・マネジメントとアドミニストレーション改革』(1997年)の中で，次のように述べている。

> "Since the end of the 1970s, the entire Western world appears to have moved into an era of severe administrative reform. Furthermore, these reforms apparently display certain common characteristics. They all tend to be more or less managerial reforms. The trend in the direction of new public management is apparent in the United States, Great Britain, and other Western European administration, but on the other side of the globe as well, in Australia, New Zealand, and other 'Western' countries. Trend reports on developments of administrative reforms of the OECD (1990, 1993) confirm that most developments points in the same direction, which is the introduction of ideas, models and techniques of public management, that is, the adoption of business management technique, a greater service and client orientation, the introduction of market mechanisms and competition in public administrations."[4]

キッカートは，パブリック・マネジメントを，パブリック・アドミニストレーションにおける，ビジネス・マネジメント手法のパブリック部門への導入と，理解している。そして，このようなパブリック・マネジメントが，ビジネス・マネジメントを発展させたアメリカ合衆国から発展したことに，それらの相互連関を指摘する。そして，また，パブリック・マネジメントが西ヨーロッパ諸国のパブリック・アドミニストレーション改革へと波及しているところに，

普遍的な特徴をも見ている。

つぎに，ビジネス・アドミニストレーションの研究者の理解を見てみよう。イギリスの経営学者，ロバート・C. アップルビーは『ビジネス・アドミニストレーション』において，アドミニストレーションを次のように定義している。

> "Administration is sometimes used to refer to the activities of the higher level of the management group who determine major aims and policies. This can be called the broader use of the term which is often used in government departments (e.g. the Civil Service). It is also be used in the narrower sense, of controlling the day-to-day running of the enterprise.
>
> An administrator can also be a manager; this occurs when the administrator is concerned with implementing policy in dealings with employees to whom responsibilities have been delegated."[5]

アップルビーは，アドミニストレーション概念を，企画，組織，職場，電子化，環境対策など，マネジメントの中枢的機能を示す概念(administrative management)と捉えている。彼の場合は，マネジメント概念の中に，アドミニストレーション概念を位置づけている[6]。他方，ヘルベルト・シュトルンツは国家，企業や共同体(コミュニティ)の社会組織全体に関して機能する行為概念として，アドミニストレーション概念をマネジメント概念より一般的概念と捉える。

このように，アドミニストレーション概念とマネジメント概念の関係は錯綜し，未だ確定できない状態である[7]。現代は，これまでの組織管理の機軸概念であったアドミニストレーション概念の内部に向かって，アメリカ経営学から発展した，新しい組織管理概念であるマネジメント概念が急速に浸透しているという状況が，確認できる。

ところで，現代社会，とりわけ先進資本主義諸国は高度に組織化された社会である。また，交通手段と情報技術の飛躍的発展により，世界の隅々までが組織化されてきている。このように組織化が進展する現代社会の学問として，アドミニストレーション学，マネジメント学の発展は正に時代の要請であるといえよう。現代日本の大学において，総合管理学部，総合政策学部，総合科学部などの学部，大学院が続々と設置されていることがそのことを実証している。今日，行政組織に関するパブリック・アドミニストレーションや企業組織に関

するビジネス・アドミニストレーションの多くの研究において，組織を担う人間の行動分析，制度(システム)の機能分析の優れた成果が生み出されている。また，情報科学・コンピューター・サイエンスの発展もシステム・アドミニストレーション学の発展を生み出している。

また，現代のアドミニストレーション学はこのように，一方で行政組織，企業組織そして非営利組織の機能分析的をおこなうとともに，他方では，グローバル化の進展によるグローバル・ガヴァナンスの組織分析という役割をも持つ。この両方の研究が総合されてアドミニストレーション学体系が進展しているのを確認することが重要である。本論文は，これまで，アドミニストレーション学として取り上げられて考察されることの少なかった社会政策論において，アドミニストレーション学の役割を明らかにしてみる。

1. 社会政策を構成する三つの極(領域)

社会政策の歴史は，救貧法，工場法の展開，労働基本権の確立，社会保険・社会保障制度の確立，福祉国家制度の展開など，国家の指導の下に発展してきた。したがって，社会政策は行政(パブリック・アドミニストレーション)の一部とみなされる。しかし，国防や司法，公共事業などの行政サービスと比べて，たとえば，イギリスの救貧法や工場法の改革のような社会政策において，いかに労働者，市民の主体的役割が大きかったかを考慮するならば，このような考えは誤りであるというのは明白である。また，現代の行政による社会保障制度，完全雇用政策をみても，企業，市民との連携の大きさが分かる。このように，社会政策は，社会を構成する，国家，市場そして共同体(コミュニティ)の三つの極(領域)の相互作用において，進展してきたのであり，ここに社会政策の社会科学的特性があることが見落とされてはならない。そして，今後，少子高齢化，グローバル化，組織化が進展する世界各国の社会政策においては，これら三つの極(領域)の相互作用はますます緊密なものとなろう。社会政策においても，このような組織化の進展に対応しうる総合的理論研究が必要不可欠となっており，社会政策におけるアドミニストレーションの役割の重要性もここにあると言えよう。

とはいえ，これら三つの極(領域)には既に周知の政策が存在している。たとえば，国家においては行政や公共政策が，市場においては経済・経営政策があり，また，共同体においては家族政策，コミュニティ政策などがある。これらの政策と社会政策の関係はどうであろうか。社会政策の歴史をたどれば，たとえば，イギリスの救貧法の歴史，ドイツの社会政策学会の歴史などから，これら三つの極(領域)の政策が，社会政策から自立していったことも周知のところである。しかし，これら三つの極(領域)の政策は現在においても相互に密接に関連しあっており，それらを総合的に捉えるという課題も必要不可欠である。否，むしろ，このような課題に取り組むのが現代社会政策の課題であるといえよう。ところで，歴史的には，人間社会は共同体から始まり，やがて国家が形成され，市場が発展してきた。そして，市場の発展は共同体の構造をまた大きく変えてきた。これら三つの極(領域)は相互に影響を与えつつ，歴史とともに組織化が進み，機能が高度化してきた。例えば，共同体(コミュニティ)について見るならば，原始社会の部族社会から，古代の氏族社会，中世の階級社会，近代の市民社会，そして現代の勤労者社会へと展開してきた。

このような共同体の展開は，国家形態の展開にも影響を及ぼしている。国家は共同体(コミュニティ)の秩序を確保するための組織である。部族共同体が拡大して，もはや自然発生的な形態では秩序が確保できなくなると，意識的な統治組織が生み出されてくる。古代文明国家の形成である。この古代国家秩序の下で，権力支配の地位を得た部族は私有財産を増大させ，その結果，私有財産の売買のための市場が発展し，経済的階級が生み出されてくる。市場経済の誕生である。土地は生産手段として私有化され，商品生産の手段となる。土地所有を媒介とする封建体制の支配秩序の下で，中世の領邦国家が生まれる[8]。

市場経済のさらなる発展は，この領邦国家の枠組みを破壊し，より広域の市場経済圏を支配する近代の国民国家の形成に導く。絶対主義王政，重商主義経済として特徴づけられる近代国民国家は，市場経済が私有財産から勤労(labour)へと機軸を移行させるにしたがい，さらに勤労者国家へと発展した。古典派経済学の発展，社会主義運動の展開がこの発展を支える。この国民国家も，現代のグローバル化の技術革新の時代においては，その枠組みをリージョナル(＝地域)国家へと拡大しつつある。そして，今日，地球人類国家の形成も検討される

ようになっている[9]。

　市場の発展は，資本主義経済システムの発展に依拠する。このシステムは商品—貨幣—資本機能により自立的に展開し，一方で富の急速な増大を生み出すが，他方で，資本家と賃金労働者の利害の対立を深刻なものにする。賃金労働者階級による貧困との闘争の歴史については，イギリス救貧法の歴史において周知のところである。人類はこの市場の持つ矛盾を解決する方法を会得するようになる。それは，生産と所有の社会化と呼ばれる。資本主義経済システムを勤労者(経営者と労働者からなる)階級の管理(アドミニストレーション)に委ね，生産の成果を勤労に応じて配分するという方法である。資本の所有者は利子取得者として脇役に退くことになる。先進資本主義経済国家における福祉国家の登場がこのことを示す。ここに，近代資本主義経済システムが生み出した階級対立は止揚されたかに見えた。しかし，ポスト・モダンと呼ばれる現代資本主義経済システムは新たな階級対立を生み出している。それは，ポスト・モダンの資本主義経済では，これまでの土地，資本そして勤労所有よりも情報所有が資本主義経済の価値生産の新機軸になるからである。

　このような現代資本主義市場経済の展開に対して，現在，共同体(コミュニティ)からの新たな対応が生み出されている。世界の貧困問題の解決と環境破壊の阻止を求める世界人類社会の実現の運動である。この未来社会の実現のために，社会の三つの極(領域)が協働して，どのような政策を展開できるのかが，模索されている。このように，社会政策は行政の一部に留まらず，社会の三つの極(領域)の協働システムの形成，展開のための政策であるということを，確認しておきたい。

2. 三つの極(領域)における組織化の進展

　社会を構成する共同体，国家そして市場には，それぞれの組織機能に対応して政策が発展している。共同体には家族を核として，校区・町内会などの地域社会(ローカルネットワーク)や，都市や農村におけるボランティアやNPOなどの市民組織などが発展している。現代の共同体は，一方で高度な資本主義市場経済の展開の影響により，他方で近代国民国家の中央集権的統治機能の改革

の影響を受けて,社会参加への積極的役割を強めており,大きく変貌しつつある。

現代の先進資本主義市場経済は,工業化による製造業を中軸とする経済から,金融・商業,サービス業,先端技術知識などの,知識・情報・サービスの生産においてより高い付加価値生産を生み出す経済へと変化している。このような市場経済の高度化は,需要(=欲求)構造の高度化に応じて,財・サービスの生産と供給を,これまでの大量生産と供給のシステムから,多品種・少量生産と供給の迅速・柔軟なシステムへと転換させている。また,企業組織も,これまでの大規模な官僚制的組織から,中規模組織の水平的・有機的結合へと変化してきている[10]。

したがって,労働者への社会政策も,これまでの大規模企業組織の労働者とその労働組合を中心とする産業民主主義の実現を目標とするものから,多様な労働者を包括しうるような労働力市場での民主主義的契約の実現へと,その目標を転換させることが必要となる。そうしないと,国民の多数を占める労働者の支持を得られなくなるであろう。この社会政策の推進者が,労働組合であろうと,国家行政であろうと,日本やアメリカ合衆国のように,労働者に占める割合が20パーセント前後の組織労働者のみが社会政策の主要な対象であり続けることはできない。より多数の未組織,不正規雇用の労働者をも包含する労働者階級が社会政策の主たる対象とならざるをえない[11]。

次に,現代の福祉国家の変貌について考察してみる。すでに1980年代から福祉国家政策の抑制が先進資本主義諸国の社会政策の主潮流となっている。それは,1973年のオイル・ショック以降のグローバル資本主義経済の進展において,多国籍企業間の競争が激化する中で,国家は,急速な少子高齢化社会の進行に応じて急速に拡大する社会保障費用への財政支出負担をする余裕を失ってきた。つまり,それは,納税者としての企業と富裕者階級がさらなる増税を拒否したからである。社会保障費用負担を軽くし,その分を投資にまわして多国籍企業間の競争に備えるべしという供給サイド重視の経済学に支援されて,福祉国家政策のための財政支出抑制と,社会保障政策の市場化,NPO化の強化が主張されてくる。先進資本主義諸国の福祉国家政策には,北欧諸国のように高負担=高福祉政策を追求する平等主義的類型,アメリカ合衆国のように国民の最

低生存権の保障を追求する自由主義的類型，そしてその間にドイツ，フランス，日本のような類型が存在する。今後，少子高齢化がさらに進展し，超少子高齢化社会に突入する時，福祉国家政策のあり方は変更を避けられないであろう。それは，グローバル資本主義市場経済の進展を前提として，国家，企業そして共同体(コミュニティ)の協働の再構築を必要とする。ヨーロッパ連合（EU），東南アジア諸国連合（ASEAN），北米自由貿易協定（NAFTA）などのリージョナル国家形成の展開などから構想されねばならないであろう[12]。

　国民の生活の安全網(セーフティーネット)として社会保障制度を国家だけで担うということは，グローバル資本主義市場経済の進展下にある先進資本主義諸国においては不可能であるし，国民にとっても好ましい結果をもたらすものではない。市場の民間企業やNPOのような非営利組織の参加が，社会保障制度の維持にとってますます重要となる。しかし，グローバル経済の進行の下で，国民の貧富の格差が拡大しつつある状況の中で，富裕者階級への社会保障負担軽減は，資本主義市場経済の矛盾の克服の推進と逆行する社会政策である。新自由主義経済学と新保守主義政治学が提携して指導権を握る現代の社会政策は，人類の生活の豊かさの実現という社会政策の目標に逆行するものである。資本主義市場経済の生みだす貧富の格差を是正し，かぎりなく平等化を追求することが国家の役割であり，そのための社会政策が展開されねばならない。中央集権的，官僚主義的政策を排除し，地方分権的，民主主義的，効率的政策が追求されるべきである[13]。

　最後に，共同体(コミュニティ)の変貌について考察しておこう。社会政策において市民が重要な役割を果たしてきたことは，イギリスの救貧法運動や工場法の制定において周知のことである。そして，今日，社会政策の推進において，市民の役割はますます重要性を増している。多様な非営利組織としての市民団体が，少子高齢化社会における医療・福祉サービスの重要な担い手として活動している。また，グローバル資本主義市場経済下において，発展途上諸国の貧困問題の克服という国際社会政策において，非政府組織（NGO）は重要な役割を果たしている。さらには，資本主義市場経済が生み出した深刻な自然環境悪化を阻止し，経済成長と環境保全の共生をめざして多様な市民運動も重要な役割を果たしている。これらの非営利組織は，国境を越え，世界的規模で連携し，

巨額の資金と膨大な人員を動員して、社会政策を構成する三つの極(領域)の中でも、今日、最も活発な活動を展開している部分である[14]。

3. 社会政策の進展とアドミニストレーションの必要性

　社会を構成する三つの極(領域)と全体の組織化が急速に進展している現代において、社会政策を遂行するためには、組織論研究はますます必要不可欠となっている。つまり、国家行政、企業そして市民団体の協働システムを構築していくために、アドミニストレーション(またはマネジメント)の研究がますます重要となっている。これからの社会保障制度、完全雇用政策、少子高齢化問題、ジェンダー問題、ホームレス問題、世界の貧困と環境問題などにおいて、社会政策は組織のアドミニストレーションを重視しながら展開しなければ、十分な成果を達成できないであろう。そこで、社会政策とアドミニストレーションの関連を、先にも言及したヘルベルト・ストゥルンツの著書『アドミニストレーション』に依拠しながら、検討してみる。

　ストゥルンツは、まず、組織の類型として、行政 (Public administrations)、非営利団体 (Associations)、公企業 (Public enterprises)、協同組合 (Cooperatives)、私企業 (Private enterprises)、家庭 (Private households) を挙げる。そして、これらの組織がどのような目標 (Goals)、環境 (Environment)、規範枠組み (Normative Framework) において特徴を有しているかを考察する。そこから、組織を、利潤指向 (Profit-orientation) ＋利潤優先 (Profitability) として私的企業、利潤指向＋公共福祉指向 (Public Welfare-orientation) として公企業、ニード充足指向 (Need satisfaction-orientation) ＋利潤優先として協同組合、ニード充足指向＋公共福祉指向として行政に大別する。このような組織の類型化において、私企業と行政が対極を占める[15]。

　このように、組織の特徴の多様性を整理したうえで、つぎに、組織のマネジメントとしてのアドミニストレーションの一般的概念の定義を試みる。彼は、組織マネジメントとしてのアドミニストレーションを、目標指向管理としてのマネジメント (management as target-oriented control) としての機能 (FUNCTIONS) と、制度的条件におけるマネジメント (management in institutional terms) としての役割 (ROLLS) に大別する。アドミニストレーションは前者の機能において，より重要な役割を果たす概念である。さらに，その機能は，リーダーシップ機能 (LEADERSHIP FUNCTIONS)，オブジェクト機能 (OBJECT FUNCTIONS)，インフォメーション機能 (INFORMATION FUNCTIONS) に区別される。

リーダーシップ機能には，コミュニケーション (communication)，意思決定 (decision-making)，目標設定と計画 (goal-setting)，動機付け (motivation)，組織化 (organization)，監査 (supervision) がある。オブジェクト機能には，購入 (purchasing)，財とサービスの産出 (output of goods and services)，製品開発 (output exploitation)，財務 (financing) がある。インフォメーション機能には，会計 (accounting)，管理 (controling) がある。なお，これらのマネジメント過程には，マネジメントの技術 (MANAGEMENT TECHNIQUES) とマネジメント症候群 (MANAGEMENT SYNDROMES) が派生する。マネジメント症候群には，合理性 (rationality)・非合理性 (irrationality)，創造性 (creativity)，コンフリクト (conflict)，ストレス (stress)，クライシス (crisis)，セックス特殊症候群 (sex specific syndromes)，文化症候群 (cultural syndromes) などがある[16]。

以上のように，組織の諸特徴とアドミニストレーションの諸機能を総合的視点から整理したうえで，ストゥルンツは，パブリック・マネジメントとプライベイト・マネジメントを対置し，その差異と共通性を詳細に考察している。その結論として，プライベイト・マネジメントの機能から始まり，パブリック・マネジメントをとおして，アドミニストレーションの目標が実現するプロセスを明らかにする。それは，現代組織におけるアドミニストレーションの機能でもある[17]。

ストゥルンツはこのような組織のアドミニストレーションを考察したうえで，組織は社会システムの一部であり，組織は社会システム内部において，その環境との差異化 (differentiation) を通して，自己組織の進化プロセスについても，考察する。ニクラス・ルーマンのシステム理論に依拠している。組織の環境としては，社会規範と価値 (SOCIAL NORMS AND VALUES)，社会集団の需要 (DEMANDS OF SOCIAL GROUPS)，経済的枠組み (ECONOMIC

FRAMEWORK), 要求された資源の供給者 (SUPPLIER OF REQUIRED RESOURCED), 競争 (COMPETITION), 財とサービスの生産物の購買者 (BUYER OF OUTPUT OF GOODS AND SERVICES) がある。これらの環境に配慮しながら，組織は生き残りの戦略を展開する。それは究極的には公共福祉 (public welfare) の維持を義務づけられ，自然環境と倫理への自覚の高揚が求められる[18]。

以上，ストゥルンツのアドミニストレーション論の概要を紹介した。彼のアドミニストレーション論はあくまでも，社会システムにおける組織管理機能にしぼられている。しかし，これを，現代の社会政策論へと応用することも可能である。本稿では応用の大まかな素描をしておきたい。

現代社会は社会の三つの極(領域)で組織化が高度に発展している。それは，社会の下位組織(サブ・システム)としての三つの極(領域)の自立的組織化としてである。つまり，まずは，企業の組織化を軸とする市場の組織化，行政の組織化を軸とする国家の組織化，非営利団体の組織化を中心とする共同体の組織化である。共同体は，家族，地域社会，市民の福祉の充実を目標とする。市場は，企業組織の営利活動をとおして，利潤獲得，生産効率の向上，社会貢献を目標とする。国家は，行政をとおして，社会の秩序の確保，公正な国民生活の実現，国民への効率的なサービスの供給を目標とする。そして，そのために，組織化に努める。

そして，つぎには，これら三つの極(領域)の相互的，全体的組織化を意味する社会のネットワーク化である。つまり，共同体と国家，国家と市場，市場と共同体の相互の組織化，そして，共同体，国家，市場全体の組織化である。各組織は，社会システムの内部で，自己目標を実現するための最適環境を整えようと行動する。そこに，社会システム内部の各組織間のネットワーク化が生まれる。現代社会はこのような社会の組織化が高度に進展している[19]。

さらに，現代社会(=国際社会)は，たんに国民国家の枠内にとどまらないで，リージョナルやグローバルな枠組みでの組織化が進んでいる。市民，国家そして企業のグローバルな結びつきは，国境を越えて，今日ますます一層強化されている。国民国家の枠組みは福祉国家制度におけるように未だ強固な組織として機能しているが，他方で，多国籍企業の展開，ヨーロッパ連合 (EU) の進

展，数多くの国際的 NPO の活躍の発展を見れば，国境の壁はますます低くなっていることも確かなことである。このような組織化を可能にしているのは現代の交通・運輸技術や情報技術の飛躍的発展である。このような，現代社会のリージョナル化，グローバル化過程について，ストゥルンツのアドミニストレーション論は言及していないが，彼の上記の社会的差異化の方法論が応用できよう。このように，現代社会は，一方で国民国家内部の組織化と分権化が，他方でリージョナル，グローバル社会の組織化が急速に進展している。このプロセスは重層的に把握することが必要不可欠である[20]。

　そこで，このような重層的組織化について，概観しておく。まず，国民国家と市場の組織化を中心に見てみよう。現代先進資本主義国家は福祉国家として，資本主義市場経済に対して，経済成長政策，景気調整政策，租税政策，市場の規制緩和政策，独占禁止政策などにより，密接な組織化(システム化，ネットワーク化)を推進している。このことは，国民経済のみならず，世界市場での自国企業の支援についても同様である。逆に，国家は，高度な社会保障制度の維持のために，企業から税金や財政の一部負担の支援を仰ぐ。国家と市場の密接な連携なくしては国民経済は運営できない。しかし，経済のグローバル化は，多国籍企業の国民国家からの自立化を一層促進している。市場占有率を巡る熾烈な競争，企業収益の増大をめざして，多国籍企業は経営拠点のグローバル化を推進する。まさに，企業組織の存亡をかけて社会システムの環境へと働きかける。もちろん，国民国家の側も，多国籍企業を国民経済に繋ぎ止めておくために，積極的に働きかける。このような，相互作用の結果として，組織の進化が進む。多国籍企業が国民国家から完全に自立できるのは，国民国家が世界国家に権限・機能を移譲するときであろう。多国籍企業の進展は，国民国家の世界国家への展開を押し進める役割を果たしていることは無視できないことである[21]。

　つぎに，国民国家と共同体の関係を中心に見てみよう。現代先進資本主義国家は福祉国家として，社会保障制度の充実により国民生活の保障を確立し，そのことにより国民から支配の正当性を獲得している。現代福祉国家にはいくつかの類型があるにしても，中央政府と地方政府によるきめこまかな所得保障，雇用政策，福祉サービスが，パブリック・アドミニストレーションの目標であ

る公共福祉の実現として，設定されていることは周知のところである。また，現代福祉国家は社会システムの中で，つまり企業組織，非営利企業組織との差異化の中で，公共福祉の実現と経済的な効率性をどのように実現していくのか，厳しく問われている。現代福祉国家は，いかにして公正と効率の両立を確保できるかというアドミニストレーションの研究をますます必要不可欠としている。人的資源，物的資源，資本，情報を効率的に使用して経済成長をはかり，そのことにより国民の生活保障の基礎を確保し，しかも同時に，社会保障制度による所得の再分配により国民生活の公平性も実現することが，現代福祉国家には求められている。アメリカ合衆国のように，新自由主義経済学と新保守主義政治学が支配的な国家においても，福祉国家政策は必要不可欠となっている[22]。他方で，共同体においても，たとえば，非営利組織のコーポラティヴ（Cooperative）のように，国家と私的企業が実現できない公共福祉の実現を目標に，市場に参入する行動も活発になっている。

しかし，1973年のオイル・ショックと国際通貨の変動為替相場制への移行において鮮明になった，先進資本主義諸国の福祉資本主義体制からグローバル資本主義体制への移行にともなって，福祉国家もこれまでの国民国家の枠組内のみでは政策の完結は不可能になっている。またこのような変化に対しては，リージョナル国家の形成によって，現代の福祉国家の危機は止揚されうる。たとえばヨーロッパ連合（EU）のようなリージョナル国家の確立とその社会保障制度を見れば明らかであろう。これまでの国民国家の枠組みを越えた市民の自由な移動と定住が可能となり，彼らの生活保障が求められてくる。事実EU域内ではこのような生活保障が実現されつつある。このようなリージョナル国家実現の動きは，北米や東アジア，その他の世界地域において一層活発化していくと予想される。このようなリージョナル国家形成においては，国家，市場と共同体の相互関係と組織・ネットワーク化はより複雑となり，そのための社会政策とアドミニストレーションもより高度になる[23]。

現代のグローバル資本主義段階において，交通・運輸手段と情報技術の飛躍的な発展は，リージョナル社会を超えてグローバル社会の形成を急速に押し進めている。市場においては多国籍企業の世界展開が進み，国際連合（UN），経済協力開発機構（OECD），先進諸国首脳会議（サミット），先進諸国蔵相会議

(G7・G8) などによる政治・政策が進み，市民の国際的連携活動も国際的非営利組織 (NGO・NPO) によって世界を舞台に展開している。それゆえにまた，ますます進展するグローバル社会の統治(ガヴァナンス)のための社会政策が必要不可欠となっている。世界における先進諸国と発展途上諸国の貧富の格差の拡大の是正，テロの頻発と世界政治の不安定さの克服，経済発展と環境破壊の防止などのための世界社会政策とアドミニストレーションである。現代のリージョナル国家形成における諸問題も，このようなグローバル・ガヴァナンスの確立の立場において解決されるべきものである[24]。

4. 現代社会政策とアドミニストレーションの価値・政策基準

現代社会は，資本主義市場経済の発展がもたらした驚異的物質文明の展開の結果，グローバル化が急速に進展し，人類の生活の豊かさと貧困が極端に展開している社会である。一方の先進資本主義諸国における少子高齢化社会の進展，他方の発展途上諸国での極度の貧困と政治的混乱，宗教思想の急進化の進展である。また，先進資本主義諸国の大量生産=大量消費の物質文明の進展は，世界の環境破壊を極度に悪化させている。近代と現代文明はこの点において批判され，新しい価値・政策基準によって克服されねばならない[25]。

ではこの新しい価値・政策基準とはどのようなものであろうか。既に，このような価値・政策基準，いわゆるポスト・モダンの社会形成への思考は始まっている。それは，近代科学・技術が依拠した人間理性優位の価値・政策基準を，地球環境の中に埋め込まれている共生システム優位の価値・政策基準へと止揚させることである。地球環境を物理学によって改造するのではなく，地球環境のエコロジー(生態学)に順応するべく科学・技術を適用することである。資本主義市場経済を資源浪費型から資源循環・環境共生型へと変革すること，大量生産=大量消費の資源浪費型物質文明から資源循環型生活への転換，社会のグローバル化とは逆に共同体(コミュニティ)生活の強化などを挙げることができよう。

ストゥルンツも，『アドミニストレーション』の終章「現代アドミニストレーションの挑戦」において，現代アドミニストレーションの重要な課題として，

自然環境問題を取り上げて考察している。彼は，環境問題を環境マネジメントとして，つまり人間の存続のための自然資源の確保の戦略として取り上げる。環境マネジメントへの活動として，まず，環境倫理への覚醒（ENVIRONMENT-ETHICAL AWARENESS）から始める。超オペレイショナル水準(マクロ水準)，オペレイショナル水準(中位 (meso) 水準)，個別水準(ミクロ水準)に区別する。超オペレイショナル水準には，国家による環境法や環境政策があり，国際協力による政治的・経済的な再調整，技術協力，国際法の下での協定などがある。オペレイショナル水準では，戦略的，手段的分野でのエコロジー指向的活動(たとえば，生産物，手順)がある。個別水準では，消費対策，浪費や危険物質対策，エネルギー消費対策，個別の交通，旅行対策がある。このような三つの水準での，未来への自然資源の安全保障により，人間の生存が保障されることになる[26]。

近代資本主義市場経済の発展は，重商主義，産業資本主義，金融資本主義，福祉資本主義，グローバル資本主義という発展段階を経て，現代の先進資本主義市場経済の実現に至った。そして，これらの発展段階における資本主義市場経済の価値・政策基準においては，より多くの利潤獲得という効率性が第一位を占め，同時に，国民の富裕の実現という公正をも保障するものであった。近代の社会政策の歴史も，救貧法の実施から社会保障制度の実現まで，資本主義市場経済の展開に対応して，同様の価値・政策基準から展開されてきた。しかし，今日，資本主義市場経済は，ポスト・モダンへと自己展開するにあたり，これまでの資本原理(＝利潤獲得)第一主義から，エコロジーと資源循環・環境共生第一主義へと，価値・政策基準のパラダイム転換を遂げなければならなくなっている。もちろん資本原理も効率性原理として存続しつづけるが，もはや主要目標の位置を占めることはできない。利潤獲得による資本蓄積(富裕)の実現よりも，資源循環・環境共生の存続こそが生活の豊かさ，人間社会の成熟度を示す価値・政策基準として社会的公正の位置を占めるようになる。すなわち，定常型社会である。また，資本原理は当面は効率性の尺度として社会的公正の重要な役割を占め続けるであろうが，やがては新たな効率性原理，たとえば，エコロジー(生態学)的原理によって代替されるであろう。たとえば，進化経済学，複雑性経済学などはその萌芽と理解できるのではないだろうか[27]。

これからの社会政策も、このような資源循環・環境共生第一主義の価値・政策基準に依拠して、市場・国家・共同体の協働を追求しなければならない。そして、その政策方法としてのアドミニストレーションも、エコロジー(生態学)的原理に依拠しなければならないであろう。そうであるならば、これからの社会は、それを構成する三つの極(領域)の中で、自然環境保全に最も近い目標を組織目標とする共同体(つまり、家族、地域社会、市民社会)こそが、社会組織の中で最も指導的役割を果たすことになると言えよう。現代社会において、NPOやボランティアによる市民活動の発展は目覚ましく、市民活動は、国家や市場に積極的に働きかけて、国民国家の偏狭な民族主義(ナショナリズム)を撤廃させ、多国籍企業の環境破壊をも無視した利潤獲得を阻止する運動を広めている。

これからの社会政策は、このような社会組織の協働を強化し、世界に展開させることが目標になる。そのためのアドミニストレーション学(またはマネジメント学)は組織管理の学として、ポスト・モダンの21世紀の人類にとって、ますます重要な役割を果たすことになると言えよう。

注

1) LONGMAN, *DICTIONARY OF CONTEMPORARY ENGLISH*, Longman Group Ltd., England, 1995.
2) *Ibid.*
3) Herbert Strunz, *Administration: public and private management today*, Peter Lang GmbH., Germany, 1999, pp. 47–65, 参照。
4) Walter J. M. Kickert, edited, *Public Management and Administrative Reform in Western Europe*, Edward Elgar Publishing Limited, 1997, p. 15.
5) Robert C. Appleby, *Modern Business Administration*, Sixth edition, Great Britain, 1969, p. 5.
6) *Ibid.*, pp. 433–481.
7) Herbert Strunz, *op.cit.*, pp. 67–84.
8) 古代社会における国家、市場そして共同体の関係については、K. ポランニー『人間の経済 I』玉野井芳郎・栗本慎一郎訳、岩波現代選書、1984年、同『人間の経済 II』玉野井芳郎・中野忠訳、岩波現代選書、1984年、参照。
　中世、近代社会における国家、市場そして共同体の関係については、マックス・ウェーバー『一般社会経済史要論・上巻』黒正巌・青山秀夫訳、岩波書店、1964年。同、『一般社会経済史・下巻』黒正巌・青山秀夫訳、岩波書店、1963年、

参照。
9) 先駆的研究として，Bob Deacon with Michelle Hulse and Paul Stubbs, *Global Social Policy*, SAGE Publications, London, 1997. Vincent Cable, *Globalization and Global Governance*, Royal Institute of International Affairs, 1999，参照。
10) アメリカ合衆国の産業組織の変貌について，すでに，ガルブレイスが指摘している。ガルブレイス『新しい産業国家』都留重人監訳，河出書房，1969年，参照。
ドラッカーはさらに，現代先進諸国社会が資本主義社会から知識社会へと変貌しており，知識労働こそが価値を生みだし，それに対応して企業組織として大規模組織から中規模組織への移行が生じていることを指摘している。P. F. ドラッカー『未来企業』上田惇生・佐々木実智男・田代正美訳，ダイヤモンド社，1992年。同『ポスト資本主義社会』上田惇生・佐々木実智男・田代正美訳，ダイヤモンド社，1993年。同『ネクスト・ソサエティ』上田惇生訳，ダイヤモンド社，2002年，参照。
11) 労使の民主主義的関係の構築については，ヨーロッパ連合（EU）での試みが参考になる。中野聡『EU社会政策と市場経済』創土社，2002年，参照。
12) リージョナルな社会政策の展開については，Bob Deacon with Michelle Hulse and Paul Stubbs, *op.cit.*, pp. 57-90, 参照。
13) 橘木俊詔『セーフティ・ネットの経済学』日本経済新聞社，2001年，参照。
14) 福士正博『市民と新しい経済学―環境・コミュニティ』日本経済評論社，2001年，参照。
15) Herbert Strunz, *op.cit.*, pp. 85-106.
16) *Ibid.*, pp. 107-145.
17) *Ibid.*, pp. 147-165.
18) *Ibid.*, pp. 168-211.
19) ニクラス・ルーマン『社会システム理論(上)』佐藤勉監訳，恒星社厚生閣，1993年。同『社会システム理論(下)』佐藤勉監訳，恒星社厚生閣，1995年，参照。
20) 久間清俊「現代グローバル経済と市民社会」（岡村東洋光・久間清俊・姫野順一編著『社会経済思想の進化とコミュニティ』ミネルヴァ書房，2003年8月，所収），参照。
21) 藤本光夫・大西勝明編著『グローバル企業の経営戦略』ミネルヴァ書房，2000年，参照。
22) 埋橋孝文編著『比較のなかの福祉国家』ミネルヴァ書房，2003年。武智秀之編著『福祉国家のガヴァナンス』ミネルヴァ書房，2003年，参照。
23) 中野聡『EU社会政策と市場経済』，前掲書，参照。
24) グローバル化にともなう世界の社会政策の課題については，社会政策学会編『グローバリゼーションと社会政策』（社会政策学会誌第8号），法律文化社，2002年，参照。
25) 加藤敏春『エコマネー』日本経済評論社，2001年，など参照。
26) Herbert Strunz, *op.cit.*, pp. 171-199, 参照。
27) 進化経済学会編『進化経済学とは何か』有斐閣，1998年。佐和隆光『市場主義の終焉』岩波新書，2000年。広井良典『定常型社会』岩波新書，2001年，など参照。

シスモンディとリカードウの一接点

中 宮 光 隆

はじめに
1. シスモンディの生い立ちと思想形成環境
2. シスモンディとマッキントシュ
3. シスモンディとリカードウ
おわりに

はじめに

　従来，シスモンディとリカードウの関係は，主として経済理論の領域で議論されてきた。それは明確に対立の構図として，たがいに相反する見解の持ち主として特徴づけられている。一方は経済の需要(消費)の面を重視してそこから現状把握と将来のビジョンを示したのに対して，他方は主として生産(供給)の面から経済構造を把握し説明している。その立場の相違は，当然，恐慌現象にたいする捉え方ばかりでなく，現状の評価と執るべき政策の対立にいたることになる[1]。

　しかし，経済理論に限定することなく広く社会・政治思想に視野を広げた場合，両者間の対立ないし懸隔は，経済学の領域で見られたよりもはるかに縮められるのではないだろうか。少なくともそのような視点で両者の関係を見直すことも必要ではないかと考えられる。なぜなら，後述のように，リカードウとシスモンディの間にサー・ジェイムズ・マッキントシュ (Sir James Mackintosh, 1765-1832) がおり[2]，マッキントシュがシスモンディをリカードウに紹介しただけでなく，この3者に思想上の共通性があると考えられるからである。マッキントシュとリカードウはともに「キング・オブ・クラブズ」(「選りぬき

のウィッグ党員が食事をともにするクラブ」)[3]の会員であったし，マッキントシュとシスモンディは義兄弟であった。

　本稿ではそのような問題意識を持ちつつも，その準備段階として，シスモンディの思想形成，シスモンディとマッキントシュの関係，またリカードウとシスモンディの関係の一端を確認することが目的であり，上記のテーマを掘り下げるための準備作業であり，中間報告である。

1. シスモンディの生い立ちと思想形成環境

　シスモンディが1773年ジュネーヴで生まれ，プロテスタントであり，その父は聖職者だったことは，よく知られている。当時のジュネーヴは一共和国であり，シスモンディの伝記を書いたサリス[4]によれば，「彼(シスモンディ)は，『祖国愛は，国家愛と同一である』と表現されるような共和国の市民であった。18世紀のジュネーヴでは，公(おおやけ)ごとや精密科学がベースにあった。社会契約がこの共和国の政治的伝統から生まれたのであり，科学的目的でモンブランに最初に登頂したのがジュネーヴの自然科学者であった。ルソー(Rousseau)の著作は，著作家，歴史家，経済学者の集団を生んだ」[5]という。まさに自立した諸個人が国家を構成する主体として，発言し，行動する自由闊達な雰囲気が満ちていた状況であったことが窺える。そのうえサリスは，つぎのように指摘する。「少しなりとも拡張された祖国愛をもつ市民は，しばしば，コスモポリタンになる特別の素質をもっているものである。多くのジュネーヴ人が外国で生活し，そこで彼らは福音書を読む司祭や大学教授になり，他の人々も銀行家や商人になった」[6]。この叙述からは，当時のジュネーヴ人が広く西ヨーロッパで活躍した国際人としての性格を有していたことがわかる。このようなジュネーヴ人気質は，当然シスモンディにも受け継がれていると考えて差し支えないであろう。

　1792年11月30日，ジュネーヴ近郊まで進軍したフランス軍を率いるモンテスキュー伯爵とベルン・チューリッヒ同盟軍との間の協定締結によって，両軍が国境から撤退した直後，ジュネーヴ共和国の中心で革命が起こり，12月28日に革命委員会は国家評議会に対して全権移譲を要求した。翌1793年2月，シス

モンディ一家はイギリスに渡り，そこで1年半過ごしたのち，ジュネーヴに戻ってきた。ところがその年(1794年)7月にジュネーヴで暴動が突然発生し，多数の人々が処刑された。この年の秋，シスモンディ一家はイタリアに亡命した。シスモンディが21歳の時であった。

　前記シスモンディの伝記を書いたサリスは，つぎのように指摘する。「シスモンディの知的形成の全体を考えるにあたっては，よくいわれるような大学(で勉強する)などけっしてないことが確認される。事務員，農業従事者，印刷工，旅行者，書記官，研究者，統計家，文学者，社交人士，政治家，シスモンディは学生以外のすべての職業を経験した。彼は，高等教育を受ける機会がまったくなかった」[7]。とはいえ，シスモンディは，イタリア亡命中に大いに調査や研究をおこなった。イタリアのペッシャにシスモンディ一家が居を構えるや，そこの絵のような景色のなかで彼はさまざまな体験をした。サリスはこのようにも指摘している。「シャルル(シスモンディ)は，すぐに仕事にとりかかった。当然，体系的な仕事と事物の綿密な観察を通じて，農業でより肥沃な土地を見つけた。一国を知るのに，まず土地を耕すこと以上によい手段はあるだろうか？この外国人がイタリアの歴史家になる見通しが持てるようになるためには，ヴァル・ド・ニヴォール(ペッシャ一帯の地名)で用いられている農業の方法を学び，それをヴォークリューズ(シスモンディ家が購入した領地に付けられた名称)の領地に適用させることだった。農業における経験から歴史の著作へ，一見したところ非常に奇妙に見えるけれども，その道は容易に築かれる。土地を価値あるものにするという実務的な関心から，彼は，その国のよく知られた慣習と農業の風習に，その鋭い好奇心を向けた。そこから彼は，トスカナに関係する社会経済問題の研究にいたり，大公国の制度と歴史に関する探求をおこなった。彼の精神的素質は，彼を普通では考えられない並はずれたものに導いたのであった」[8] (カッコ内は引用者による挿入である)。

　さらにつづけてサリスは，シスモンディがその後生涯にわたって抱きつづけた彼の思想的基盤の背景を，つぎのように述べている。「ヴォークリューズの若き土地所有者にとって，研究の準備が整った。もっともすでにイギリスでとりかかっていたのであるが。ところで，そのうえ，レオポルド大公やフェルディナンド3世によって着手された改革は，彼のトスカナ研究に好都合であったし，

第2の祖国への彼の共感を増大させることにもなった。ロレーヌ地方の一家の最高権力は，イタリアの小さな君主制に，18世紀のもっとも聡明な公爵たちから当然期待することができるあらゆる恩恵をもたらした。1765年から1790年まで続いたレオポルドの治世は，農業，商業，金融に支えられ，教会や国家に支えられ，裁判制度に支えられた一連の進歩と改革によって名高い。シスモンディが研究を始めたとき，大公たちによって賞賛され，農業，とりわけ小農を優遇するように仕向ける諸方策が，すでに成果をもたらしていた。農民たちは，あらゆる種類の負担や隷属から解放され，入植者や人々の安全はよく保障され，未開の土地はいたるところ開墾され，マルム(イタリアの海岸沼地)の大浄化工事がかなり進捗していた。商業は，リヴォルノ港のような取引の中心地でとりわけ繁栄の恩恵に浴していた。国家財政は管理され，そしてたぐいまれに運営され，政府は定期的に予算を公表していた」[9]。それだけでなく，レオポルド大公は，国民の公共精神の進歩を望ましいことと考え，とりわけ，大公国内のコミューンにその収入を管理する権利や必要な公共的経費を表明する権利を与えることによって，「これらコミューンが大公国のなかで，ある程度，国民の代表となる」[10]ことにし，すなわち自治権を認めたのであった。サリスは，彼が引用しているカルロ・ボッタ (Carlo Botta) とともに，レオポルドの進歩性，民主性に驚嘆している。「カルロ・ボッタが，この君主の改革に割いたかなり多くのページで，以下のように断言するのは誇張だろうか？ すなわち，『世界中から非常に偉大な実例として見られたこの地方は，もっとも人間的な君主の統治のもとで，政府も民衆も希望することができる，一方にはより多くの保障と，他方にはより多くの幸福とを結びつける法律という実例を提供している』と」[11]。

レオポルドの後継者であって，その治世が非常に波乱に満ちたものであったフェルディナンド3世[12]は，彼の父の賢明な政治と平和を追い求めることだけを望んでいたといわれる。軍事についてはまったく関心がなく，「若き大公は，商業，農業，工業を盛り立てせ，芸術，科学を奨励し，規則の厳格さを緩和することによって，よき秩序を完全に維持するために，あらゆる手段を用いたのであった」[13]。

20歳代前半にこのような自由・自治と人間愛に満ちたトスカナで生活したシスモンディが，そこから，生涯を通じた思想を獲得したことは容易に推測でき

る。とりわけ産業と芸術や科学の発展による多くの人々の豊かで安定した生活の追求は，彼の経済学のひとつのモチーフであるが，その源泉の一端がここにあるといえよう[14]。シスモンディは，この地でまず，イタリアの歴史を対象とするところから研究生活を始める。それは，風光明媚でかつ多くの歴史遺産が残るトスカナに彼が特別の愛着を抱いたからであり，またレオポルドの政治思想に共感したからであろう。サリスもつぎのように指摘している。「はじめ彼は，単純な好奇心でトスカナの都市や国の過去に打ち込んでいたが，のちにトスカナの栄光と波乱に満ちた歴史に夢中になった。彼は，中世における地方の多くの年代記やイタリア・ルネッサンスにおける歴史家たちのすばらしい物語をつうじてトスカナの歴史を読むことができたのである」[15]。トスカナの自然，産業，歴史，それに君主の統治のあり方が，歴史家，経済学者，政治家，文学者としてのシスモンディを育てたと言える。

2. シスモンディとマッキントシュ

6年間のトスカナでの生活の後，シスモンディは1800年，ジュネーヴに戻った。執筆した『トスカナ農業概観』(*Tableau de l'agriculture de la Toscane*, Genève, 1801)[16] の刊行がひとつの目的であった。この本は，当時ジュネーヴでもっとも有名な出版社であったパシュー(Pachoud)から出版された。この出版によってシスモンディは農学者たちに認められ，その年のうちに彼らによって，技術協会や農業協会で彼らと仕事をともにすることを求められた。さらに農業経営を経験したという特質の持ち主であったために，シスモンディは，レマン県の商業・技術・農業委員会(1801年6月にフランスによって設立された)の書記や，後にはレマン商業会議所の書記を務めた[17]。

おそらくこれらの仕事の関係で，シスモンディはコッペのスタール夫人(Mme de Staël)のサロンに出入りすることになったと思われる。そしてこのサロンでの会話が，若きシスモンディのその後の精神的営為に大きな影響を与えた[18]。このサロンには，卓越した教育を受けた人々が集まっていた。しかし，前述のように高等教育を受けていなかったシスモンディは，当初，このサロンに出入りしていたミュラー(Jean de Müller)やバンジャマン・コンスタン(Benjamin

Constant),それにシュレーゲル(Schlegel)といった人々の会話に驚き,そこで口をはさむことなどとてもできない状態であったという。スタール夫人のサロンのメンバーの一人であったボンシュテッテン(Bonstetten)は,「シスモンディ君は,完全に茫然自失になっている。すべてが,救いがたい自分の無知によってそのような状態になっているように思える,と昨日私に告白していた」[19]と述べている。そこでシスモンディは一念発起し,歴史研究や文学研究に没頭した[20]。その成果が彼の歴史書であり,文芸批評である。なかでも彼の著作『中世ヨーロッパ文学』(*De la littérature du Midi de Europe*, Paris 1813, 4 vol.)は,スタール夫人から受けた影響の産物であるとされる。

スタール夫人は,1777年にルイ16世のもとで蔵相となったネッケルの娘である。しかしスタール夫人自身は,コンスタンとともに自由主義共和派に位置付けられている。とはいえ,夫人のサロンに集った人々は,多彩であったといわれる[21]が,シスモンディがもっとも強く影響を受けたのは,スタール夫人とコンスタンであろう。スタール夫人の自由主義思想,自由な制度は民族の徳と繁栄をもたらし,専制は腐敗と破滅に導くとの思想にシスモンディも共感し,それをサロンに集う人々と共有することになったのである。

サロンの参加者の一人に,サー・ジェイムズ・マッキントシュがいる。彼はエディンバラで医学を学んだのち,1804年から1811年までボンベイで裁判官を務め,1813年以降はウィッグの議員となった[22]。マッキントシュ夫人,キャスリン・マッキントシュ(Catherine Mackintosh, 1765–1830)はアレン家(Allen)の生まれであり,彼女より12歳年下の実妹,ジェシー・アレン(Jessie Allen, 1777–1853)は,1819年,シスモンディと結婚している[23]。したがって,マッキントシュとシスモンディは,義兄弟となる。

サー・ジェイムズ・マッキントシュが最初にどこでシスモンディを知ったのか,あるいは両者はどこで面会したかについては,定かではない。前述のように1813年春,シスモンディの文芸評論『中世ヨーロッパ文学』が出版されたが,マッキントシュはすでにこの年の10月にエディンバラ・レヴュー誌でこの本を紹介しているから,1813年には両者間に親交があったことが推測される。また両者の意見は相通じるところも多かったであろうことは,その家族関係からも推察できる。さらにシスモンディからマッキントシュに宛てた手紙も,す

The Allen Family と The Wedgwood Family の家系図

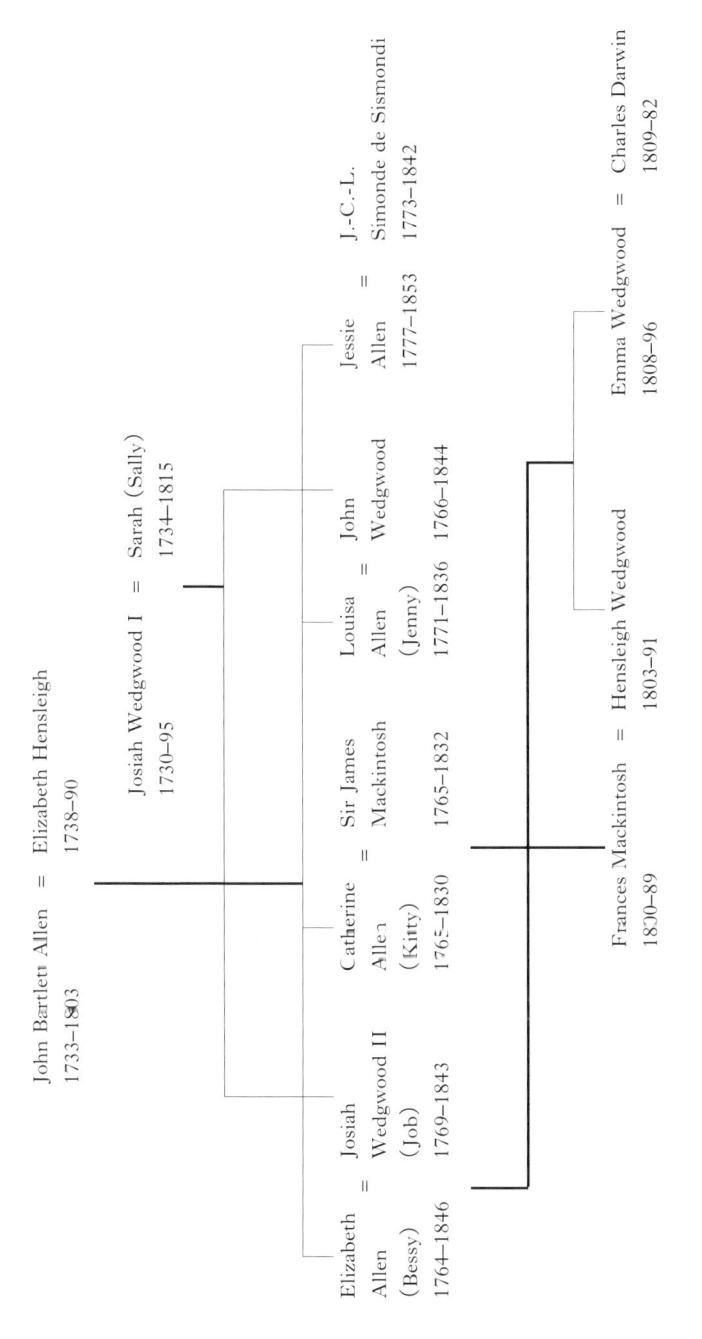

```
                    John Bartlett Allen = Elizabeth Hensleigh
                         1733–1803            1738–90

                              Josiah Wedgwood I = Sarah (Sally)
                                   1730–95           1734–1815

Elizabeth = Josiah        Catherine = Sir James      Louisa = John       Jessie = J.-C.-L.
  Allen    Wedgwood II      Allen     Mackintosh      Allen   Wedgwood    Allen   Simonde de Sismondi
 (Bessy)    (Job)           (Kitty)                  (Jenny)                      1773–1842
 1764–1846  1769–1843      1765–1830   1765–1832   1771–1836 1766–1844  1777–1853

            Frances Mackintosh = Hensleigh Wedgwood        Emma Wedgwood = Charles Darwin
                 1830–89              1803–91                 1808–96         1809–82
```

出所：Edna Healey, *Emma Darwin: The inspiration Wife of a Genius*, London, 2001 から作成
（注）本稿に関係する人物とその周囲の一部の人々に限定した。

でに紹介されたものや大英図書館（British Library）に所蔵されているものなど，少なからず存在する[24]。それらからは，後述のようにシスモンディの歯に衣着せぬ積極的な見解の表明がしばしば読みとれる。たとえばナポレオンの百日天下の際にシスモンディがマッキントシュに送った 1815 年 4 月 29 日付の手紙には，ウィッグの議員としてイギリス政府に戦争を回避するためにあらゆる手段を尽くして欲しいとの希望が述べられている[25]。1821 年 2 月 18 日付のマッキントシュ宛の手紙には，自由な国への他国の侵略に対する懸念が語られている[26]。この前年にナポリ王国でカルボナリ革命が起き，1821 年にはオーストリア帝国がナポリに出兵している。

マッキントシュとの間の手紙を通じた意見交換は，シスモンディにとってみずからの見解の表明の場であっただけでなく，他面ではイギリスの政界，言論界，経済界，学界の情報を獲得するパイプであったと推測することができる。

ところで，シスモンディは 1818 年，『エディンバラ百科事典』（*Edinburgh Encyclopedia*）の「経済学」（Political economy）の項目を執筆している[27]。この執筆依頼が，シスモンディにとって，『商業の富』（*De la richesse commerciale de la Toscane*, 2 vol. Genève, 1803）以降中断していた経済学研究を再開するきっかけになっただけでなく，スミス経済学を祖述したものとされる『商業の富』からその「修正」へと見解を転回させる契機になったものであることは周知である。翌年，彼の経済学の主著『経済学新原理』（*Nouveaux principes d'économie politique ou la richesse dans ses rapports avec la population*, 2 vol. Paris, 1819. 2e éd. augmentée, 2 vol. 1827）が出版されている。それにしても，『エディンバラ百科事典』の編集者デイビッド・ブルースター（Sir David Brewster）[28]は，なぜイギリスの経済学者ではなくシスモンディに「経済学」の項目の執筆を依頼したのであろうか。おそらくスコットランド人マッキントシュの紹介ないし仲介があったのであろう。経済学の分野においてもマッキントシュはシスモンディに対して直接・間接に影響を与えていたと言える。

3. シスモンディとリカードウ

リカードウとシスモンディを仲介したのは，サー・ジェイムズ・マッキント

シュである。マッキントシュは，1798年に創立された「キング・オブ・クラブズ」の初期からの会員であったし，リカードウは，1817年6月7日にこのクラブの会員に選ばれている[29]。

リカードウは，1819年4月7日付マカァロク宛の手紙の中で，次のように記している。

> 「昨日上院で，サー・ジェイムズ・マッキントシュに紹介されてごく短期間来朝中のシスモンディ氏に会いました。氏はちょうど経済学の本を出版したところで，その中で私の理論のいろいろな欠陥を明らかにしようと努めました。氏はセー氏とも意見を異にしていると語りました。われわれが交わしたわずかな言葉からすると私たちの知っているどの著述家にも賛成している様子がないので，私はその本を読んでみたい好奇心をしきりに覚えます。」[30]

シスモンディが渡英したのは，マッキントシュの義妹ジェシーとの結婚のためであった。その機会にマッキントシュはシスモンディをリカードウに紹介し，二人は「わずかな言葉」を交わしたことがわかる。ここでも，マッキントシュの大きな役割が見える。この文面から，リカードウはシスモンディに会うまであまり彼に関心を持っていなかったことが窺える。他方，シスモンディは，実はすでに前年(1818年)12月16日付マッキントシュ宛手紙の中で，リカードウの経済学を批判しているのである。

> 「前回私があなたに手紙を書いたときには，私はリカードウの著作をエディンバラ・レヴューで知っていただけなのですが，今，私は彼の著作を読んでいます。そして驚きと衝撃を受けています。こんな詭弁の連続がイングランドで成功するとは。――私はリカードウの著作から，彼は(世間と関わりを持たない)数学者だと思わずにはいられません。つねに抽象的であって，彼は世の中を論理ではなく計算であると見ています。その根拠はすべて間違っています。」[31]

マッキントシュが，『経済学新原理』(*Nouveaux Principes d'économie politique*, Paris, 2 vol. 1819)を出版したばかりのシスモンディをリカードウに会わせた

のは，たんなる社交上の儀礼ではなく，このような手紙のやりとりがあったからである。しかし，それだけではないようにも思える。マッキントシュとシスモンディの共通の見解，とくに自由主義の政治思想をリカードウとも共有するためではなかったであろうか。あるいは3者間でそれを共有できるとマッキントシュは考えていたからではないだろうか。

しかし，リカードウの経済学の分野でのシスモンディ評価は厳しかった。同年9月6日付リカードウからジェイムズ・ミル宛の手紙には，署名のあとの追伸と思われる箇所に以下の記述がある。

>「シスモンディの著作を読んでいます。——非常につまらない仕事だと思います。私にたいする攻撃にあっては彼は公平ではなくて私を誤り伝えている場合が再三ではありません。——彼はセーと同様にあの地代の学説を拒否しようと企てます。なぜなら地代を払わない土地はないからだと彼らは言います。」[32]

マッキントシュの期待にもかかわらず，リカードウはシスモンディをこのあとも少なくとも表面的には無視する姿勢をとり続ける。しかしそれはたんに表面上のことであって，実際にはリカードウはシスモンディの経済学に大いに関心を払っていたと思われることがらが数点存在する。そのひとつは，リカードウの大陸旅行中に実現したシスモンディとの会見の模様である[33]。リカードウは1822年，大陸紀行のなかでシスモンディ経済学について触れている。

>「シスモンディ氏はとても感じのよい人ですが，経済学の諸原理については，彼は私と大いに意見が違います。私は公爵を私の側に立つ強力な弁護者にすることができ，私たち両名はしばしばシスモンディ氏を当惑させ，ついにシスモンディ氏も，自分はあなた方の議論に即答はできないけれども，それらが回答しうるものであることを確信している，と告白するにいたりました。」[34]

その後1827年に出版した『経済学新原理』第2版でシスモンディは，1825年恐慌を踏まえつつ，経済理論に関する自分の見解の正しさを強調するとともに，折りに触れて論文等でそれを繰り返している。

前記のマッキントシュ宛手紙に見られるように,「抽象的」な議論が展開されるリカードウ経済学は,現実の経済実態＝事実を以って否定されたとシスモンディは考えているのである。

他方,上記大陸紀行にも見られるように,「経済学の諸原理については」大いに意見が違うと語るリカードウは,裏を返せば,他の側面——例えば政治思想等——についてはシスモンディと共通する見解を持っていたとの仮説を立てることも不可能とは言えないだろう。マッキントシュを介したリカードウとシスモンディの交流,すなわちイギリス上院での会見とその後シスモンディの経済学の著作を読んで「非常につまらない仕事」と評しながらも,大陸旅行でシスモンディに会って意見を交わすリカードウの姿がそのことを暗示しているようにも思える。

おわりに

シスモンディとリカードウとの接点は,従来考えられていた以上に存在すると言える。経済学の分野はひとまずおくとして,サー・ジェイムズ・マッキントシュを媒介にしたリカードウとシスモンディの交流は明らかである。経済学以外の分野——政治や思想面でマッキントシュは,自己を媒介にしたリカードウとシスモンディに共通の土俵を見いだしていたのではないだろうか。

本稿では3者の人間関係を明らかにしただけであって,いわば状況証拠にすぎない。3者の思想に内在してその共通性と差別性を明らかにする作業は,次稿以降の課題である。

注

1) 経済学におけるリカードウとシスモンディの理論的対立関係については,拙著『シスモンディ経済学研究』三嶺書房,1997年を参照。
2) シスモンディとマッキントシュの関係について飯田裕康教授はつとに注目されており,筆者は飯田教授から多くのご教示をいただいた。記して深謝の意を表したい。本拙稿も飯田教授の示唆に依るところが大きいが,論述内容の責任はもちろん筆者にある。なお,マッキントシュや彼とリカードウとの関係に関する飯田教授のご研究は,近々発表されるであろう。
3) P. スラッファ編,M. H. ドッブ協力,中野正監訳『デイヴィド・リカードウ全集』

(以下,『リカードウ全集』と表記)第 X 巻 伝記及び大陸紀行, 雄松堂書店, 1970 年, 60 頁, *The Works and Correspondence of David Ricardo*, edited by Piero Sraffa with the collaboration of M. H. Dobb, Cambridge University Press, 1955. Volume X, Biographical Miscellany, 1955, p. 50.

4) Jean-R. De Salis, *Sismondi 1773–1842*, t. I, *La vie et l'œuvre d'un cosmopolite philosophe*, Genève, 1973 (Réimpression des éditions de Paris, 1932). 本節の叙述は, 主として Salis の研究に依拠している。シスモンディの伝記については, 吉田静一『異端の経済学者シスモンディ』新評論, 1974 年があり参考になる。ただし, 本書の内容のうち, 吉田先生ご自身の見聞録や紀行文を除いたシスモンディに関する伝記の多くの部分は, 上記 De Salis の著作がソースになっていると思われる。なお, シスモンディの生涯を扱った研究論文に, 小池渺「シスモンディ研究序説——シスモンディの生涯と彼の遺産」『関西大学経済論集』42 巻 6 号, 43 巻 3 号, 5 号, 6 号, 1993–94 がある。

5) De Salis, *ibid.*, pp. 1–2.
6) *ibid.*, p. 2.
7) *ibid.*, p. 47.
8) *ibid.*, pp. 31–32.
9) *ibid.*, p. 32.
10) *ibid.*, p. 33. サリスはこの箇所を以下から引用している。Botta, C. *Histoire d'Italy de 1789 à 1814* (trad. Franç.) Paris, 1824 t. 1, p. 17.
11) De Salis, p. 33. サリスが引用している箇所は, Botta, p. 19.
12) サリスの注(前掲書, p. 33)に依れば, フェルディナンドは, 大公, のちの皇帝レオポルドの次男であり, 皇帝フランソワ 2 世(オーストリア帝国皇帝としてのフランソワ 1 世)の父であった。1790 年にトスカナ大公国の王位にのぼりつめた彼は, その国の独立を守ることに成功したイタリア最後の君主であった。彼は, 1799 年にフランスによって追放されたが, 後にナポレオンによってザルツブルクの選帝侯などの栄誉を与えられた。1814 年にフローレンスに戻ったものの, 翌 1815 年にナポリ国王ミュラ (Murat) の軍隊によってイタリアから追放された。ミュラとナポレオンの敗北後トスカナに戻り, 1824 年の彼の死までトスカナを統治した。ナポレオン夫人のマリー゠ルイズは, 彼の姪である。サリスはこの注の最後に, *Biographie Universelle*, t. XIII, p. 561 suiv., Paris 1855 のなかの *Ferdinand III* の項目を見よ, と記している。これがソースであろうが, 筆者は未確認である。
13) De Salis, *loc. cit.*, p. 33. サリスはこの箇所も *Biographie Universelle* の同一項目から引用している。
14) サリスも以下のように述べて当時のトスカナがシスモンディの思想形成に大きな影響を及ぼしたことを指摘している。「したがって, 政治学の素人であり啓蒙の世紀の落とし子であったシャルル・シスモンディは, 彼が抱く興味に適した分野をこのトスカナの地に見いだした。彼は, イタリアを理解するにあたって, 共感と熱情をもっておこなうのであるが, それは主に大地や人口と密接に結びついていた。」*ibid.*, p. 33.
15) *ibid.*, p. 34.
16) 『トスカナ農業概観』について, シスモンディの死後出版された主として政治・経

済や統治に関する論文集 *Political Economy and the Philosophy of Government*, 1847 には，その巻末に挿入された LIST OF M. DE SISMONDI'S WORKS で，「1800（年）私のトスカナ滞在の最後に，『トスカナ農業概観』を執筆した」との記述がある（p. 457）。1798 年の欄には，「私をイタリアの歴史研究へと駆り立てたその国の構造に関する研究」をしたと書いているから，『トスカナ農業概観』はかなり短期間で書き上げたと思われる。

17) De Salis, *loc. cit.*, p. 43.
18) シスモンディはその後も永くスタール夫人との親交を続け，多数の書簡が知られている。サリスが指摘するように，「シスモンディの変革において，スタール夫人の好意は決定的だった。」*ibid.*, p. 48.
19) *ibid.*, pp. 47–48. ただしこの箇所をサリスは Sainte-Beuve, *Nouveaus Lundis*, t. II, p. 307 から引用していると述べている。
20) サリスは，シスモンディは歴史や文学の研究をしたのではあるが，「にもかかわらず，彼の素養は，あるもっとも重要な要素が欠けていた。彼の著作にはその名残りが感じられるし，そのことは，彼への批判に見られるように表現の正確さや論理の厳格さの欠如に表れている」（*ibid.*, p. 48）と主張している。しかし筆者は，そうは思わない。確かにシスモンディの論理展開には甘さがあるし，そのために彼の著作は読みにくいところもあるが，逆に問題意識は鋭く，あるべき（望ましい）社会・経済状況に関するヴィジョンは明快であって，みずからの主張を展開する文章は情熱的である。それらが論理の甘さを十分補完しているように思われる。
21) この点については，岡本明「第 6 章　ナポレオン国家と公共圏」（安藤隆穂編著『フランス革命と公共圏』名古屋大学出版会，2003 年，所収）289 頁参照。また，同書の以下の各章でスタール夫人とコンスタンなどその参集者の思想史的・政治的・法的・宗教的特徴が論じられており，参考になる。松嶌明男「第 4 章　宗教と公共性」，岡本明「第 5 章　近代公共圏の法と初期政治秩序——1789 年人権宣言から総裁政府まで」，岡本明「第 6 章　ナポレオン国家と公共圏」，安藤隆穂「第 7 章　近代公共性の思想像——フランス自由主義の成立と公共性」。
22) Cf. De Salis, *loc. cit.*, p. 302. note 1 au bas de la page.
23) ジェシーが初めてシスモンディに会ったのは，彼女を含めたアレン家の三人姉妹が大陸旅行をした 1816 年であった。このとき，マッキントシュやスタール夫人が二人の旅行を援助し，シスモンディが姉妹のエスコート役を務めた。シスモンディはすぐにジェシーに思いを馳せるようになったが，ジェシーがかれとの結婚を承諾したのは，2 年後の 1818 年であった。二人の結婚は，1819 年 4 月 19 日である。そしてこのカップルは，Emma Wedgwood（Charles Darwin 夫人）の幼少時の教育に重要な役割を果たしたとされる。(Cf. Edna Healey, *Emma Darwin, The Inspirational Wife of a Genius*, London, 2001, pp. 70–72)
24) シスモンディの手紙は多数紹介されており，手書きの手紙自体も少なからず残されている。刊行された書籍としては，*Emma Darwin, A century of family letters*, 2 vols, London, 1915（本書は，家系図の出所で示した書籍——Edna Healey, *Emma Darwin*, London, 2001 とは別物である）。*Lettres inédites de J. C. L. Sismondi, de M. de Bonstetten, de Madame de Staël et Madame de Souza à Madame la comtesse d'Albany*, Paris, 1863. また，*Revue Historique* 誌には，その創刊以来シスモンディ

の手紙が紹介されている。さらに，British Library には，manuscript で少なくとも 12 通の手紙が所蔵されている(バインドされていない紙片の状態のものも含む)。そのうち，マッキントシュ宛の手紙は，「マッキントシュ文書」(Mackintosh Papers) の中にある(この点も飯田裕康教授からご教示いただき，その後，筆者自身も確認することができた)。現時点で筆者が確認したのはこれだけであるが，サリスはさらに多くの刊行書を列挙している (Cf., De Salis, *Sismondi 1773–1842*, *t. II, Lettres et documents inédits suivis d'une bibliographie*, Geneve, 1973, p. 44 (この第 2 巻は，注 1 に掲げた第 1 巻とリプリントの際に合本されている))。ところで，サリスはその著作の中で (*ibid.*, p. 56)，世界各地で保管されているシスモンディの手紙と草稿類を整理している。それに依れば，イギリスのウエッジウッド家 (Famille Wedgwood) に，サントレール伯爵夫人とマッキントシュに宛てた手紙，シスモンディ夫人の Jessie と婚約時代の彼女に宛てた手紙，それにエマ・ウエッジウッド (Emma Wedgwood, 進化論で有名なチャールズ・ダーウィン (Charles Darwin) の夫人)に宛てた手紙があるとされている。

25) De Salis, *loc. cit.,* p. 302.
26) 'Historian Letters, etc., to Sir James Mackintosh 1821. Add. 52453 ff. 60–64b', in Mackintosh Papers of British Library. 大英図書館が所蔵する manuscript の手紙類に関する詳細な分析は，後述の部分的なものを除いて，別稿にゆだねる。
27) これは同年，イタリア語に翻訳されて *Conciliatore* (Milano) 誌，第 1 号 (10 月) に掲載された。一方，1966 年にニューヨークの Kelley から Sismondi, *Political Economy: The Article "Political Economy" taken from Brewster's Edinburgh Encyclopedia* (表記のまま)，1815 が出版されたが，この出版年号には疑問が残る。
28) 吉田静一，前掲書，161 頁。
29) 『リカードウ全集』第 X 巻，60 頁，*The Works, loc. cit.*, p. 50.
30) 『リカードウ全集』第 VIII 巻，書簡集 1819–1821 年 6 月，24 頁，*The Works and Correspondence of David Ricardo*, 1951–55, Volume VIII, *Letters 1819-June 1821*, 1952, p. 22. これに対して，11 日後の 1819 年 4 月 18 日の日付が付けられたマカァロクの返事には以下のくだりがある。
    「あなたが引用されているシスモンディの著作を読んでいます。そして，実は，彼のような定評のある才能を持つ人物がこういう著作を出版したことに驚きました。――スミス博士の理論のうち，あなたの立派なお仕事によって誤っていることが証明された部分をシスモンディはそっくり採用しており，正しいと一般に認められている場合について，スミスの結論をくつがえそうと試みています――シスモンディは感傷主義者でありすぎてよき経済学者になれません――まじめな哲学者に，すべての階級に結婚をすすめさせ，同時に，二，三人の子供をもうけたあとは，独身の状態で生きるのがお前の義務だといわせるのは，本当に，大いにこっけいなことです！――シスモンディがこの理論でロンドンの淑女たちの歓心を買うかどうか知りませんが，当地ではそのような傾向はないものと確信しています――」(前掲訳書, pp. 27–28. *ibid.*, pp. 24–25)
31) 'Historian Letters to Sir J. Mackintosh 1818, 1821 Partly Fr Imperf. Add. 78766 f. 167 Add. 78767 f. 155', in Mackintosh Papers of British Library. 引用した手紙は Add. 78766 f. 167 である。なお，引用文中のカッコ内は，引用者による推測箇所

である。
32) 『リカードウ全集』第 VIII 巻，64 頁 loc. cit., p. 57.
33) 経済学の分野でリカードウがシスモンディの影響を受けたと思われるものに，リカードウの機械論があるが，この点に関しては別稿で取り上げることにする。
34) 『リカードウ全集』第 X 巻　伝記及び大陸紀行前掲訳書，334 頁。The Works, loc. cit., p. 278. もっともリカードウのこの言葉を文字通り受け取ってよいかどうかは疑問の残るところであるが，シスモンディがその場で有効な反論ができなかったことは事実のようである。しかし，シスモンディ自身はリカードウに論破されたとは思っていないことも事実であろう。1827 年に出版された『経済学新原理』では，初版と比較してリカードウ批判が強化されており，自分の見解の正しさを強調している。リカードウとシスモンディの論戦とその成果(結果)については，別稿で検討する。

Common Pool Resources, Preference for Environment and Ecotourism

Takanori IDA

Introduction
1. Some concepts of common pool resources
2. The present condition of hot springs resorts in Kyushu region
3. A model
Conclusion

Introduction

Recently, there are many local governments whose aims are to improve their socio-economic inferiority and to defend the environmental destruction in which they dwell by means of preserving or recovering the inherent natural resources; forest, plain, river and marine. We refer to these four inherent resources as "San-Ya-Ka-Kai". Such governments tend to plan and enforce their policy packages with local residents and some groups.

In environmental economics, it has been recognized that the studies of common pool resources, such as "San-Ya-Ka-Kai" to which we have referred, developed by Ostrom (1990) and Ostrom et al. (1995) are the key factor to examine the local environmental and socio-economic inferiority problems.

We focus on hot springs as common pool resources and tourism policy. Japan is a country prominent in the world with hot springs, which play an extremely important role as places for rest and recreation for the people. As of the end of March 2001, there were 26,505 hot spring sources across the country (5,164 self-gushing sources, 12,873 motorized sources and 8,472 unused sources). The yield of all hot springs is about 3.8 million ton a day.

Hot spring health resorts are those hot spring areas designated by the Director-General of the Ministry of Environment under the Hot Springs Law as having particularly excellent hot spring effects and which can be effectively used as a health recreation spot. As of the end of March 2002, there were 91 such designated places, covering 16,582 hectares. For people's recuperation, spa areas that received special designations in fiscal 1991 (from among all hot spring health resorts as being hot spring resorts obtaining cooperation from doctors to fulfill the conditions for promotion of healthy hot springs use), the Ministry of Environment provided assistance was inacted in fiscal 1994 for development of nature trails and picnic sites.

Moreover, beginning in fiscal 1993, the Ministry designated seven hot spring resorts, from among all hot spring health resorts, as "nature-friendly, relaxing spa areas" to promote active use of natural resources, and to promote their serving as nature education centers that provide contact with nature and physical and mental refreshment. Provision of assistance to these districts was started in fiscal 1994.

The Hot Spring Law enacted in 1948 is designed to protect those hot springs and work for their reasonable utilization. It is stipulated that in situations where hot springs are to be dug and situations where motorization is to be done, permission must be received from prefectural governors. In the case of using hot springs for public bathing or drinking purposes, it is required that permission must also be received from prefectural governors or the mayors of administrative ordinance-designated cities with public health centers.

After the collapse of the bubble economy, it is pointed out that vitality of every area in Japan has diminished. It is also noticed that the potential power of each area is not exploited by conformity among regions and loss of attractiveness of each region based on each history, culture, and tradition. Therefore some local governments intend to reform the town, making the most of existing sightseeing resources peculiar to each region and existing facilities for inhabitants. As for tour formation, the Japanese have made a group tour since the high economic growth. It turns to, however, small unit such as family, friends and individual.

In addition, people's potential demand for leisure, especially tourism, is large because they have evolved to a preference for spiritual needs over material ones, but then the growth rate of domestic tourism with staying overnight is slackening. One important reason is mismatch between the demand and supply side in the domestic tourism market. The change of tour formation means diversification of tourism from just a sightseeing tour to a participated experience tour. Tourists have been responsive to the price of tour goods, so they evaluate the degree of satisfaction for services as compared to their price.

On the other hand, related agencies including government, associations, and inhabitants get behind in correspondence to diversification, individualization, and sophistication of tourists' needs. That leads to a number of complaints against a heavy traffic jam, high price, and a lack of attractiveness for tour goods and tourist attraction.

In these circumstances, people such as managers of hotels and Ryokan-inn, storekeepers, and officials of municipalities are willing to build the new sightseeing towns and spots. Some of them recognize that towns in which inhabitants want to live are towns which tourists want to visit recently. In order to carry out these intentions, it is important for them to make a sensible approach, which is based on not tourism industry but citizens.

In the following chapters, we outline the common pool resources and present condition of popular hot spring sites in Kyushu region and key factors to be successful in comparing the old-fashioned spot with the trendy one. Then we construct a simple model to find out the possibilities of harmonizing tourists with citizens at a hot springs town.

1. Some concepts of common pool resources

Components of nature are considered to be natural resources when they provide means of sustenance to mankind and a number of CPRs exist in different natural settings, ranging in scale from small inshore fisheries and pastures to the vast domain of the oceans and the biosphere. According to Ostrom et al. (1993), CPRs are defined as the natural or man-made resources where exclusion is difficult, and the yield is subtractable. They share the first attribute with pure public goods; the second attribute, with private goods as shown in Table 1–1.

The first attribute stems from various factors, including the cost of parceling or fencing the resource and the cost of designing and

Table 1–1 A General Classification of Goods

		Subtractability	
		low	high
Exclusion	difficult	pure public goods	CPRs
	easy	toll goods	private goods

enforcing property rights to exclude access to the resource. The second attribute is quite important in understanding the dynamics of how "the tragedy of the commons" can occur. The resource units (like acre-feet of water, tons of fish, or tons of timber) that one individual appropriates from a CPR are not available to others. Unless institutions change the incentives they face, one can expect substantial overexploitation, that is, the game will be dropped in prisoners' dilemma.

For the purpose of a better understanding of CPRs, we will describe the case that CPRs are put in production. As shown in Fig. 1–1, if N is private goods, each individual's input level (N_1, N_2) determines each production level respectively [$f(N_1)$, $f(N_2)$]. It is clear that the sum of them is a social production level [$f(N_1) + f(N_2)$]. While public goods have the property of equal input for any individual ($N = N_1 = N_2$), each input level of CPRs is different ($N_1 \neq N_2$). In case of CPRs, total input level affects the social production level [$f(N_1 + N_2)$] because individual are able to utilize the resources simultaneously and they have to share the cost of CPRs' depletion

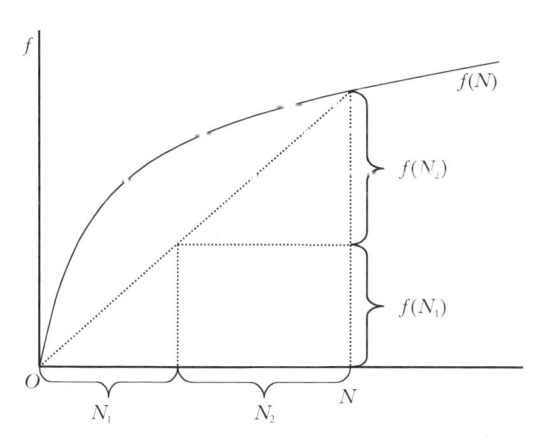

Fig. 1–1 A Characteristic of CPRs (production's case)

Table 1-2 A Typology of CPRs

		Flow Units	
		fugitive	stationary
Storage	absent	fisheries, some irrigation systems	grazing area
	present	some irrigation systems	groundwater basins

one another.

In examining CPRs involving fisheries, irrigation systems, and groundwater basins, Schlager et al. (1994) find that users of these resources pursue different strategies and design different institutional arrangements depending upon whether the resources is characterized by mobile flows and/or storage. From this evidence, they develop a typology of CPRs that is useful for understanding and anticipating resource users' strategies as shown in Table 1-2.

In a CPR with mobile flows in particular, it is difficult for resource users to accurately assess the extent of variations in flow, to determine whether an observed flow decline is merely temporary or part of a long-term phenomenon, and to diagnose the cause of the decline.

Who owns CPRs ? Bromley (1991), Seabright (1993) and Turner et al. (1994) focus on the property regime related to a resource and use of the term "common property resources" similar to CPRs. We have to clarify the difference between "common property resources" and CPRs to avoid the prevailing confusion. According to the Anglo-Saxon common law and the Roman law, common property should be restricted to communally owned resources- that is, those resources for which there exist communal arrangements for the exclusion of non-owners and for allocation among co-owners.

As shown in Table 1-3, CPRs are divided into four types of property regime.

Table 1-3 Four Types of Property Regime

state property	Individuals have a duty to observe use and access rules determined by controlling or management agency. Agencies have the right to determine use and access rules.
private property	Individuals have the right to undertake socially acceptable uses, and have a duty to refrain from socially unacceptable uses. Others have the duty to refrain from prevailing socially acceptable uses, and have the right to expect that only socially acceptable uses will occur.
common property (CP-CPRs)	The management group (the "owners") has the right to exclude non-members, and non-members have a duty to abide by exclusion. Individual members of the management group (the "co-owners") have both the rights and duties with respect to use rates and maintenance of the thing owned.
non-property (open-access CPRs)	No defined group of users or "owners" and benefit stream is available to anyone. Individuals have both privilege and no right with respect to use rates and maintenance of the asset. The asset is an "open access resource".

It is necessary for us to recognize the fact that because Hardin's tragedy occurred when the commons were used as open access resources, changing property regime can be a proper procedure to avoid the tragedy. In fact, Hardin insisted that the commons should be privatized or controlled by central government, but he made no mention of the possibility of communal arrangement. Growdy (1989) stressed the role of common property regime and proposed the following eight questions to guide the use of CPRs properly:

1. what constitutes membership of the group having a right to the resource and who is not a member with the duty to respect the rights of members;
2. what constitutes agreement — unanimity, consensus or majority;
3. on what basis the right will apply over time, i.e., annually or

seasonally;
4. how rights are transmitted between generations;
5. where control resides, i.e., vested in a community board, in village or district elders, or in the households;
6. how compliance with agreed rules and conventions is to be maintained;
7. how departures from the rules are to be corrected and sanctions imposed; and
8. how disputes are to be settled.

It will be possible to avoid the overexploitation of CPRs by changing the use rights without changing the property rights. CPRs exist within the particular technical and institutional circumstances. The technical one provides the tools and knowledge which define how a resource is used as a factor of production or consumption. The institutional one defines who can control the resources and how the technique is applied. Techniques and supporting institutions must complement each other.

2. The present condition of hot springs resorts in Kyushu region

(1) The case of Kumamoto prefecture

Kumamoto prefecture has 43 hot spring districts. The Aso area is the most popular and has the most springs. This area is divided into two parts generally, one is the Aso area and the other is the Oguni area. There are a quantity of large facilities such as hot spring centers, hotels, and some kinds of amusement plants in Aso area. As for a hot spring district, Kurokawa has become more popular in Japan.

The Nihon Keizai Shinbun Inc. announced the winners of the

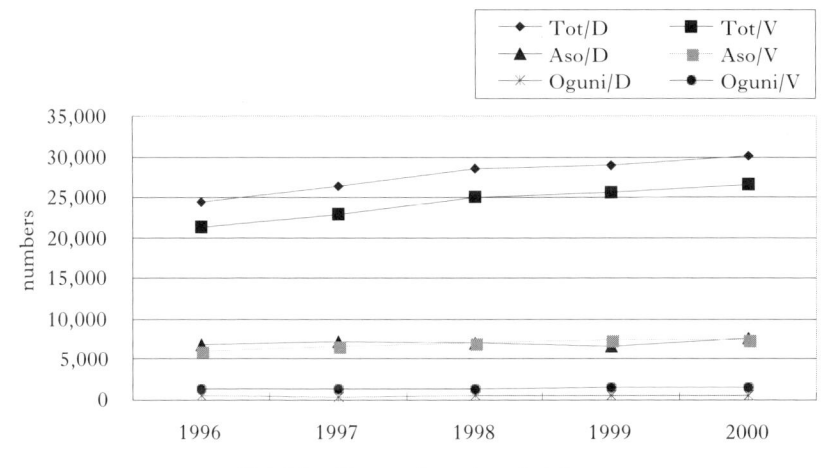

Fig. 2-1 Change of number of visitors

Table 2-1 Number of visitors (day visit and over night stay)

	1996	1997	1998	1999	2000
Tot/D	38,757	42,051	46,605	47,731	50,015
Tot/S	7,134	7,148	7,024	6,822	6,675
Aso/D	11,219	12,237	12,376	12,666	13,629
Aso/S	1,582	1,589	1,582	1,440	1,335
Oguni/D	1,251	1,174	1,182	1,377	1,408
Oguni/S	689	650	681	677	724

"NIKKEI plus one hot springs grand prix" in October 2002. The winner of the first prize was Kurokawa which has performed its role in hot spring district the best. It was a quiet district in the middle of the 1980's, so managers introduced a new system in 1986. The most attractive thing about Kurokawa is the open-air bath. Each hotel has its' own special atmosphere. Visitors purchasing a valid pass for six months, may try three different baths among 24 different inns and

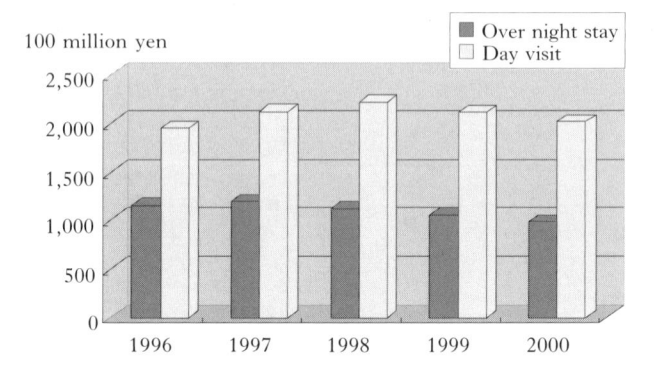

Fig. 2-2 Tourist expenditures within the prefecture

hotels. This system stands high in favor with people, especially with women. Fig. 2–1 and Table 2–1 show the change of numbers of visitors to Kumamoto. It is clear that the number of visitors is increasing, however, visitors who stayed at the hotel or Ryokan-inn are increasing in Oguni but are decreasing in Aso. At Kurokawa district, it is supposed that the number of visitors is more than one million and the number of visitors with over night stays is more than three hundred and eighty thousand.

(2) The case of Oita prefecture

Oita Prefecture is blessed with a beautiful natural environment with 28% of the Prefectural Land consisting of natural parks, deep mountain valleys, and a rich and diverse coastline. Further, it is one of the most prominent Prefectures throughout the country in terms of hot springs. In 2000, there were 51.46 million tourists. Oita Prefecture is also famous for hot springs. Among them, eight spas are located in Beppu City. There are 2,848 fountainheads, the world's largest number, and the volume of hot water coming from the spring is 136,571kl a day, the most in Japan. In this town it is

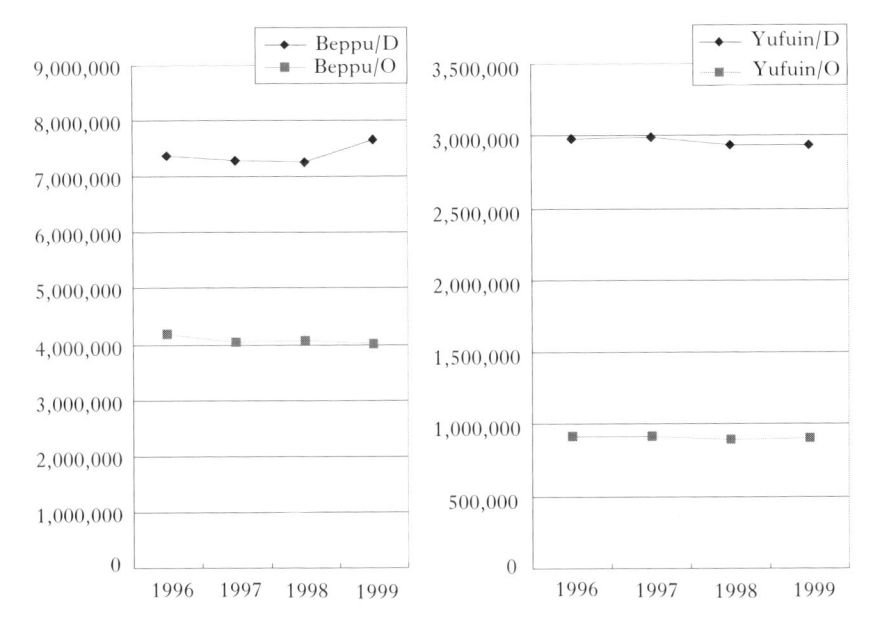

Fig. 2-3 Change of number of visitors

Fig. 2-4 Change of number of visitors

impossible to miss the hot spring mist that permeates the entire area. The other popular distinct is Yufuin town. This town has attracted female visitors for a long time. Yufuin was, however, elected as a hot spring that men and women most want to visit at the above-mentioned Nikkei Grand Prix. This town has established a reputation as the most attractive and desirable location of all hot springs in Japan. It has two features, one is the third output of hot water to Beppu and Oku-Hida districts in Japan, the other is how to make up a community in its own way. It is not just a tourism district but a community with original culture.

(3) Some issues of hot springs districts

In Kurokawa and Yufuin, there are small but sophisticated Ryokan-inns mainly. Moreover, a lot of traditional hot springs are located in the mountains. The coming of motorization has caused difficulties because the Japanese government has constructed expressways throughout the country. Construction and maintainence of the expressways and main roads continue while village or town roads have not been constructed sufficiently. This leads to excess demands at these areas, or some congestion of traffic and tourist spots including baths.

About 85% of total visitors to two areas come by their own car, taxi or bus. As for Kurokawa, all visitors come by motor vehicles because there is no railway. Recently, some Ryokan-inn managers are anxious about the possibility that they could not give visitors the full treatment. Though the bath has accommodations for twenty or thirty guests, especially on weekends or consecutive holidays about one hundred guests crowd into popular Ryokan-inns. As a result, some visitors at a Ryokan-inn have complained that they cannot have a leisurely bath. If these circumstances continue, they would lose their excellent developed reputation.

Yufuin and Kurokawa do not need to make much effort to gather many tourists. The number of visitors to the areas is coming to the

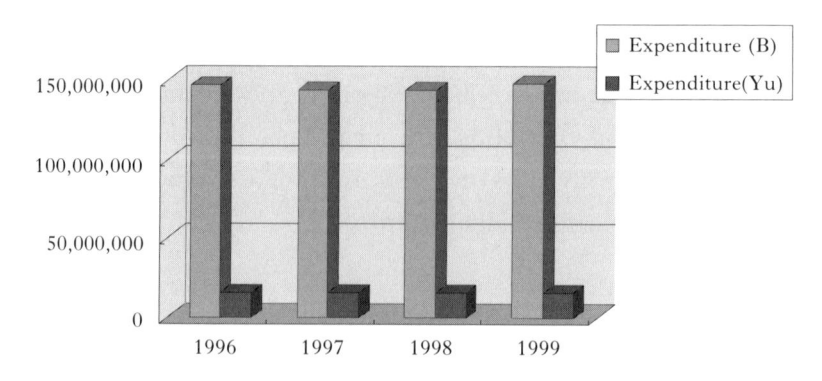

Fig. 2-5 Tourists expenditures

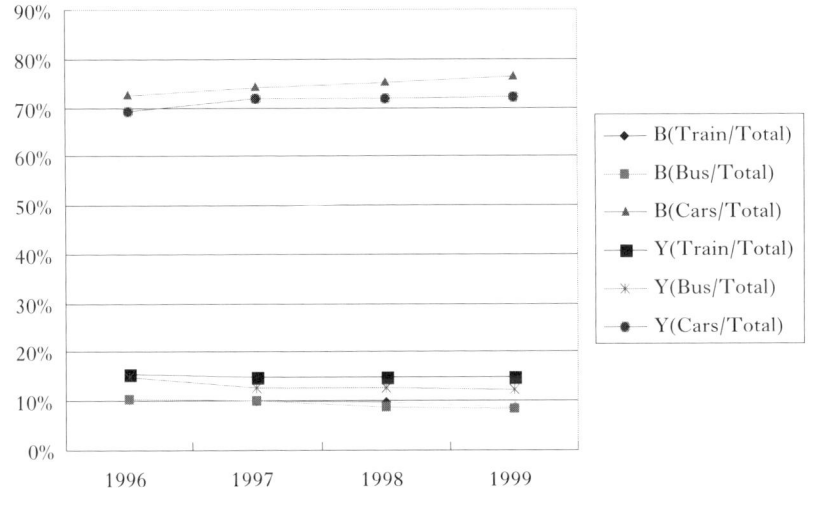

Fig. 2-6 Transportation

upper limitation in terms of their desirable scale. Overuse in hot springs creates common pool problem as "the tragedy of the commons." In this respect, inhabitants are more concerned with sustainability of hot spring resources than visitors. The externality of common pool problems affects all the individuals concerned. The utility of visitors, however, would not relate to this externality in the short term. The following chapter shows a simple model to describe these situations in hot springs districts and any measures to improve problems.

3. A model

(1) Individual behavior

Richardson (2002) constructs a model of vertical differentiation in which foreign and domestic consumers incur congestion costs in consuming a common resource. We introduce the external effect in his model, and verify the sum of his conclusions.

We study two types of consumers. Inhabitants at a hot spring district derive utility of $u = a\theta q - p - gs - \tilde{\beta}Q$ from consuming a good of quality q at a price p, θ is a taste parameter and $\tilde{\beta}$ is an externality parameter suffered by visitors' consumption. gs means disutility from congestion when the total number of users is s. The parameter measures an individual's marginal valuation of quality and we assume that it is distributed uniformly on an interval $[0, \bar{\theta}]$. The density of inhabitants on this interval is normalized to one.

Visitors who have also taste parameter distributed uniformly over the same interval derive utility from consuming a good of $U = A\theta Q - P - GS - V$, quality Q at a price P. GS means disutility from congestion when the total number of users is S. We assume $a < A$. The density of visitors on this interval is L. Here we consider the case that all consumers face in the same conditions, or same quality of the good, $q = Q$, same number of users in each market, $s = S$ and same price, $p = P$. Then we derive

(1) $(g + G)S + V < (\theta - \tilde{\beta})Q$ and $(g + G)s + V < (\theta - \tilde{\beta})q$.

This inequality means that for both types of consumer's real benefit from consuming a good is larger than congestion costs. Moreover, reducing the externality from visitors to inhabitants, untying the degree of congestion and decreasing number of users will increase the net benefit to users. Under the same conditions, we get $\frac{\partial U}{\partial \theta} > \frac{\partial u}{\partial \theta}$ and $\frac{\partial U}{\partial Q} > \frac{\partial u}{\partial q}$, if we differentiate both utility function with θ, q, and Q to characterize utility function. The first expression means that the visitors' marginal utility of taste parameter is larger than one of inhabitants' and the second expression means that for given θ the visitors' marginal utility of quality is larger than one of inhabitants'.

Next, each type of consumers determine its minimum value of θ, which gives them the positive utility, denoted θ^* for inhabitants and Θ for visitors respectively. These values are

(2) $\quad \Theta = \dfrac{P + GS + GS}{AQ}$ and $\theta^* = \dfrac{p + gs + \bar{\beta}Q}{aq}$.

According to our assumption, θ^* is larger than Θ. This implies that inhabitants have a narrow range derived positive utility in comparison with visitors if such costs as price and congestion were the same for both groups. Consequently inhabitants can obtain positive utility for θ between θ^* and $\bar{\theta}$, and visitors can do so for θ between Θ and $\bar{\theta}$. Now, we denote the total numbers of inhabitant consumers by x and visitor consumer by X, then we can express $x = \bar{\theta} - \theta^*$, $X = L(\bar{\theta} - \Theta)$. By substituting eq. (2) for these expressions, we have

(3) $\quad X = L(\bar{\theta} - \dfrac{P + GS + V}{AQ})$ and $x = \bar{\theta} - \dfrac{p + gs + \bar{\beta}}{aq}$.

(2) Social planner's behavior

As denoted above in detail, some tourism districts including hot springs areas are going to undertake a new town plan in which the place where people want to live is where people want to visit. Social planners should recognize that utility of inhabitants are given preference over satisfaction of visitors. So far, a number of municipalities and associations of tourism districts have dedicated themselves to construct facilities rising to visitors' expectations from urban area, or they have suited their life standard to the visitors'. It is sure that plentiful visitors will contribute to the local area at some point. Then we set the social planner to maximize only the inhabitants' welfare and have social welfare function as follows;

(4) $W = \int_{\theta^*}^{\bar{\theta}} [a\theta q - p - gs - \tilde{\beta}Q]d\theta + px - c(q)x + PX - c(Q)X + VX - \beta(x + X)$,

where $c(q)$ and $c(Q)$ are cost function for providing each good and V is some value on visitors.

By integrating eq. (4) and making use of eq. (2) and (3), we obtain:

$$
\begin{aligned}
(5) \quad W &= \frac{1}{2} aqx^2 + [p - c(q) - \beta]x + [P - c(Q) + V - \beta]X \\
&= \frac{1}{2} aq[\bar{\theta} - \frac{p + gs + \beta Q}{aq}]^2 + [p - c(q) - \beta] \times \\
&\quad [\bar{\theta} - \frac{p + gs + \beta Q}{aq}] + [P - c(Q) + V - \beta][\bar{\theta} - \frac{P + GS}{AQ}]L
\end{aligned}
$$

Let us now pick a benchmark case that the planner is able to separate inhabitant and visitor without any cost and set discriminate price. In this case each consumer incurs congestion cost from others in each market, so that $s = x$ and $S = X$. The first order conditions can then be expressed as

$$\frac{\partial W}{\partial p} = x + [aqx + p - c(q) - \beta] \frac{\partial x}{\partial p} = 0,$$

$$\frac{\partial W}{\partial q} = \frac{1}{2} ax^2 - c'(q)x + [aqx + p - c(q) - \beta] \frac{\partial x}{\partial q} = 0,$$

$$\frac{\partial W}{\partial P} = X + [P - c(Q) + V - \beta] \frac{\partial X}{\partial P} = 0,$$

$$\frac{\partial W}{\partial Q} = [P - c(Q) + V - \beta] \frac{\partial X}{\partial Q} - c'(Q)X = 0.$$

And four differentials in the above equations are as

$$\frac{\partial x}{\partial p} = -\frac{1}{aq + g} < 0, \quad \frac{\partial x}{\partial q} = \frac{p + gs}{q(aq + g)} > 0,$$

$$\frac{\partial X}{\partial P} = -\frac{L}{AQ + LG} < 0, \quad \frac{\partial X}{\partial Q} = \frac{L(P + GS + V)}{Q(AQ + LG)} > 0.$$

Thus optimization yields the following first order conditions:

(6a) $\quad p = c(q) + \beta + gx,$

(6b) $\quad p + gx = [c'(q) - \dfrac{1}{2} ax]q,$

(6c) $\quad V + P = c(Q) + \beta + GX + \dfrac{AQX}{L},$

(6d) $\quad V + P + GX = c'(Q)Q.$

At the optimum the price faced by visitors would be higher obtained from (6a) and (6b), if $V = 0$, $A = L = 1$ and both groups consumed goods with the same quality. One of the tourism policies is expectation of economic effect. That is they would expect that visitors consume lots of goods and contribute to the local economy in all its aspects. This result under these assumptions is derived from the fact that visitors and inhabitants were identical to each. As for externality, the effect from visitors to inhabitants differs from one of inhabitants to visitors while both give the same degree (β) here. If external effect of common pool problem derived from consumption of visitors could be larger, the marginal cost of visitors is higher.

Social planner is concerned with visitors' market, so differentiating (6c) and (6d) totally gives us change of both Q and P when L increases. Total differentiating (6c) and (6d) gives

$$\begin{bmatrix} W_{PP} & W_{PQ} \\ W_{QP} & W_{QQ} \end{bmatrix} \begin{bmatrix} dP \\ dQ \end{bmatrix} = \begin{bmatrix} 0 \\ -Z \end{bmatrix} dL,$$

where $Z = \dfrac{V + P - c(Q) - \beta}{(AQ + GL)^2} GX$. Now let us denote the determinant of the coefficient matrix on LHS of the above by H and the second order conditions give $W_{PP} < 0$, $W_{QQ} < 0$, and $H > 0$. Thus,

$$(7) \quad \frac{dQ}{dL} = \frac{1}{H} \begin{vmatrix} W_{PP} & 0 \\ W_{QP} & -Z \end{vmatrix} = -\frac{ZW_{PP}}{H} > 0.$$

By similar calculation, we can obtain

$$(8) \quad \frac{dP}{dL} = \frac{ZW_{QP}}{H} > 0.$$

Proposition 1. If a social planner can separate and provide different qualities of goods at different prices to visitors and inhabitants without any cost, the social planner would increase the quality and price provided to visitors optimally as visitors' demands increase.

(3) In the case of single quality with zero price

We shall explore the case that a single quality q will provide to visitors and inhabitants, so congestion function will depend on total demand $D = x + X$ and cost function is $c(q)D$ because of one market. We suppose that social planner levy visitors such as conservation of tourism district, which is poll tax t. The corresponding social welfare function may be written as:

$$(9) \quad W = \int_{\theta*}^{\bar{\theta}} [a\theta q - gD - \tilde{\beta}q]d\theta - c(q)D + VX - \beta D + tX$$

$$= \frac{1}{2} aqx^2 - [c(q) + \beta]D + (V + t)X$$

where $X = L(\bar{\theta} - \frac{gD}{Aq})$, $x = \bar{\theta} - \frac{gD + \tilde{\beta}}{aq}$, $D = \frac{(1+L)\bar{\theta}Aaq - A\tilde{\beta}}{Aaq + Ag + agL}$.

Differentiating eq. (9) with respect to q, we obtain the following first order condition:

$$(10) \quad \frac{\partial W}{\partial q} = \frac{1}{2} ax^2 - c'(q)D + aqx \frac{\partial x}{\partial q} - [c(q) + \beta] \frac{\partial D}{\partial q}$$
$$+ (V + t) \frac{\partial X}{\partial q}.$$

And three differentials in the above equations are as

$$\frac{\partial D}{\partial q} = \frac{(1+L)\theta Aag(A+aL) + A^2 a\tilde{\beta}}{(Aaq + Ag + agL)^2} > 0,$$

$$\frac{\partial x}{\partial q} = \frac{gq\dfrac{\partial D}{\partial q} - (gD + \tilde{\beta})}{aq^2} > 0,$$

$$\frac{\partial X}{\partial q} = \frac{gq\dfrac{\partial D}{\partial q} - gD}{Aq^2} > 0,$$

$$\frac{\partial D}{\partial L} = \frac{\bar{\theta}Aa(Aaq^2 + Agq - agq) + agA\tilde{\beta}}{(Aaq + Ag + agL)^2} > 0,$$

$$\frac{\partial x}{\partial L} = \frac{g\dfrac{\partial D}{\partial L}}{aq} > 0.$$

Making use of these results and assuming second order conditions hold, we can obtain

(11) $\quad \dfrac{dq}{dL}\bigg|_{W_q=0} = -\dfrac{dWq/dL}{dWq/dq} \equiv -\dfrac{W_{qL}}{W_{qq}} < 0.$

We can now state:

Proposition 2. When a social planner wants to maximize social welfare, a single quality of good providing without charging price will be reduced as visitors demand increase.

Conclusion

As tourism becomes increasingly important to communities, the need to develop sustainable tourism also becomes a primary concern. Human communities represent both a primary resource upon which tourism depends, and their existence in a particular place at a particular time may be used to justify the development of tourism itself. Communities have a basic reason for tourists to travel, to experience the way of life and material products of different communities. Communities also shape the natural landscapes that many tourists consume. Communities are, of course, also the source of tourists; tourists are drawn from particular places and social contexts which in themselves will help shape the context of the tourist's experience in the host community.

It goes without saying that the negative impact of many modern tourist activities on nature and the environment influences national and local policy. In addition to the negative influences of current activities, there is also the issue of how tourist activities can positively influence the economic development of traditionally agricultural regions which have experienced sharp declines in their agricultural activities recently, though they are attractive rural sites. The crucial question is to what extent communities in these areas are able to organize economic life in such a way that sustainable tourism can be facilitated and promoted to the benefit of the local residents.

We verify the sum of Richardson's results by adding some concepts. We would try to analyze a variety of situations and policy packages. Such Yufuin and Kurokawa as popular hot springs districts have entered the next stage that they started to maintain their original culture-based good image. At Yufuin, traffic experimentation was carried out on 23rd and 24th, November in 2002. It is necessary to protect the community from an uncontrollable ingress of cars, if possible. As for the tourism policy, keeping natural resources, and tradition and culture peculiar to each area is leading up to developing the community.

References

Bromley, D. W., *Environment and Economy: Property Rights & Public Policy*, Basil Blackwell, 1991.

Cornes, R. and T. Sandler, *The Theory of Externalities, Public Goods, and Club Goods 2nd ed.*, Cambridge U. P., 1996.

Feldman, R., "Rationing Congested Goods by Preferences on Quality", *Public Finance*, 33, pp. 225–231, 1978.

Glazer, A. E. Niskanen, and S. Scotchmer, "On the Uses of Club Theory", *Journal of Public Economics*, 65, pp. 3–7, 1997.

Hughes, H. L., "Culture as a Tourist Resource-A Theoretical Consideration", *Tourism Management*, 8, pp. 205–216, 1987.

Ministry of Land, Infrastructure and Transport ed., *White paper on Tourism* (In Japanese), 2002.

Ostrom, E., *Governing the Commons: The Evolution of Institutions for Collective Action*, Cambridge University Press, 1990.

Ostrom, E. and R. Gardner, "Copying with Asymmetries in the Commons: Self-Governing Irrigation System Can Work", *Journal of Economic Perspectives*, 7, pp. 93–112, 1993.

Ostrom, E., R. Gardner and J. Walker, *Rules, Games & Common-Pool Resources*, University of Michigan Press, 1994.

Papandreou, A., *Externality and Institutions*, Oxford U.P., 1994.

Richards, G. and D. Hall, eds., *Tourism and Sustainable Community Development*, Routledge, 2000.

Richardson, M., "Quality and Congestion in Environmental Goods: The Road to the Wangapeka", *Journal of Environmental Economics and Management*, 43, pp. 477–496, 2002.

Schlager, E., W. Blomquist and S. Y. Tang, "Mobile Flows, Storage and Self-organized Institution for Governing Common-Pool Resources", *Land Economics*, 70, pp. 294–317, 1994.

Seabright, P., "Managing Local Commons: Theoretical Issues in Incentive Design", *Journal of Economic Perspectives*, 7, pp. 113–134, 1993.

Turner, R. K., D. Pearce and I. Bateman, *Environment Economics*, Harvester, 1994.

パラダイム転換構造の位相幾何学的方法による形式化の試み

津 曲 　 隆

はじめに
1. 理論転換の様相
2. 概念構造の位相モデル
3. のりこえの構造の位相モデルによる解釈
おわりに

はじめに

　論理的思考という言葉がある。一般に人気の高い言葉ではないかと思われるが，これに対し，人工知能研究者である M. Minsky は，論理的な推論というのは，「すでに見つかっていることを要約するときに用いられるような，特別な形のおとなの思考ですむときだけ」[1]にしか使われない，と明言した。何とも人気に水をかけるような発言であるが，実は，Minsky だけでなく，論理的思考が一般に期待しているほどの威力を持っているわけではない，と考えている人は多い[2-5]。実際，じっくりと内省してみれば誰しもそう感じると思うが，論理という小奇麗すぎる推論には，思考を先へと動かす推進力が内蔵されているのではないのである。それゆえ，論理の駆動力を論理の内部でどれほど探索しても，結局は徒労に終わることになる。こういったことを踏まえ，前報[6]における知識の発達過程の考察では，論理的な推論ではなく直感的な類推がそこで重要な役割を果たしていると考えた。その駆動力は，論理ではなく，情動的欲求に求めることができるのではないかと考えている。そういった「非論理的」

欲求は、まず間違いなく、時代を色濃く反映した価値観によって支配されている。そのため、知識というのは時代の価値観に駆動されて変化するのである。科学理論というのもひとつの知識体系であるから、当然ながらこのことは妥当するし、それは主観という極めて人間くさい非論理的な力によってダイナミクに変化するのである。

　科学理論の転換を説明する(メタ)理論のひとつとして、T. クーンのパラダイム論[7]がある。パラダイムの転換期にないときは、ある理論や思想が定着していて、そのもとに安定な世界認識が得られている状況にある。クーンはこの時期のことを「通常科学」期と呼ぶ。この安定状態は未来永劫にわたってロバストなものではなく、論理以外の何らかの原因で構造不安定を起こし、その結果、新たな認識の安定相へと向かうダイナミクス——すなわち、パラダイム転換(相転移)がおきる。クーンは、このパラダイムなるものは相対的なものであって、科学革命において、人々がどのパラダイムを受け入れるかは宗教的回心のようなものだとみなした。しかしこれらのクーンの議論に対して唐木田健一[8]は痛烈な批判を行った。唐木田は、パラダイム変換が完全な相対主義としての宗教的回心のようなものではなく、新しいパラダイムは古いパラダイムを包摂する形式で変化する場合があり、そういったケースを、多様な分野の例を用いて極めて説得的に議論展開をした。唐木田は、彼が考察した転換構造のことを「のりこえ」と呼び、そういった転換では、クーンのいう「回心」は誤りであると断定している。

　本論文は、唐木田の主張の上に立ち、彼が定式化した「のりこえ」の構造とはいかなるものなのか、その内部構造を考察したものである。理論展開するにあたって、まず、クーンの言う通常科学期、すなわち知識構造の安定状態にあるときに、何かを理解しているというのはどのようなことを意味しているのかという点を明確にしておく必要がある。この目的のために、本論文では、前論文[9]で提出した理解についての位相幾何学モデルを用いる。このモデルによれば、理解するということは、われわれが保有する概念系の位相構造(トポロジー)を完成させることであり、知識構造とは一般位相空間において表現されるというものであった。「空間」は、生得的あるいは発達の極めて初期にわれわれが身体化している素朴概念でもあるから、この意味で、空間を土台とするモデ

ルは本論文における考察の枠組みとして優れていると考えている。

　本論文の構成は，次の通りである。まず，理論転換の様子を第1章にて詳述する。そして，唐木田のクーン批判の内容とそこで提案された「のりこえ」の構造について説明する。これらを踏まえ，第3章において，パラダイム転換という事態で生じている「のりこえ」についての詳しい内部構造を理論的に解明する。そこでの理論展開には，上述したように，理解についての位相空間モデルが使用される。モデルの詳細はここでは述べないがしかし，第3章の議論に必要となる最小限の項目を第2章にまとめておいた。最終的に，理解空間の崩壊から次なる安定点の生成へと向かう「のりこえ」プロセスの静態的様相を記述する理論モデルを提示する。

　ところで，転換における構造的跳躍はクーンの議論した共同体の問題のみならず，個人の発達過程においても同様の過程が存在している。われわれは，共同体というよりは，個人内部におけるパラダイム転換に注目している。その意味で，本論文は，理解の位相モデルの妥当性を検証する作業も兼ねるものである。

1. 理論転換の様相

(1) パラダイムと通約不可能性

　周知のように，科学史家 T. クーンは科学——特に自然科学——における基礎理論の転換を説明するために，集団が規範にしている何かを指す術語のひとつとして「パラダイム (paradigm)」なる概念装置を『科学革命の構造』の初版本 (1962) で導入した。当時，この書物への反響は非常に大きいものがあったようである。ただし，反響とは言っても，その中にはパラダイム概念の曖昧さに対する批判も数多く含まれていた。クーンは，そういった批判を吸収するものとして，第2版 (1970) 以降においては，パラダイムを専門母体 (disciplinary matrix) と言い換えている[10]。しかし，現在では，パラダイムの方が圧倒的に普及した術語になっているため，本論文でもそのまま使用しようと思う。クーンは，同じパラダイムを共有する科学者集団によって日常的に行われている科学的営為のことを「通常科学 (normal science)」と呼ぶ。そこでは，何が

問いとして価値があるのかを規定する規範としてパラダイムは機能するとした。クーンは，通常科学というものをパラダイムによって規定される問いに対する答え探し，一種の「パズル解き」のようなものであるとみなしている。

パズルが解ければ，その結果が発表されることになる。通常科学期であれば，その発表には言葉を多用する必要はない。なぜなら，論文等は基本的に同じパラダイムを共有する仲間（peer group）向けに書かれるからである。その集団が自分と同じ前提を共有しているということを知っているがゆえに，前提などの記述は省略される。このことは，あるパラダイムの専門家になるということは，その集団にとって何がトリビアルなことであるのかを修得し，明示的に記述する必要のないことが何であるのかを理解しておかなければならないということを意味する。専門家に至る過程における訓練によって，当該集団のパラダイムに熟知していくほどに，パラダイムを成立せしめている前提は暗黙化され，自覚的にそれが対象化されることはなくなっていく。すなわち，こう考えると，前提を自明としそれに対して寡黙になれることが専門家であることの条件とも言える[11]。換言すれば，専門家というのは，（例外は常にいるにせよ）その分野を成り立たせている前提に対して不感症になってしまった人々ということでもある。この状況を，クーンは同じパラダイムを共有している「そのグループのメンバーは，自分たちの分野の基礎を自明と認めることによってはじめて可能な，パズル解きの仕事に向かっていく」と表現した[12]。

基本的に，同じパラダイムを共有しているメンバーの間では意思の疎通は容易である。能弁でなくても，コミュニケーションは充分に成り立つ。一方でこのことは，直ちに次のことを帰結する。すなわち，異なるパラダイム集団が複数ある場合，各集団はそれぞれ固有のパラダイムを共有しているがゆえに，集団相互間には連続的なコミュニケーションが成り立たなくなる可能性がある，ということである。クーンとほぼ同時期に，C. P. スノーが，いわゆる文系と理系文化の対立として指摘したことであるが[13]，パラダイム論とは，異なる集団間における言語は不連続であって，相互には「通約不可能（incommensurable）」な事態が生じる，ということを含意している理論でもある。そして，それがクーンの理論の重要な主張のひとつであった。

この考え方を，科学革命を境に時間的に前後している集団間に適用すれば，

彼らの間には言語上の齟齬が生じている，ということになる。このことは，例えば，ニュートン力学の時代の「質量」と相対論以後の「質量」とでは，同じ言葉ではあってもその意味は違っており，仮に，両時代の物理の専門家同士がコミュニケーションを行い，同じ「質量」という言葉を交換していても，必ずそこには何らかの齟齬が生じているということを主張している。この齟齬は，両時代において，「質量」という語に関連する意味の総体——ソシュールのいう，語の連合関係[14]——がそれぞれで異なっているからとして説明できるかもしれない。また，言葉の総体性は，W.V.O. クワインによる言語の全体論的性質の議論の中でも徹底的に支持されている。クワインは個別の言明についてのみ語ることは無意味であることを強く主張した[15]。ひとつの言明であっても，それは言語総体と不可分の関係にあるホーリスティックなものであって，単独でかつ独立に存在しているものではないとの立場をとっている。これらのことから推論するならば，パラダイム変化の前後では，言語が総体的に変化してしまうために，その結果，コミュニケーションにおける不連続性が生じてしまう，という結論に至る。至極もっともな説明である。なお，この通約不可能性は通時的なものに限る必要はない。共時的であっても何ら差しつかえない。それゆえ，XとYという共時的に存在しているパラダイム集団間にも連続的なコミュニケーションは成り立たない，ということをパラダイム論は主張している。

　異なるパラダイムに断絶があり，そして両者は対称な関係にあるのだとすると，時間軸に沿った進歩という概念は留保せざるをえなくなる。これらのことからすれば確かに，共時的に遍在する文化のようなパラダイムの場合には，文化人類学が「未開」という言葉の無意味さを繰り返し明らかにしてきたように，それぞれは相対的に対等なものであって，それらの間に進歩という概念が入り込む隙間はない。また，学問分野(デシプリン)間などもこれと同じような関係とみなせるかもしれない。確かに，共時的問題では進歩というのは考えにくいように思える。しかし，通時的な場合だとどうだろうか。通時的パラダイム変化の中には，進歩と呼べるようなものをわれわれは感触として持ってはいないだろうか。クーンはしかし，上でも議論したように，その感触は錯覚にすぎないという。クーンによれば，プトレマイオス体系[16]からコペルニクス的パラダイム[17]への転回は，ある意味で偶然に近いものであったに違いない，という。

なぜなら，発表当時のコペルニクス理論は，プトレマイオス理論に比べて正確というわけではなく，むしろ予言能力は劣っていた。そのために，暦の改良といった実践的な側面においてコペルニクス理論が貢献することはなかったのである。さらに，コペルニクスが生きた16世紀前半には両理論に決定的な審判を下せる実験的証拠は何ら見つかっていなかった。実験的確証が得られたのは18世紀以降のことである（ブラッドリーの光行差の発見（1727），ベッセルらの年周視差の検証（1838），フーコーの振子（1851）などによる）。このようなことから，パラダイムを変えることは改宗の問題と変わりない[18]，とクーンは結論付けたのである。

こういった記述から推察すると，クーンは，変革前後において，双方のパラダイムは対称な関係にあると考えていたように思える。そしてそれを根拠にして，パラダイム転換における進歩という考えを否定し，改宗という表現を用いたのではなかろうか。しかし，次節で述べるように，科学理論などにおけるパラダイムの変革は，複数の理論に内在する矛盾から生まれ，いわば古い理論は自己崩壊する形で次の理論へと受け継がれていく。コペルニクス自身はまさにそういうことを実行した人であった。彼が地動説に到達したのは，プトレマイオスの体系にあった理論的矛盾に気付いたことが契機だったのである[19]。また，このことはアインシュタインなどの場合も同様であったことが知られている（次節参照）。だとすれば，次のように考えられるのではなかろうか。相対論以前の人々が「質量」という言葉を使ったとき，そこに齟齬が生じていることを否定するものではない。しかし，そのことが直ちに当事者双方に当てはまるとは限らないはずである。相対論以後の人々の言う「質量」の含意は以前の人々にはわからないまでも，以後の人々は以前の人々の使う「質量」が何を意味しているのかを理解できるように思える。このことは個人の発達過程をイメージすれば承認できはしまいか。子供は大人のことを真に理解することはできないと思うが，しかし大人は自身が子供時代のプロセスを経てきているがゆえに，子供の考えを理解できる可能性は常にある[20]。もしそうならば，そのとき，両パラダイムは対称ではなく，非対称な関係にあるといえる。理論転換では，この非対称性に注目しなければならない。実は，この非対称性という事実が，唐木田のクーン批判の根底にはあった。その細部は次節で述べる。

(2) 理論転換の論理構造

　本節では，基礎理論の転換がどのように行われるのかを，科学史的な事実をもとに詳しくみていく。まず，アインシュタインを例に取りあげる。相対論の成立過程を研究した広重徹によれば，アインシュタインの研究スタイルというのは，

> 何か実験的な結果が与えられて，それに対する説明を求めるというタイプのものではない。アインシュタインはむしろ，理論の論理構成のなかにひそむ不整合を発見し，新しい原理的観点を導入することによって，問題をまったく一般的な形で解決する。あるいは，従来見過ごされていた理論構成の含意を明るみに出すことによって新しい展望をひらき，そこに特徴的な現象を予見する。

というものであった[21]，という。エネルギー量子仮説をもとにしたプランクの黒体輻射における熱放射公式の発表（1900）は，従来の公式を著しく改善するものとして有名になったが，エネルギー量子仮説自体に対しては当時さほどの注目は集まらなかった。実はこのことは発案者のプランクにしてもそうであったらしい。当事者よりも，この仮説にそれまでの物理学を崩壊させてしまうほどの深刻な意味を読み取ったのが，ほかならぬアインシュタインだったのである。彼は，そこに光の不連続性，すなわち光の粒子的構造を読み取った。当事者よりも他の人がその事実について敏感に反応するというと奇異に感じるかもしれないが，さほど珍しいことではない。例えば，製品の設計者よりも使用者の方が，設計者が予期していなかった使用方法を編み出すことは身近にもよくあることである。それゆえ，プランクとアインシュタインの関係は，ごく普通のことであったとも言えるのである。ただし，ある事実に何かを「見る」というのは，ただ「見える」ということとは異なり，そこには主体的な個の存在がなければならないということは言うまでもない。

　独創的な視点の変更によって，アインシュタイン個人の内面では，光を波動として捉えているマクスウェルの電磁理論はその基礎を揺さぶられることになる。また，アインシュタインはマッハ哲学の影響で，力学がすべての物理学の基礎であるという当時の思想はドグマにすぎないという結論にも達していた。それゆえ，電磁理論や力学などは，新しい形式的原理で記述し直さなければな

らないと感じていたという。ニュートンの力学法則は等速度直線運動をする慣性系において，すなわちガリレイ変換に関して普遍な形式を有している(相対性原理)。これは慣性系では同じ力学現象が生じることを意味する。一方，マクスウェルの電磁方程式はガリレイ変換に対して形式が変わってしまう。アインシュタインはこの矛盾に対して，電磁理論も相対性原理を満足すべきであると要請したのである。力学もドグマにすぎないと思っていたアインシュタインは，相対性原理を第1原理とみなし，電磁理論が慣性系に対して変化しない変換を見いだした(ローレンツ変換)。そして，この変換に対して力学法則も変化しないように，力学法則自体を書き換えるという大胆なことを行ったのである[22]。さらに，相対性原理が満たされるべきものとする相対性理論では，われわれの直観的な時間・空間概念が歪むことになる。これに対しても，物理法則が特定のある原理のもとで普遍になるように，われわれの概念の方を構成し直すべきだとアインシュタインは考えたのである。この転換は，時間や空間概念などカント以来それ自体疑いようのないア・プリオリな概念のもとに構成されていた認識のあり方を否定する方向へと思想を展開することになった。相対性理論は，われわれの自然認識の最も基本的な概念さえも，結局は経験を基礎にして構成されたものでしかないということを主張する。このことは現在でもまだ広く理解されてはいないように思えるが，当時の先進的知識人たちにとっては，相対性理論とは強烈な認識の革命であった。また，相対性理論と並ぶ——というより，実践面ではそれよりも遥かに巨大な——革命である量子論の誕生も似たような事情によっている。アインシュタインは特殊相対論の論文と同じ1905年(この年は，奇跡の年と呼ばれることがある)に，(前期)量子論誕生を決定づけることになる光量子仮説を発表している。これも電磁理論における対象である電磁場の連続性と力学理論の対象である質点の離散性とが，熱輻射においては形式上の齟齬をもたらすという形で問題を提起し，その中から光が粒子性を持ちうることを理論的に明らかにしたのである。

　アインシュタインはマイケルソン・モーレーの実験による結果を受けて，光速度一定という原理を立て，それから特殊相対論に至ったという記述を科学の啓蒙書などでよく見かける。また光量子仮説なども光電効果という実験データが契機になっていたと言われることがある。しかし，これまで述べてきたよう

に，理論転換の真相はまったくそうではなかった。こういった俗説が生まれるのは現在の状態を前提にした上で，すべての歴史は現在へと流れ込むものと捉える遡及主義的歴史観，いわゆる歴史の勝利者史観(ホイッグ史観)が強く影響しているものと考えられる[23]。アインシュタインについての俗説はもちろん誤りである。広重が引用している物理学史家 G. Holton の調査によれば，アインシュタイン自身の発言や他の状況証拠などから，アインシュタインが相対性理論の基本的アイデアを摑んだときには，彼はマイケルソン・モーレーの実験のことを知らなかったはずだと断定している。また光電効果の場合も，彼は，自分の理論(光量子仮説)の確認のために光電効果という現象を利用したのにすぎなかったことが知られている。基礎理論の転換では，実験データというよりは，理論に潜む多少の手直しでは修復できそうにない深刻な矛盾を発見することが極めて重要な役割を果たすのである。そして，広重が簡潔に述べているように，従来の理論の不整合を見抜くことで，古い理論はいわば自らが崩壊していく形で次の新しい理論へと転換されていく。

　このように，基礎理論の転換過程においては，理論への反証データなどはあまり重要な意味をもたない。むしろその過程は，実験や観察データによるものではなく，何を基本的なものとみなすのかという視点の転換過程と捉えるべきなのである(もちろん，急いで付け加えておくと，それは基礎理論のようなパラダイムの基盤をなす理論のような場合である。われわれが日常的に行っているパズル解きとしての通常科学の範囲内では，反証データは極めて重要であって，理論を洗練していく際に重要な意味を持っている)。そして，提案された理論は，非整合性が取り除かれ，より能率のよい方向へと改良されながら，徐々にパラダイムとして確立していく。クーンによれば，体系化され，後進の育成を目的にした教科書が生まれたときがその分野のパラダイムは完成したと考えてよい。なお，このことは逆に，その分野の専門家が認めるような，代表的な教科書の存在していない分野は，パラダイムとして確立しているとは言えないということでもある。

　ここまでの記述からすれば，革命を成し遂げる理論家とは，新しい枠組みだけを追い求めるトレンディな人物ではなく，むしろ古い枠組みの中の奥深くにまで入り込み，その古いパラダイムの枠内で徹底的にものごとを考えている人

たちであると言える。彼らがそこで見いだした真性の矛盾を克服することが——本人にとっては意図していない——，まったく新しい枠組みを生み出すことになるのである。このときクーンは，新しい枠組みと古い枠組みは対称であって，そのどちらを選択するかは改宗のようなものだと考えていた。確かにそのような互いに通約不可能な形式の転換が存在することを否定するものではないが，ここで述べてきた事例にはそれは当てはまらない。前節で述べた転換においては，明らかに，古い枠組みと新しい枠組みは非対称な関係にあるのであって，新しい枠組みの中でならば古い枠組みのことは理解できるのである。両者が全くの通約不可能ということではない。例えば，ニュートンの力学は，相対論や量子論の立場からその意味がはじめて理解できるし，また，DNA発見以来の分子生物学によってメンデル遺伝学の意味が明確に理解されたのも同様である[24]。もちろん，その逆は成り立たない。こうして，唐木田健一は，新しい理論をB，古い理論をAとして，理論転換におけるこの構造を次のように定式化した[25]：

　[1]　BはAを母体として誕生する。しかし，

　[2]　BはAに還元できないし，またAからBを導出することもできない。
　　　　ただし，

　[3]　AはBにおいて理解できる。

彼はAからBへの転換を「のりこえの構造」と呼ぶ。ここで，[2]について少し補足説明しておくと，この項は，Aの理論的枠組みからBの枠組みが演繹的に導出されることはないということを述べている。

　通常，AはBによってのりこえられて初めて，その理論がなぜうまく機能していたのか，また限界がどこにあったのかなど，その究極的意味が明確になる。理論の意味を根本から理解しようとする営為，このことが意図せざる結果[26]として，新しい理論を生み出すことにつながる。「のりこえ」という考え方を用いて，そういった見方を唐木田はした。彼は，科学のみならず，様々な分野における創造過程において，この構造を見いだせることを示している。

　なお，「のりこえの構造」における創造過程では，そこでまったく新しい概念が生まれるということではない。そうではなくて，何が最も基本的な原理であるかを見極めて，その原理のもとに概念の組換えが行われるのである。例えば，

相対論では相対運動に関して物理法則の対称性が保存されねばならないということが重要な原理であった。また，燃焼におけるシュタールのフロジストン理論を覆したラボアジェの酸化理論(定量化学の先駆となり，こんにちこれを化学革命と呼ぶこともある)においては，化学反応における物質の重量変化をどうみるかが両者を決定的に隔てるものになった[27]。その結果として，ゲシュタルト変換的に，既存の概念の意味が変化するのである。

理論転換が概念構造の転換ということであれば，のりこえの意味を考察するには，われわれの概念構造についての理解が不可欠になる。この目的に対し，ここでは前論文[9]で提案した数理モデルを用いることにする。次章でそのモデルの概要を述べる。そして，このモデルを援用して，「B によって A の究極的意味を理解できる」という言語表現に数学的な意味付けを第 3 章で与えるつもりである。

2. 概念構造の位相モデル

本章では，理論転換の内部構造を考察する道具となる，前論文[9]で提出した理解のモデルについて，必要最小限の内容を解説する。

理解のモデル構築において理論的基盤としたのは一般設計学であった。一般設計学とは，吉川弘之によって創始された体系である[28,29]。外界にある何かを実体概念としてとらえ，その実体概念を分類する抽象概念というのは，実体概念集合の位相であるとする。これらの仮説を三つの公理，

　　認識公理：　どんな実体でもその属性を記述することで認識可能である。
　　対応公理：　実体集合と実体概念集合は一対一に対応する。
　　操作公理：　抽象概念は実体概念集合の位相である。
にまとめてある。一般設計学は，公理論的方法に基づいて人間の持つ設計能力の解明を目指す学問である。なお，ここで用いた術語の意味についての詳細は，前報を参照されたい。

さて，獲得された実体概念は，われわれ人間のもつ生得的な汎化能力によって，カテゴライズされていく。われわれは抽象概念を利用することで，保有している数多くの実体概念を分類整理していることは自明である。その分類整理

の概念である抽象概念を一般設計学では位相と考える。位相とは，数学的には，集合 X に対して，

(1) $O_\gamma \in \mathfrak{O}$ ($\gamma \in \Gamma$) を $\mathfrak{O}$ の中からとった集合族とする。
このとき，$\cup_{\gamma \in \Gamma} O_\gamma \in \mathfrak{O}$
(2) $O_1, O_2 \in O$ ならば $O_1 \cap O_2 \in \mathfrak{O}$
(3) $X \in \mathfrak{O}$
(4) $\phi \in \mathfrak{O}$

なる条件を満足する部分集合族 $\mathfrak{O}$ のことを言う。そして，ある実体概念集合に対して抽象概念の分類によって位相構造を完成させたとき，われわれはその実体概念集合を理解した，という。これが前論文でわれわれが採用した理解についての定義である。保有する抽象概念は，いつでも上記の位相条件を満足するわけではないが，ある時何らかの理由で，対象となる実体概念集合 X に対して抽象概念が位相として成立することがある。その時，すなわち X がひとつの位相空間 $(X, \mathfrak{O})$ となった時を，われわれは実体概念集合 X を「理解した」と言うわけである。抽象概念が位相として完成すれば，概念演算の整合性が保証され，X 内の個々の要素を矛盾することなく捕捉できるようになる。

この空間において，さらに理解の程度を深めて，位相が精緻なものになっていくと，空間はあるとき正規空間の性質を獲得するようになる。ところで，正規空間が高々可算個の概念によって被覆されるとき，数学的には，この空間は第2可算公理を満たすと言われるが，その時，この空間は距離空間と同相になる。すなわち，この空間では，概念の間に計量的な演算関係を定義できるようになるのである。距離空間にまで位相空間を昇華できたならば，それまで定性的にしか捕捉できなかった概念間の関係が，例えばニュートンの運動方程式 $F = m\alpha$ のように，それぞれの概念相互の関係を定量的な法則として記述できる可能性がでてくる。もちろん，ここまで位相を精緻化していくにはある条件が必要である。前報[9]で詳しく論じたように，行為に伴う経験によって獲得された実体概念は，まったく異質なカテゴリ化にも柔軟に対応できる可能性を保有しており，未来に対してオープンな性質を持っている。前報ではこれを "やわらかい" 実体概念と呼んだ。他方，実体験を経ずに獲得した実体概念は，異なるカテゴリ化には対応することが難しい "かたい" 実体概念となるのであった。

このために，位相の詳細化を推し進めようとすればどうしても，いつも一面的な見方しか許さない"かたい"実体概念ではなく，新しい近傍の生成能力をもつ"やわらかい"実体概念を獲得しておくことが必須となる。以上が，深い理解に至るには実践が不可欠であることの理論的説明である。より深いレベルでの理解がものごとの創造には不可欠であるが，そのことを可能にする条件が実践にあるのである。ところで，より深い理解は新しい実践の場を開拓する。こうして，この相互反射的フィードバックループは持続的な創造を可能にするエンジンとして機能するようになる[6]。

　恐らく，限定された能力を有効利用するためではないかと思われるが，われわれは保有している実体概念すべてではなく，その中の特定の部分集合(台集合)だけに着目して，それらだけを実践的に操作する位相を構築することがある。実践的という意味は，課題に対して有限の手続きで処理を終了できるような知識を提供できる体系ということである。数学的にはコンパクトという性質を持てば，上記の条件を満たす位相空間となる。このような位相空間，すなわち何らかの観点のもとに保有している実体概念を取捨選択して，実体概念の部分集合に対してコンパクトな位相空間によって構築される体系をデシプリンと呼ぶことにしよう。デシプリンは，規模の大小はあるが，個人の内面に複数，独立空間として存在し，その時々で都合の良いデシプリンを頼りにわれわれは行動する。

3. のりこえの構造の位相モデルによる解釈

　抽象化によって実体概念を空間化したとき，それでひとつの理解が得られるというモデルを前章で述べたわけであるが，しかしそういった人工空間の中にすべての実体概念が同時に含まれるということはまず考えられない。われわれの理解はあくまでも部分的であるから，それゆえに，全体を網羅する単一の空間というよりも，複数の個別の空間を考えたほうが自然である。これは，われわれの内部に $(X_{sub_i}, \mathfrak{O}_j)$ といった空間が複数存在していることを意味し(もちろん，$X_{sub_i} \subset X$ である。また，i, j は任意)，そして，前章で述べたように，われわれが複数のデシプリンを独立に持つことが可能であることを主張するもの

である。また同時に，記憶の中にある実体概念すべてが整合的に理解されることはないということでもある。それゆえわれわれは——いわば，苦肉の策として——，デシプリンを都合よく切り換えながら，目前の問題に対処することになる。以上，経験的にはまったく自明のことではないかと思う。

　重なりを持つような台集合，極端な場合であれば，まったく同じ台集合に対して，異なる位相を入れることもできる。すなわち，$(X_{sub}, \mathfrak{O}_M)$や$(X_{sub}, \mathfrak{O}_E)$とすることが理論的には可能である。そしてまた実際にも行っている。例えば，ロボティクス分野で仕事をしている人々はこの状態にあると思われる。彼らは，ロボットを構成している部品を機械工学的位相$\mathfrak{O}_M$（慣性や機械強度といった近傍に支配される空間）で見たり，また同じ部品を電気工学的位相$\mathfrak{O}_E$（導体や絶縁体といった近傍に支配された空間）によって眺めたりしているはずである。このように，同じ実体に異なる位相を入れるのは，特別なことではなく，われわれは(恐らく能率のよい行動を可能にするために)いつもそうやって外部を眺めていると考えられる。さて，上の例において，機械工学的視点で非常に似ている二つの部品があったとき，それらが，電気工学的視点になるとまったく似ていない実体になってしまうことがある。この現象は，位相の違いが実体概念間の遠近感を変化させていることによる。同じものでも観点の違いによって異なる相貌を見せる——ということは誰でもがよく知っている常識であるが，それがどうしてそうなのかという問いに対して，位相モデルを使えば，このような幾何学的相違として簡単に答えることができる。このことは，位相モデルの優秀さを示すひとつの例と考えてよいだろう。

　以上述べてきたことを考慮すれば，前章で述べたデシプリンというものについて，次の言い方が許される。すなわち，デシプリンとは，実体概念集合の布置を規定する幾何学のことである。デシプリンの違いとは，実体概念集合を異なる幾何学の場におくことと解釈できる。さらに，前章で述べたように位相を精緻にしていけば，その空間は距離の性質を獲得できる可能性がある。恐らく，そういった計量空間がデシプリンの目指すべき理想であると考えられるが，そこまで昇華させたとき，関係のみで形を持たない抽象的概念であったデシプリンが，実体概念の作る様々な形状の幾何学空間としてユークリッド空間内に具現化されることになる。蛋白質がその3次元幾何学構造の違いによって異なる

特性を発現するのと同じように，ユークリッド空間での幾何学的構造の違いが，それぞれのデシプリンの持つ固有の性質を表象することになるであろう。

われわれは，内部にもつ複数のデシプリン的知識体系をうまく使い分けながら日常の行為を行っている。そのとき，デシプリンが複数ある状態において，何らかの基準のもとで，異なるデシプリン間に存在する矛盾の止揚が理論転換においては極めて重大な役割を演じていたのであった。これは第1章で述べた科学史的事実として示したことである。例えば，燃焼に伴う重量変化というのは，ラボアジェやフロジストン理論者ら双方ともに周知の事実であり，結局，両者の差というのは重量変化における質量保存という考え方をより根源的な原理とみなすかどうかにあった。アインシュタインの場合には，相対性原理を満足すべきという要請がニュートン力学に先立つ根本原理とみなすことによって特殊相対論を体系化できたのであった。このように革新的かつ創造的な理論転換においては，実体概念集合に対し，何を基本的な概念とみなすのか，ということの転換がある。もちろん，前章で述べたようにすべての概念は論理的には等価であるから，何を基本的とみなすのかは価値観を背景にした極めて主体的なものである。その主体にとって矛盾であったものを解消するために個人が新しい理論を構築する。もしその理論がより多くの実体概念集合を包摂できるようなものであれば，より優れた理論が提唱されたということになる。この後の通常科学期においては，この理論の精密化，すなわちより多くの説明を可能にする防御帯[30]の開発に向けて動くことになる。

アインシュタインらが行った概念の変革を位相の言葉で表現すれば次のようになるだろう。結論から言えば，概念の変革とは，結局は，位相の部品の役割を果たしている基底の見直し作業にほかならない。例えば，自然数から複素数までに至る数の発達過程を考えると——これも内部矛盾の克服の歴史であった——，より広い概念によって例えば複素数まで拡張することで代数方程式などは非常に統一的に説明できるようになったことは周知のとおりである[31]。複素数という土俵の上では，ある時は解が存在し，別のときは存在しないといった個別状況がなくなって解の存在を常に保証できる。この成功は，二つの実数のペアをひとつの新しい概念とみなし，それを複素数と命名し，さらにそれが最も基礎的な概念であると信じることでうまくいったのである。整数，有理数

など他の数は，これの特殊なものとしてみなされる。科学理論も基本的にはこれと同じである。相対性原理という概念をもっとも基本的なものとし，それを準基底に採用することで位相を構成しなおす。また量子論ならば，粒子や波動よりも量子というものを準基底に設定することで現象を眺めなおした。そうやって修正されたデシプリン内のすべての概念は，準基底によって生成された位相であるという事実によって，相対性原理あるいは量子論に抵触しないことが保証される。

　新しい概念を準基底とみなし，以前の準基底も用いて新しく位相を生成することにすれば，前報[7] 付録 A.2 に示した各種定義からわかるように，新しく位相の基底となる集合の濃度は増加する。例えば，$\mathfrak{O}_S = \{O_1, O_2\}$ の準基底の場合，基底 $\mathfrak{O}_B$ は $\mathfrak{O}_B = \{O_1, O_2, O_1 \cap O_2\}$ となる。これに O_3 という集合を準基底として追加した $\mathfrak{O}_{S'} = \{\mathfrak{O}_S, O_3\}$ の場合に，基底の候補になりえる集合の要素を書き出してみると，$\mathfrak{O}_{B'} = \{O_1, O_2, O_3, O_1 \cap O_2, O_2 \cap O_3, O_3 \cap O_1, O_1 \cap O_2 \cap O_3\}$ が得られる。$\mathfrak{O}_{B'}$ がもし基底としての条件を満足するようならば——すなわち，デシプリンが対象としている実体概念集合を被覆しているならば，この新しい基底は以前よりも要素数(濃度)が増加していることがわかる。すなわち，$\mathfrak{O}_{B'} > \mathfrak{O}_B$ である。このことは幾何学的には次のことを意味する。前報[9] の付録 A.4 の証明を読むとわかるように，デシプリンである位相空間をユークリッド空間に埋め込めるような場合，その埋め込まれた空間の次元数は基底の要素数で定まっている。そうすると新しく準基底として基礎概念を追加したデシプリンは，以前のデシプリンを内部に含んだ形で，より高次の空間の中に埋め込まれることになる。このとき，埋め込みの様相は，以前の理論と新しい理論とでは包含関係になる。この関係が「のりこえの構造」のところで述べた非対称性ということの幾何学的意味である。

　n 次元空間の幾何学で表現されていた実体概念相互の関係が，のりこえられた理論によって m 次元空間化されたとしよう(もちろん，上の議論から $m > n$ である)。次元の違いは，双方の理論に決定的な差をもたらす。低次元世界では原理的に解けなかった問題が高次元に移行することで解ける場合がでてくるからである。例えば，曲面上の閉曲線に閉じ込められた 2 次元生物にとっては，この閉曲線は世界の終わりを意味する。それゆえ，その外の世界というのは彼

らにとって，端的に存在しない世界である。しかし，この生物が 3 次元空間にもしも飛び出すことができたならば，閉曲線は世界の果てであったことをやめ，彼らは外の世界の存在を知ることになるだろう。また出口のない箱に閉じ込められた 3 次元生物も 4 次元空間であれば，箱からの出入りは自由になる。このように，世界の終わりであった 2 次元生物にとっての閉曲線や 3 次元生物にとっての閉曲面は，次元が高くなったことで境界ではなくなるのである。高次元化によって，それまでの世界の限界に拘束されず新たな可能性を開けることができる。また，組み紐の絡みなどは高次元へと移行することで簡単にほどくことができるようになるが，これと同じように，それまでの理論によって低次元空間に配位され関係のよく見えなかった実体概念間の関係も，高次元へと展開されることでよくみえるようになることは充分にありえる。このように，理論というのはのりこえられることで初めて，何が限界を決めていたのかとか，何故うまく解けなかったのかといったその理論に内在していた本質的意味が明確になるのである。過去の自分の思慮の浅さを嘆くというのは頻繁にあることだが，これも過去の自己の持っていた理論をのりこえることができているからにほかならない。ヒトは，意図的に，自己を理論的にのりこえながら発達するプロセスを遊ぶ動物である[32]。もしのりこえることを欲しないならば，思慮の浅さという理論的限界を知ることもないし，ということは発達もない。発達を欲しなくなったとき，生物的時間は消失し，リミットサイクルの中で知的遊戯に対する興奮を得ることもなくなるであろう。そのことの是非は別にして，以上が，理論転換におけるのりこえの構造を位相数学的に解釈した理論モデルである。唐木田がのりこえの構造と呼び，現象論的に捉えていた理論転換の論理構造は，本論文の幾何学モデルによってうまく説明できたのではないかと考えている。

おわりに

本論文では，パラダイム転換においては概念構造がどのように変化するのかといった問いを立て，一般設計学を応用したわれわれの理解のモデル[9]によって考察してきた。ここでは特に，進歩の概念が内在されている，転換の前と後

とが非対称な関係にあるパラダイム転換を，位相幾何学モデルによって記述することを主な目的にした。理論的検討の結果，パラダイム転換とは位相空間の持つ空間次元の差として形式化することができ，本稿の主目的であった非対称な転換の様相を数理モデルによって表現することに成功した。この成果によって，パラダイム転換の正確な意味を把握できるようになったことはもちろんであるが，今後，パラダイム転換について従来よりも厳密な議論を可能にする道を開けたのでないかと考えている。

本論文の考察の対象であったパラダイム転換は，実は，個人の発達過程では頻繁におきている。前報[6]でも引用したが，佐伯胖は，子供たちの発達過程とは，当初はバラバラで「小さな」世界でしかなかったものが相互に結びついて「大きな」世界が構成されていくことであるとした[33]。本論文で述べた理論転換における位相空間の次元の差という考え方は，荒削りでいまだ実践的な問題に応用できるまでには至っていないが，しかし，佐伯が述べてきた定性的表現に対して数学的な取扱いを許す道を開けたのではなかろうかと考えている。発達過程においては，位相構造の変化は離散的であり，さらにその前後では包含関係に基づく非対称性をもつ。非対称な関係というのは歴史性ということでもある。歴史性とは，変革前の意味を明瞭に理解しているということを含意するものである。歴史性を保持しながら時間的に進展していく事態のことをわれわれは「理解の深まり」と呼ぶ。すなわち，ヒトは，知識構造の非可逆過程を果敢に突き進む時，豊かな歴史性を享受できるのである。また，本論文で提示した理解の変化の幾何学モデルは，子供たちに限らず成人であっても概念系の発達を積極的に行っている人々にもそのまま成り立つことは言うまでもない。そのとき，個人内部での理解の深まりは，同時に，過去の自己への反省も含意する。本論文で考察した理論を利用するならば，こういった常識的事実を成り立たせる深部の構造を照射することも可能になる。

注

1) M. ミンスキー『心の社会』安西祐一郎訳, 産業図書, 556頁, 1990年.
2) 小林秀雄「常識について」角川文庫『常識について』所収, 角川書店, 270–311頁, 1968年.
3) 畑村洋一郎『失敗学のすすめ』講談社, 141–146頁, 2000年.

4) J. アダマール『数学における発明の心理』みすず書房, 40–78 頁, 1990 年.
5) 谷川浩司『集中力』角川書店, 88–93 頁, 2000 年.
6) 津曲隆「行為と理解との相互作用によって駆動される知識創造過程に関する考察」, アドミニストレーション, Vol. 8, No. 3–4, 25–71 頁, 2002 年.
7) Kuhn, T. S. *The Structure of Scientific Revolutions 2nd ed.*, The Univ. of Chicago Press, 1970. (トーマス・クーン『科学革命の構造』中山茂訳, みすず書房, 1971 年)
8) 唐木田健一『理論の創造と創造の理論』朝倉書店, 1995 年.
9) 津曲隆「理解状況を表現する数理モデルに関する一考察」, アドミニストレーション, Vol. 9, No. 1–2, 23–49 頁, 2002 年.
10) 注 7, 邦訳版 207 頁.
11) 村上陽一郎『科学者とは何か』新潮社, 1994 年.
12) 注 7, 邦訳版 202 頁.
13) Snow, C. P. *The Two Cultures*, Cambridge Univ. Press, 1959. なお, 知に関する文化的な対立に関しては, 近年さらに深刻な事態が進行している. 立花隆は次の論文でこの事態を詳しく論じている (Tachibana, T. "Closing the Knowledge Gap Between Scientist and Nonscientist", *Science*, Vol. 281, No. 5378, pp. 778–779, 1998).
14) 丸山圭三郎『ソシュールの思想』岩波書店, 98–104 頁, 1981 年.
15) W.V.O. クワイン「経験主義の二つのドグマ」,『論理的観点から』所収, 勁草書房, 31–70 頁, 1992 年.
16) プトレマイオス『アルマゲスト』薮内清訳, 恒星社厚生閣, 1993 年.
17) コペルニクス『天球回転論』高橋憲一訳, みすず書房, 1993 年.
18) 注 7, 邦訳版 171 頁.
19) コペルニクスは, 地球が静止していなければならないことの根拠にしていたプトレマイオスの理由を用いると, その帰結として天球の回転運動も不可能になることに気づいた(注 17, 27–33 頁). 彼こそが, 2 世紀以来, 千数百年もの間, 先端理論として君臨したプトレマイオス理論に内在している矛盾に気づいた初めての人物だったのである.
20) もちろん, これはそう簡単なことではない. 子どものことを理解できる必要条件として, まず, 子どもの知識が大人の知識構造の一部として保有されていなければならない. なお, このことは, 後で述べる位相という語を用いれば, 子どもたちの概念の位相構造が大人の持つ位相の中に埋め込まれていなければならないということである. さらに, それだけでは必要十分とならない. 注 6 で指摘したように, 行動を円滑にしようとする生物学的な性質ゆえに, 知識の微細な内部構造が反復訓練を経ると分散的ないわゆる非構文論的構造へと遷移してしまうからである. それゆえ, 子どもたちの位相構造が埋め込まれているにもかかわらず, 結局は明確に理解できないという事態が起きる. というよりも, 内部構造を明示化することができずに, 理解できないことのほうが実際には多い. このような意味で, 和辻哲郎が,「子供の体験を子供の体験としてこれほど真実に描きうる人は(漱石の語を借りて言えば), 実際他に「見たことがない」. (中略)ああいうことは, 大人の複雑な心理を描くよりもよほど困難なのである(中勘助『銀の匙』岩波文庫, 193 頁, 1999 年)」と絶賛した『銀の匙』は, 子ども時代に獲得してすでにアモル

フな状態に昇華した知識構造を構文論的構造へと逆変換するのに成功した稀有の例として大きな価値がある。

21) 広重徹「相対論はどこから生まれたか」，日本物理学会誌，Vol. 26, No. 6, 380–388 頁，1971 年．（広重徹科学史論文集 I『相対論の形成』所収，260–270 頁，みすず書房，1980 年）
22) 特殊相対論に関するアインシュタインの第 1 論文のタイトルは「動いている物体の電気力学」であった．この論文は，現在，『相対性理論』内田龍雄訳，岩波文庫，1988 年に収められている．
23) 村上陽一郎『科学史の逆遠近法──ルネサンスの再評価』講談社学術文庫，11–57 頁，1995 年．
24) 例えば，石川統編『生物学』東京化学同人，63–73 頁，1994 年．
25) 注 8，23 頁．
26) ここの議論は，基本的に，M.ヴェーバーが『プロテスタンティズムの倫理と資本主義の精神』（岩波文庫）にて明らかにした，プロテスタントの倫理が意図せざる結果として資本主義の基盤を形成することになったという考えと同じである．近代知に潜む限界を見抜いていたという M. ヴェーバーの思想（山之内靖『マックス・ヴェーバー入門』岩波新書，1997 年）から拝借して，"意図せざる結果" という表現をここでは用いた．ところで，本稿の文脈から眺めれば，プロテスタントとは，社会システムに関して，のりこえの構造を具現化した創造者であったとみなせる．
27) Thagard, P. *Conceptual Revolutions*, Princeton Univ. Press, pp. 33–61, 1992.
28) 吉川弘之「一般設計学序説」，精密機械，Vol. 45, No. 8, 906–912 頁，1979 年．
29) 吉川弘之「一般設計過程」，精密機械，Vol. 47, No. 4, 405–410 頁，1981 年．
30) イムレ・ラカトッシュ『方法の擁護』村上陽一郎他訳，新曜社，1989 年．
31) ポントリャーギン『数概念の拡張』宮本敏雄・保坂秀正訳，森北出版，1995 年．
32) もちろん，この「遊び」は安易なものではない．ラ・ロシュフコーはこの点を教訓的に次のように述べている：
    精神は怠惰と慣れから，自分に楽なこと，もしくは自分の気にいることにしがみつく．この習性が常にわれわれの知識を一定の限界に閉じこめてしまう．そしてついぞ誰一人として，自分の精神をもっと拡げ，できるだけ遠くまで導こうという努力は，してみたこともない（二宮フサ訳『ラ・ロシュフコー箴言集』岩波文庫，135 頁，1989 年）．
    このように，自己の持つ既存のデシプリンをのりこえるには，必要条件として，精神的苦痛の受容が不可欠となる．
33) 佐伯胖『「わかる」ということの意味』岩波書店，153–155 頁，1995 年．

執筆者一覧

手島　孝（てしま　たかし）　前熊本県立大学長，九州大学名誉教授

三島　淑臣（みしま　よしおみ）　前熊本県立大学総合管理学部教授，九州大学名誉教授

荒木　昭次郎（あらき　しょうじろう）　熊本県立大学総合管理学部教授

米沢　和彦（よねざわ　かずひこ）　熊本県立大学総合管理学部教授

渡邊　榮文（わたなべ　えいふみ）　熊本県立大学総合管理学部教授

永尾　孝雄（ながお　たかお）　熊本県立大学総合管理学部教授

今川　晃（いまがわ　あきら）　元熊本県立大学総合管理学部教授，同志社大学教授

丹生谷　龍（にぶや　りゅう）　前熊本県立大学総合管理学部教授

今野　登（こんの　のぼる）　元熊本県立大学総合管理学部教授

松本　譲（まつもと　ゆずる）　前熊本県立大学総合管理学部教授，鹿児島大学名誉教授

久間　清俊（くま　きよとし）　熊本県立大学総合管理学部教授

中宮　光隆（なかみや　てるたか）　熊本県立大学総合管理学部教授

井田　貴志（いだ　たかのり）　熊本県立大学総合管理学部助教授

津曲　隆（つまがり　たかし）　熊本県立大学総合管理学部教授

熊本県立大学総合管理学部創立 10 周年記念論文集

新千年紀のパラダイム
　　──アドミニストレーション──［上巻］

2004 年 5 月 10 日　初版発行

編　者	熊本県立大学総合管理学会
発行者	福　留　久　大
発行所	（財）九州大学出版会

　　〒812-0053　福岡市東区箱崎 7-1-146
　　　　　　　　九州大学構内
　　電話　092-641-0515　（直通）
　　振替　01710-6-3677
　　印刷・製本／研究社印刷株式会社

©2004 Printed in Japan　　　ISBN 4-87378-833-1